明德气象

——五育融合视野下的十年教育探索

（2013—2023）

○主　编｜王胜楚
○副主编｜马　臻

湖南师范大学出版社
·长沙·

编委会

主　编

王胜楚

副主编

马　臻

成　员

岁月无言，山河为证（代序）

⊙ 长沙市明德中学党委书记　刘林祥

　　百廿风华，教育史诗；明德树人，天下为公。在中国近现代教育史上，明德中学是一所伟大的学校，由中国近代著名教育家胡元倓先生创办于1903年，是湖南省最早的新式中学堂、湖南省首批示范性高中。学校以"坚苦真诚"为校训，倡导"磨血育人"的办学精神。120年来，学校形成了五大历史文化符号："辛亥革命策源地""院士摇篮""泰安球王""北有南开，南有明德""湖湘气韵，半出明德"。在广袤的三湘大地上，明德，是一颗熠熠生辉的教育明珠。

　　只有回首来路，才会知道已经走出多远；站上时代峰峦，才能把握发展的历史方位。120年来，明德中学承前启后、与时俱进，在历史的风云变幻、时代的潮流更迭中，始终秉承"坚苦真诚"的校训、"磨血育人"的办学精神，勇毅前行，为着1903年起就树立的那颗教育救国、教育报国的初心，而不断探索、不断实践、不断努力。从晚清到民国，从抗战到解放，从中华人民共和国成立到改革开放，从新世纪走入新时代，120年的山长水远、行程万里，不变的，是明德树人的那颗初心。胡元倓校长有一句诗，曾被一代又一代明德学子所传诵："从来纬地经天业，皆在躬行实践身。"这句诗，可以说是120年来明德学校、明德人的精神的高度浓缩和概括。

　　古人说："出乎史，入乎道。欲知大道，必先为史。"明德校史是一部丰厚无比的教育巨著，而近十年（2013—2023）的探索，则是这部巨著最新的章节。在庆祝明德中学120载生日的时候，学校党委决策，众多干部与老师辛勤劳动，编撰了这本书，就是为明德中学的校史记下新的一章，就是为了铭刻明德历史、赓续明德记忆、传承明德精神。只有这样，才能让历史与当下对话，并给后来者提供新的经验、新的思考、新的方法、新的动力。

　　这十年，是明德中学承前启后、与时俱进的十年。"天以新为运，人以新为生"，无论是一个人，还是一所学校，抑或是一个国家，都要与时俱进，不断创新，才能站立在时代的前沿、历史的潮头。十年来，党中央提出"努力办好人民满意的教育""把立德树人作为教育的根本任务，培养德智体美劳全面发展的社会主义建设者和接班人"，同时，新课标、新高考、新教材落地，"双减"等政策推行，教育改革大潮澎湃，日新月异。明德中学坚持为党育人、为国育才，紧跟改革潮流，以"明德树人"为办学核心，结合"五育并举""五育融合"的前沿教育思想，推进"文化立校，特色办学"的办学方略，在德育文化、课程文化、课堂文化、管理文化等方面不断探索，涵养学生生命气象。学校的文化体系建设更为精致、深入、成熟，产生了广泛影响。

　　这十年，是明德中学五育并举、探索实践的十年。"大学之道，在明明德，在亲民，在止于至善。"明德追求的是"为孩子的终身发展与幸福奠基"的办学理念，结合近年来的教育实践，进一步提出了"让孩子像树一样成长"的德育文化理念、"无体育，不明德；无运动，不青春；无艺术，不人生；无实践，不真知"的体美劳教育理念，践行"明明德，忧天下；知格物，显人文；铸思想，扬个性"的育人目标，始终坚持五育并举、不可偏废，促进明德学子的全面发展。学校打造了德智体美劳五育融合的课程体系，发展人文、艺体等特色品牌，为国际、国内众多高校输送了万余名优异学子，在国家、省市级各大赛事夺得了无数的冠军。学校"文化德育，涵养生命气象"的德育实践，被教育部评为全国经典德育案例，学校先后获得"湖南省五四红旗团委""全国五四红旗团委""全国群众体育工作先进单位"等多项荣誉。

　　这十年，是明德中学携手同心、勠力前行的十年。作为百年名校，明德中学底蕴深厚，名师辈出，明德教师师德优良、团结一心、不断成长。十年来，明德中学的教师在各级刊物发表文章800余篇，多名教师出版专著，承担多项国家级、省级课题，在省内首屈一指。涌现了语文学科中心、英语学科中心等在省内外富有影响的特色学科。打造名师群落，多名教师获评正高级教师、特级教师，刘林祥、王胜楚、蒋雁鸣、陈立军、郭文静、何灵芝等名师承担了省市级首席名校长、名师工作室，在名师团队的引领下，教师成长迅速，形成了名师辈出、梯队合理、俊采星驰的明德教师团队，大家携手同心、勠力前行，为明德历史写下了新的一章。

　　这十年，是明德中学坚苦真诚、再创辉煌的十年。学校坚持民主治校、依法治校、学术治校、科学治校，切实发扬教职员工的主人翁精神，建设了恢宏精致的明德多功能剧场、明德文化墙，打造了新的学术报告厅，对体育馆、科学馆部分实验室进行了改造，完成了学生发展中心等60多个学校建设项目和提质改造项目，新增了明德启南、明德望城、明德美琪、明德蓝月谷、明德智谷等多所集团学校。学校近年来无任何安全事故，获评"长沙市优秀书香校园""湖南省园林式单位""湖南省平安建设示范校""湖南省文明标兵校园"等多项荣誉。

　　锦绣山河为名，非凡十年为证，我们接过明德前贤的接力棒，完成了一段卓越的历史书写。回顾这段历史，我个人也是心潮澎湃、感慨万千。因为这十年，大部分时间是我在主持学校工作。十年的艰苦奋斗，十年的上下求索，十年的团结一心，十年的春华秋实，铭刻了我们明德人太多的梦想与希冀、情感与记忆。

　　风云变幻，不改人间正道；沧海横流，更当破浪前行。站在新的历史节点，擘画新的历史蓝图，展望明德的未来，我们必将坚苦真诚、奋楫笃行、臻于至善，创造更多无愧于明德先贤的荣光！

　　岁月无言，山河为证。

　　是为序。

2023年5月于明德四箴堂

目 录

理论篇　明德教育的理论基础

第一章 明德之道，源远流长
——明德 120 年教育历史的回顾

"大学之道，在明明德，在亲民，在止于至善。"这是儒家经典《大学》开篇的第一句话，也是长沙市明德中学校名的来源。

学校创办于 1903 年 3 月 29 日，是湖南省早期的近代新式中学堂，在中国近现代教育史上，这是一所传奇的学校。伟大领袖毛泽东曾给予"时务虽倒，而明德方兴"的高度评价。1904 年，黄兴等人在校内创立"华兴会"，学校被称为"辛亥革命的策源地"；更以"北有南开，南有明德""院士摇篮""泰安球王""湖湘气韵，半出明德"等美誉，远播海内外。

120 年来，从这里走出的政治家、军事家、科学家、艺术家等，灿若群星，闪烁光芒：黄兴、陈天华、任弼时、周小舟、苏曼殊、章士钊、陈翰笙、金岳霖、张孝骞、肖纪美、刘经南……百年辉煌，气贯九州。就是这样一所学校培养出了数以十万计的优秀人才，一批批精英和开国元勋，构建起了共和国的大厦。

回望方知行渐远，登高更觉天地阔。回溯明德中学 120 年来的历史及其成就，我们仿佛看到了一条教育的长河，随着岁月的流逝而蜿蜒起伏、不断发展，突破重重艰难险阻，一路夺关闯隘，奔向理想的大海。120 年来，历史有过多次的崎岖与变幻，但无论如何，明德的教育理念、教育文化，明德的教育追求、教育实践，都有着一些不变的核心，闪耀出深邃的历史光芒。

一、中西教育视野下的"明德"教育

"明德"二字，古已有之。远在《大学》之前，"明德"就已出现在古老的典籍之中，成了一个颇具中国文化色彩的思想观念、教育概念。

《周易》里有晋卦，是表示光明出生于大地之上的意象。《象传》解释说"君子以自昭明德"，昭就是昭著、广大、彰显的意思，含有使它明白显发出来之意，明德是美德。"君子以自昭明德"，

君子自己要把自身美好的道德显发出来，这是对君子提出的道德要求和修养路径。《诗经•大雅》里有"予怀明德，不大声以色"，怀是怀念的意思，就是我怀念文王的美德，明德在这里是美德的意思，"不大声以色"是我不重视声色之乐。不过，在西周时期，"明德"也常常指向治国理政，是一种政治治理的理念，即以德治国。《尚书•周书》里常见明德的观念出现，《康诰》中有"克明德慎罚"，克是能的意思，明德慎罚就是周人治国理政的主导方针，一个是明德，一个是慎罚。因为商代的治国理政主要是以刑罚来治国理政，周人认为这种治国理政的方法不行，要慎罚，罚要少用，要更多地用明德。明德在这里就是彰显道德，崇尚道德，要多用道德的手段作为治国理政的主导方针。这是周代文化很大的进步。又如《梓材》里有"勤用明德"，《文侯之命》里有"克慎明德"，都是从治国理政的角度来理解。

《大学》开篇提出"大学之道，在明明德，在亲民，在止于至善"，是儒家综合此前中国的思想文化，所提出的深邃的教育思想，成了"明德"这一概念影响后世的最重要的典籍来源。从字面来看，"大学之道"的"大学"，既是古代一种高等教育机构的名称，同时，也是追求"大人之学""成人之学"的教育境界的概称。朱熹曾明确指出"大学者，大人之学也"，就是此意。

在这种"大学"的教育视野下，"明德"有着非常丰厚的意涵。朱熹在《大学章句》里说，"明德"不仅仅是光明美好的品德，"明德"的另一大特点就在于它是天赋的，人自身本来就有的，"人之所得乎天，而虚灵不昧，以具众理而应万事者也。"虚灵不昧是讲心的特征，不昧就是明。然后说"但为气禀所拘，人欲所蔽，则有时而昏"。人生下来都有一个虚灵不昧的本心，这个本心就是你的明德的本体。但是人因为生下来有自身气质的蒙蔽、遮蔽，加上人欲的干扰，就使得虚灵不昧的本心不能够随时随地地彰显出来。虽然它不能随时随地彰显，但是"本体之明，则有未尝息者"。本体始终是在的，没有熄灭过，这种内在的"本体之明"，根源于天地自然所赋予人的本性，是人性内在的光明，从来没有熄灭过。"因其所发而遂明之，以复其初也。"我们要顺着我们平常本心的发现，我们顺着它，加以扩大，使它恢复到本心最初的状态。因此，"大学之道，在明明德"，讲的就是一个"以复其初也"的、恢复人的本体之明的教育过程。2008 年明德中学南迁至新校区后，乐诚堂下就悬挂着清末状元张謇赠送的一副对联："求应用学，复本体明"，这里的"复本体明"，其实就是"在明明德"的另一种表述。

"大学之道，在明明德"的第三个特点，就在于它规定了教育的本质，以及由这种本质所生发出来的教育的根本路径。如何达至"大学之道"，实现教育的本质要求，实现"成人之学""大人之学"，让人成为一个真正的人？古人认为，真正的"大学之道"，不仅仅是学习一些外在的知识、利益，不仅仅是背诵典籍或学习技艺，最根本的就在于"明明德"，将一个人内在的德性生发出来、彰显出来，获得内在的德性、生命的光明，既照亮自己，也照亮他人；既实现自我的安身立命、不断成长，获得生命的整全，同时也"己立立人"，实现自我与他者、自我与家国、自我与天地宇宙的和谐共生。

教育就是为了让人恢复"本体之明"，就是"在明明德"，这种教育哲学，在西方也有着源远流长的历史。从苏格拉底到柏拉图，一直到夸美纽斯，其中流传下来的一个重要的教育思想，即认为人的灵魂之中潜藏着美善知识的种子，教育就是把这种种子引发出来。这里的种子，有时候被学者理解为包蕴在人类文化之中的美好事物的记忆，但是，从柏拉图等人的表述来看，更接近于人心与人性中本有的美好记忆，与中国传统教育哲学中的"明德""本体之明"有相通之处。在《柏拉图对话集》的《美诺篇》中，苏格拉底引证祭司的话说，人的灵魂是不死的，它一会儿完结了，一会儿又回转了，却永远不消失。"既然灵魂是不朽的，可以不断出现重生，它已经获知了这个世界以及别的世界中的一切，所以它能回想起先前已知的有关美德与别的事情的知识，这是不必惊奇的……因此，寻求与学习并不是别的，不过就是回忆。"

在《理想国》中，柏拉图说："教育实际上并不像某些人在他们的职业中所宣称的那样，他们宣称他们能把灵魂里原来没有的知识灌输到灵魂里去，就好像他们能把视力放进瞎子的眼睛里去似的。"在柏拉图这里，求知乃是每个人灵魂里固有的能力，教育无非就是激活、焕发这种能力，真正的知识乃是灵魂的自我生长，是灵魂本身就拥有的一种美好的欲求，内在于人的本性和灵魂之中。柏拉图提到："知识是每个人灵魂里都有的一种能力，而每个人用以学习的器官就像眼睛——整个身体不改变方向，眼睛是无法离开黑暗转向光明的。同样，作为整体的灵魂必须转离变化世界，直至它的'眼睛'得以正面观看实在，观看所有实在中最明亮者，即我们所说的善者。"由此，他提出了"灵魂转向的技艺"，"或许有一种灵魂转向的技巧，即一种使灵魂尽可能容易尽可能有效地转向的技巧。它不是要在灵魂中创造视力，而是肯定灵魂本身有视力，但认为它不能正确地把握方向，或不是在看该看的方向，因而想方设法努力促使它转向。"这种灵魂的"转向"，与中国传统的明德论的"因其所发而遂明之，以复其初也"，有着深刻的呼应。

夸美纽斯在《大教学论》中有一个非常精彩的比喻，将这一层意思讲得更为清楚："我们从自学者的例子中最能看清楚，一个人在自然的领导下能够钻研有关万物的知识。好些人通过自己教育自己，或（如柏那德所说的）用橡树和山毛榉作老师，获得了很大的进步，较之受过导师令人厌倦的教导的人的进步还要大。这岂不是告诉我们，万物确乎都已存在在人的身上；灯、油、火绒，以及一切用具都已具备，只消他善于擦出火星，着上火，点好灯，他便立刻能够看见，能够充分享受上帝的智慧放在他身上和时间的稀有的珍藏；这就是说，他便能够领略整个造物的数字的与有比例的安排了。倘若内心的灯没有点燃，只有奇思异想的火炬在身外旋绕，结果便如一个关在黑暗的土牢里的人身外有火光旋绕一样；光线确乎可以透进罅隙，但是全部光亮并不能够进去。"这种"万物确乎都已存在在人的身上"，将"内心的灯"点燃的看法，非常值得注意。康德在《教育学》中这样写道："教育学或者教育的学说要么是自然的，要么是实践的。自然的教育是人与动物共有的教育，或者就是养育。实践的或者道德的教育是人受到塑造的教育，为的是他能够像一个自由行动的存在者那样生活（人们把所有与自由相关的东西都称为实践的）。它是达成人格性的教育，是一个自由行动的存在者的教育，这个存在者能够自养，在社会中是一个成员，但独立地有一种内在的价值。""在人性中有许多胚芽，而现在，把自然禀赋均衡地发展出来，把人性从其胚芽展开，使得人达到其规定，这是我们的事情。"这里的"把人性从其胚芽展开，使得人达到其规定"的想法，也有着对人心本有之"明德"的感悟和信心，与中国传统的教育哲学有着内在的交集。

理解了"明德"，再来看"大学之道，在明明德，在亲民，在止于至善"，就会发现，这句话中，包含了从个人到他人，再到社会、国家等层面的教育哲学。朱熹在《大学章句》中说："新者，革其旧之谓也，言既自明其明德，又当推以及人，使之亦有以去其旧染之污也。"这是说教育就是应当在"自明其明德"之后，又当"推己及人"，帮助别人复其"本体之明"，实现自己的社会责任。所以王阳明在《大学古本序》中说："以言乎己，谓之明德；以言乎人，谓之亲民。"就是将个体与他人、与整个社会乃至民族共同体、人类命运共同体联结起来。至于"止于至善"，朱熹解释说："止者，必至于是而不迁之意。至善，则事理当然之极也。言明明德、新民，皆当至于至善之地而不迁"，这个"至善"，指出了教育的终极理想和目标，统摄了个人、他人、社会乃至人类文明共同体的目标。

从这一层面来说，我们可以说，这是中西共有的教育哲学。苏霍姆林斯基曾说："教育的任务在于，为每一颗年轻的心都找到一把金钥匙，为每一个青年男女都开辟一个领域。在这个领域里，他们的能力能够被唤醒并得以充分发挥。""世界上有千百种职业、行当和工作：有的修建铁路；有的建造房屋；有的耕种土地；有的救死扶伤；有的缝制服装……但有一个举世无双的工作那就是塑造人。"教育即是找到心灵的"金钥匙"，"唤醒"被教育者的内心，并最终"塑造人"。在《公民的诞生》中，苏霍姆林斯基说："真正的教育是要培养一个人对他人、对社会和对人民的一种责任感，而没有坚强的意志，没有严格的要求，没有断然的命令，没有合理的教导和不善于把自己的个人利益服从于多数人的利益，服从于集体、社会和人民的利益是不可能有什么责任感的。"个体的唤醒与成长，最终指向的是对集体、社会和人民的责任，为社会、祖国和人民作出贡献。

历史长河奔腾不息，时代考卷常答常新。120年来，无论历史有着怎样的风云变幻、崎岖坎坷，明德中学始终对"大学之道，在明明德，在亲民，在止于至善"有着内在的坚守。回溯明德120年跌宕起伏、辉煌多姿的历史，我们可以从四个层面来剖析和总结明德的教育文化：

从个体发展的层面来看，120年来，明德中学始终坚持明德树人的基本理念，推动学生的自我教育、自主成长，涵养学生的生命气象，明德学子百花齐放，气象万千；从学校教育层面来说，120年来，明德中学始终坚持勇立潮头、与时俱进，不断探索新的历史条件下的学校办学思想、办学制度、教育体系，践行"五育"融合的教育之道，形成具有明德特色学校教育形态；从社会国家的层面来说，120年来，明德中学始终有着心忧天下、敢为人先的精神，明德的教育史，与中国近现代史、与中华民族伟大复兴的历史始终同频共振；从文化和文明的层面来说，120年来，明德中学始终有着源远流长、会通中西的特点，这种"中西会通"的特点，常常成为办学者的自觉追求和奋勇实践。

下面，从上述四个方面来概述明德120年的教育史。

二、个体发展层面：明德树人，气象万千

"碧海掣鲸望巨擘，云天张翼仰高鹏。"明德中学的创始校长胡元倓，在《明德之精神》一文中说："学校所以陶铸真才，自与科举利禄之途异趣，则尤应确定所宗，以端趋向，而一洗西汉博士，李唐诗赋，明清八比之积习，使莘莘学子，不徒以学校为仕进之阶，而先务立其远者大者，以默持世运于不坠。"从办学之初，胡元倓就非常明确地指出，明德中学要的是"陶铸真才"，这种"真才"，不是视野狭隘、庸庸碌碌、自私自利之人，而是有着高远的视野和社会担当、民族责任的人，有着"先务立其远者大者"的自觉，最终能够"默持世运于不坠"，担负起拯救国家、复兴民族的责任。

在这样一种办学理想和教育境界的驱动下，明德中学以"坚苦真诚"为校训，该校训内涵丰富，用意深远，深得湖湘文化之精髓。

坚，即坚毅、坚贞、坚韧；苦，即苦口、苦身、苦心；真，即纯真、真实、真挚；诚，即诚心、诚意、诚身。"坚苦真诚"四字校训，既是明德人修身治学的规范，也是明德人立业成才的保障。坚强不屈的毅力，坚定不移的意志，坚忍不拔的精神，是将来肩负重任的品质基础；能吃苦耐劳，不贪图享受，在苦难中磨砺意志，锤炼身心，是将来做大事、成大业的必要前提；明是非，辨真伪，脚踏实地，追求真理，是人生的至高境界；待人诚信，做事虔诚，"精诚所至，金石为开"，孜孜于此，必将事业有成。"坚苦真诚"四字箴言，简洁精深，培养了一代又一代的明德学子。曾为明德学生的湖南省人大常委会原副主任潘基礩说道："坚苦真诚，终生诲我。"曾任中宣部副部长的曾建徽给母校的题词是："纪念老校长，发扬坚苦真诚精神。"确实，百年明德，在"坚苦真诚"校训的熏陶下，培育了一代又一代杰出人才。

在这种教育视野下，明德教育有着"五育并举""五育融合"的特点，着力于培养综合型的、全面发展的、有着创新能力的人才。从校史来看，学校开展各种丰富多彩的体育运动、社团活动和社会实践活动，推动学生在德智体美劳各个方面不断发展。

学校十分重视体育，在近代新式学堂中是最早独立的、常规化开设体育课（时称体操课）的学校之一。当时体育课包括柔软体操、器械操练及兵式操练等，每周授课两节。学堂规定每天下午四点起即为体育活动时间。1903年，黄兴先生应邀到明德学堂任教，最初担任的即是体操教员，后兼任历史、地理和教务行政工作（主持速成师范班）。明德学堂的体操课和晨操一度得到民国时期教育部的嘉奖，即使在抗日战争时期，学校辗转至安化霞岭办学，在条件十分艰苦的情况下，仍坚持开设体育课，坚持做晨操，坚持开展各种体育运动。学校校史馆至今保留了一张霞岭时期的晨操相片，阵营整齐、动作规范、场面浩大，可见一斑。学校每年都举行田径运动会，据有关史料记载，明德学堂的田径运动会往往还引来不少市民观看，成为长沙城的一大盛事。

早期明德学堂的各种球类活动更是声名远播。排球（初称队球）、棒球（时称门球）、篮球、网球、足球等全面开花，其中排球、篮球更有"泰安球王"之美誉（因学校位于长沙市泰安里得名），在湖南省几无敌手。从目前有史可查的资料来看，确定的是，明德学堂的排球、

篮球、足球代表湖南省参加1933年在南京举行的第五届全国运动会和1934年在武汉举行的第五届华中运动会都荣获冠军。

翻开《明德岁月》《明德春秋》等明德校友回忆母校的文集，总能看到大量的关于明德体育教育的记述。体育运动尤其是球类运动的兴盛，一直是明德中学的一大特色。李鑑澄校友的《在明德读书的二三事》中一段叙述，是一个很普通也很普遍的代表：

> 明德中学一直注重体育运动，增强学生的身体素质，体育考试的成绩纳入奖学金的考试范围，并通过体育比赛来加强与外校的联系，扩大学校的影响。当时学校规定每天早上起床后，学生都必须参加晨操、晨跑，约半个小时，然后再上教室练习毛笔字、温习功课。明德广泛开展的球类运动是排球、足球、篮球。我是排球、足球的校队队员，球场上总能见到我的身影。放暑假时，我们校队队员与校运动队员都留在学校进行训练，每人补助3元伙食费，我们自己补贴一元多，每餐四菜一汤，晚上还要上晚自习，各科老师轮流辅导。那时的学校体育生活应该说是很充实、很开心、很快乐的，同学们都相处得非常融洽。

从1920年以来，明德中学学生的体育活动朝球类运动蓬勃发展，主要开展的球类有：排球、篮球、足球、网球、棒球等。排球在当时又称为"队球"，是当时的校球。作为校球，校方要求学生人人会玩，甚至将其作为升级、毕业的一项考核依据。学校有校队，班级也建有球队，学校经常举行班级排球赛、篮球赛，学校之间经常组织校际球赛。自1924年参加湖南省第七届运动会夺得网球冠军之后，1925年至1934年的10年中，明德学生10次参加省市运动会、华中运动会，共夺得26次球类冠军，计网球5次、棒球5次、篮球4次，足球3次，排球自1926年起连续9年夺冠，其中两次得华中运动会冠军。因明德校门在长沙城北泰安里，故社会声誉称明德为"泰安球王"。

早期明德学堂的各种学生社团活动和学生实践活动亦丰富多彩。著名诗人吴芳吉曾指导学生成立"红叶会"和"湘君社"等文学社团，并组织学生赴汨罗、君山、南岳等地开展诗会活动，班级（或中队）活动经常有组织岳麓山露营、工厂参观等活动。学校校史馆至今亦保留了1939年学生自治会在霞岭时期组织的第四届辩论会资料，辩题为"抗战建国是精神重于物质还是物质重于精神"，有四个班学生参加，有初赛和复赛，历经两周时间有余。学校成立的话剧社、英语剧社等也经常开展活动。早期明德学堂的各项特色课程和特色活动，即使在最困难的抗战时期辗转于蓝田、霞岭等地也因地制宜坚持开展没有间断，正是这样一些教育活动，不仅培养出了一大批专门人才，更使明德学子的综合素质和个性特长在同时代具有较大的优势。

中华人民共和国成立后，明德中学全面贯彻党和国家的教育方针，尤其注重学生的德智体全面发展。以体育为例，学校负责人秉承传统，重视体育运动，特别是在总务主任李国继（老体育教师）、体育主任徐祖本的领导下，体育运动有了明确的指导方针和有力的措施，体育文化传承不衰，"泰安球王"盛名依旧。当时，明德课外体育活动十分活跃，项目多，且水平高。球类活动以篮球、排球为主，"泰安球王"风采依旧，夺得多项冠军。除传统的篮球、排球运动外，足球、羽毛球、乒乓球、手球、垒球等均有发展，田径、体操、游泳、射击、航模等，都组成了校代表队，每次长沙市组织的各项比赛，我校均派代表参加，并都取得了很好的成绩；并且为省体工大队、部队、大学等单位输送了一批运动员，且成主力队员，代表单位参加全国各省市级比赛。同时，学校非常重视基础性的体育锻炼，比如大力提倡的冬季长跑。当时全校 800 多名寄宿学生每天准时（或提早起床），从校门出发，沿泰安里、通泰街、沿江大道、西园到达终点。学生锻炼好了身体，为学习和工作奠定了好的基础。

明德这种注重"五育"融合、推动学子全面发展的教育传统，其内在的核心，就在于激发学生内在的学习欲望、对美好事物的追求，锻炼学生独立自尊的人格品质，实现学生的自主成长、个性成长。这与湖湘文化也有着深刻的呼应，彰显出湖南人的气质与精神。湖湘文化之中，向来有自信自尊、独立自主之气概。自屈原《国殇》中称楚人"诚既勇兮又以武，终则强兮不可凌"以来，历代古籍都给了湘人"强悍"的评语，认为湖南人有一种"霸蛮"的性格，自立，自强，自尊，浩然独往。梁启超曾说："湖南人之长在强而悍"，明德校友杨毓麟曾在《新湖南》中集中论述了湖湘学术传统之"独立根性"："其岸异之处，颇能自振于他省之外。自濂溪周氏（敦颐）师心独往，以一人之意识经纬成一学说，……船山王氏以其坚贞刻苦之身，进退宋儒，自立宗主；二百年来，大江南北相率为烦琐之经说，而邵阳魏默深治今文尚书三家诗，门庭敞然。道咸之间，举世以谈详务为耻，而魏默深首治之；湘阴郭嵩焘远袭船山，近接魏氏，其谈海外政艺时措之宜，能发人之所未见，冒不韪而勿惜。至于直接船山之精神者，尤莫如谭嗣同。无所依傍，浩然独往，不知宇宙之圻埒，何论世法！其爱同胞而仇虐，时时迸发于脑筋而不能自已，是何也？曰：独立之根性使然也。"

学校不应是驯化人的工具，而应该创设条件，让学生健康、快乐、积极、个性化地成长，让学生拥有"独立之根性"，日后成为社会上独立自尊的人。这一理念，从明德学堂创立之初，便已确定。胡元倓的这一办学理念，一方面与明德学堂早年想要追慕的对象——日本庆应义塾的学生人才观点"独立自尊"相合，另一方面，也不能不说是胡元倓等创始人深受湖湘文化熏陶的结果。明德不仅有"独立自尊"之理念，而且还有具体的落实途径，通过丰富多彩的学生活动，促进学生之独立自主。

早在 20 世纪二三十年代，谢祖尧主持学校校事，就曾提倡学生自治，藉此提高学生能力和素质，也同时倡导一种民主的校风和学风。1920 年，明德中学学生自治会正式成立，它机构庞大，涉及的工作延伸到学校工作各个方面，包括食堂后勤管理、学生自治管理、学校校报校刊管理、民众学校的管理，当时所倡导之学生自主、民主教育尽显无遗。著名历史学家吴相湘在忆及明德中学的学生生活时，大发感慨："当时是配合个性发展，和现在恶补重压下的'学校自治'对于学生心理和行为的培养效果实在不可相提并论。"

据 1923 年《湖南私立明德中学校一览》记载，从 1920 年 9 月到 1922 年 12 月的会议及大事记，涉及学生活动的有"追悼驱张阵亡将士""全体教职员讨论学生自治大纲及自治演讲""设篮球、网球、队球及田赛径赛等体育课外活动""添设辩论会""杜威、蔡元培、吴稚晖来校演讲""特设课外西洋音乐班""追悼本校创办人龙公研仙""学生自治会新剧组为赈济北省灾民特演新剧三天""举行游街示威运动""教职员偕各学生赴麓山红叶大会"等数十项内容，可见当时学生的学习与生活之精彩多姿。

据《明德学校史》记载，当时学校的教育生活有以下几个特点：一是学校经常研究学生活动，十分重视学生的校园生活。二是经常组织学生进行一些户外活动，如春游、红叶诗会等。三是学生自治会经常独立地开展活动。四是校园文体活动丰富多彩，如校运会每年春季和秋季各举办一次。五是时常组织一些校际交流活动。六是经常地邀请一些名人名家给学生举办讲座。七是作为基本课程的补充，校方还开设了一些校本活动课程，如西洋音乐、珠算、演讲会等。这些活动，充分尊重学生的主体意识，是学生主体性的高扬。日后从明德走出的学子，大多重视独立思考，个性突出，其中很多佼佼者，都成为历史风云人物或行业领军者。

明德的这一教育文化传统，一直得到了很好的继承。近年来，学校以"明德树人"为核心，提出"明明德，忧天下；知格物，显人文；铸思想，扬个性"的人才培养目标，践行"五育融合，涵养生命气象"的教育理念，结合新时代的教育思想、教育政策，构建科学、人文的教育文化体系，形成了具有明德特色的教育文化品牌。

例如，学校高度重视德育文化的建构，构建了班主任专业成长课程体系、生涯规划课程体系、"明德讲坛"名家讲学课程体系，锻炼学生的自主管理、自主成长的能力，学生策划组织的五大节会以及20多个学生社团活动精彩纷呈。2018年，学校"文化德育，涵养生命气象"的德育实践，被教育部评为全国经典德育案例，2020、2021年，学校团委先后被评为"长沙市五四红旗团委""湖南省五四红旗团委""全国五四红旗团委"，2022年学校获评"湖南省文明标兵校园"。

学校以"文化立校、特色办学"的办学方略，聚焦"融通·多元·自主·共生"的人才培养模式探索，培养具有创新潜能的、出类拔萃的优秀高中毕业生，为拔尖创新人才培养提供明德经验、明德模式。明德学子在奥赛、北京大学先修课程、北京大学培文杯、"燕园杯"历史写作大赛、机器人大赛、科技创新比赛等数十项学科竞赛中斩获颇丰。近年来，共有800余人次获得国家级奖励，明德学子全面发展，成为北京大学、清华大学、上海交通大学、中国人民大学等数十所一流高校的优质生源基地。学校入选湖南省英才培养计划的学生数位居全省前列，2023年有20人入选，居全省所有中学之首。

近年来，学校坚持"五育融合"，采用"普及＋特长"的模式，学校艺术、体育课程体系特色鲜明，形成了在国内颇有影响的明德艺体教育品牌，在美术、音乐、篮球、田径、跆拳道、传统文化教育等特色项目成绩斐然，每年都会夺得20余项全国冠军，向各大体育院校以及清华大学美术学院、中央美术学院、中央音乐学院、中国音乐学院等国内顶尖的艺术院校输送60名以上的优秀人才，学校获评"全国群众体育工作先进单位"等多项荣誉。在国内产生了重大影响。

三、学校办学层面：与时俱进，勇立潮头

踏尽层峰开新天，更扬云帆立潮头。120年来，明德中学始终随着历史的发展、环境的变化，而不断探索着新的教育理念、办学制度、课程设置，始终站立在时代的前沿，为教育的发展贡献明德智慧、明德经验。

1903年明德刚刚创办时，由于是省内最早的新式中学堂，所以一没师资，二没生源，三是毕业生没出路。胡元倓认为："教育不普及，阻碍愈多。"为招生及学生毕业后的去向考虑，明德以中学为内核开创了系列化的办学体制，走上了"从实践中树立中国学制"的道路。

胡元倓认为中学为教育之中坚，中学是陶铸人才极为重要的一个环节，开办中学是其首要目标。纵观明德办学体系，先后开设有中学、速成师范、理化博物选科、高等小学、中学补习科、东语理化专科、茶陵速成师范、初等小学、攸县速成师范、南京高等商业学堂、中等商业预科、中等商业本科、中学预科、银行专修科、法政别科、北京明德大学、汉口明德大学等名目繁多的学制班别，基本上可以说都是从中学始、并以中学为中心上下拓展开来的。

民国著名教育家王凤喈先生在其《明德学校在中国教育史上的地位》一文中谈及明德学堂小学的开办时说道："中学学生取之于小学，当时新式小学甚少，故不得不办小学"。胡元倓则说得更实在："俟师范办成后，再附设高等小学堂一所，以便师范生实地练习，且为明德中学之预备。"值此风气尚未开化、教育基础尚在萌芽状态之时，明德学堂速成师范班的创办为随之而来的湖南新学教育的蓬勃发展开辟了一条生路。明德另一创办人、江苏狼山镇总兵黄忠浩1906年领衔给湖南巡抚端方的《成立三年请给津贴以固基础呈端中丞文》呈文中述说道："湘中教员奇乏，谙管理法者亦鲜其人，外县兴办学堂多苦无措手。自明德两班速成师范卒业二百余人，一时遍布全省学界，稍有径途。计今在学堂执事者，明德学生居其大半。转移风气，功大效宏。"

"从来纬地经天业，皆在躬行实践身。"回溯历史，明德中学体系的发展、演变轨迹成为我国中学学制发展变化的一个缩影。刚开始的时候，受制于历史条件的限制，无论从学制的长短、体系的分设、课程的设置等，都显得有些凌乱。直到1912年民国成立，民国教育部颁布了《学校系统令》（俗称"壬子学制"），中学的办学体系才开始有了新的思路。特别是1922年"新学制"的推行，明德中学的办学体系无论是学制还是课程标准都逐步由原来的日本体系转化为美国体系。"新学制"完全套用美国的"六三三"制，其显著的变化就是一改原来旧制四年制中学的学制，中学分设初中和高中两个阶段。1924年8月，明德中学第24班为新制初中第一班，但之后的第25班、26班、27班、28班仍然还是旧制，直到1926年8月第29班、30班为新制初中第二班、第三班。这段时期也没有招收新制高中班级，直到1929年8月新制高中第一班举办。自此，明德就一直分设了初中、高中。全国中学学制的发展变化也大抵如此。

明德中学早期在新学制和课程方面的创新、修正和确立，以"养成中等社会人才"为

根本目标，以培养学生的综合素质和满足国家、社会的现实需要为出发点，体现出湖湘文化一种博大、开放的眼光和务实求真的态度。在这样一种视野下，明德的教育，常常体现出一种"五育并举"乃至"五育融合"的特点。例如，陈志恪校友在《泰安里纪事》中提及一个细节：

> 值得一提的是明德提倡的体育运动是在普及的基础上的提高，并注意把爱校、爱国思想较好地结合起来。记得郑扬新老师在初中部"三寄"（初中学生宿舍）不定期出刊的《体育剪报》对我们很有吸引力。我印象最深的是一张有关1932年中国首次参加在美国洛杉矶举行的第十届奥运会的报纸（图片剪辑），其中记述着中国可怜兮兮地派了刘长春一名短跑运动员，由于长时间没有训练，加上20多天的海船旅程，身心劳顿，预赛没有跑出应有水平即被淘汰的伤心消息。美国一家报纸以《刘长春——代表4万万中国人的唯一运动员》为题大肆奚落我们的令人发指的报导。但上海大公报在刘出国前夕发表的《别矣刘君，为国努力》社论却十分感人。尽管剪报内容已是过去两年的历史陈迹，但读来仍使我们激动不已。现在回想起来，已是近60年前的事了，印象仍然深刻。

在这个小小的细节中，既体现了"体育运动是在普及的基础上的提高"这样一种特点，同时，体育与阅读、与道德教育的结合，也将德智体三种领域的教育融合在一起，密不可分。这种将德智体美劳等教育融合在一起的方式，在明德历史上非常普遍。

百廿明德，一脉传承，近年来，明德中学也一直在不断发展和丰富学校的办学文化。

首先是深化校园文化建设，在继承明德"坚苦真诚""磨血育人"的传统的基础上，融汇当下最先进的教育教学理念，形成了具有明德特色的校园文化体系，办学视野广阔。学校以"明德树人"为办学核心，以"为孩子的终身发展与幸福奠基"为办学理念，提出"文化立校、特色办学"的办学方略，践行"五育融合"的教育路径，实行"明明德，忧天下；知格物，显人文；铸思想，扬个性"的人才培养目标，打造了以"生命、生态、生活"为核心的"三生"课堂文化。学校构建的"涵养生命气象"德育体系，获得教育部发文表彰，团委获评"全国五四红旗团委"。秉持"无体育，不明德；无运动，不青春；无艺术，不人生"的教育理念，学校美术、音乐、篮球、田径、跆拳道、传统文化教育、学科奥赛和大学先修课程等特色教育项目成绩斐然，同时，学校构建特色课程文化，形成特色的人才培养模式，施展学生的个性。在全面发展的基础上，引领多样个性的张扬，成为中央教科所的100所特色学校之一。此外，学校提出"涵养生命气象"的德育理念，获得教育界广泛关注。

在深入实践与探索的基础上，学校编辑出版了《文化立校》《明德语文读本》《至善——班级文化建设的探索与实践》《道德的本质是合作——当代青少年成长急需的处世智慧》《生命的盐——德育工作行与思》《整本书阅读工作坊》《〈红楼梦〉整本书教与学》等著作，进一步深化和拓展了学校的教育教学文化，学校拥有了自己的文化品牌、文化魅力。

同时，明德中学已有 120 年的历史，文化底蕴深厚，是值得深入开掘和继承的文化宝藏。近年来，学校在继承校园历史文化方面做了大量工作，翻新了学校的校史陈列馆、创建华兴会成立旧址、出版胡元倓校长的传记《胡子靖传》、召开纪念辛亥革命 100 周年学术研讨会，编纂出版 110 周年校庆丛书《大学之道，在明明德》，与中国大百科出版社合作出版《中华传统名校丛书·长沙市明德中学》、与湖南广播电视台金鹰纪实频道共同拍摄校庆电视剧《明德方兴》，以学科为依托出版整本书阅读、生涯规划等各个方面的专业书籍，这些举措，都不断刷新着明德教育文化深度与高度，将一座学校丰厚的人文底蕴、历史渊源展现于世人面前。同时，学校总结出了明德中学五大历史文化符号："辛亥革命策源地""北有南开，南有明德""院士摇篮""泰安球王""湖湘气韵，半出明德"。这五大历史文化符号，无不底蕴深厚、渊源有自，生动地展示出明德的文化精神与生命气象，是明德 120 年辉煌办学史的总结与升华。

其次是进入集团化办学时期，扩大了办学规模，实践了一所名校的历史责任与社会担当。近年来，学校多区域多层次多体制办学格局基本形成，成为一所教育旗舰式学校。其中明德中学、明德华兴中学等为公办学校，明德达材学校为民办学校（现已脱离），明德天心中学、明德洞井中学、明德麓谷学校、明德雨花实验中学、明德启南中学、明德望城学校、明德美琪学校、明德蓝月谷学校等为合作办学学校，曾有海南儋州一中、贵州明德衡民中学、龙山思源实验学校等委托管理学校。各所分校在明德精神与明德文化的引领下，在旗舰的宏观管理与指导下，做到了短时间就绪、新理念引领、高起点谋划、大手笔建设、高效能运转、全方位服务，发展态势良好。

四、社会国家层面：教育救国，心忧天下

"未惜头颅新故国，甘将热血沃中华。"明德中学从创立的那一天起，办学者就有着"毁家纾难"、教育救国的决心。1903 年，正是晚清国运衰微，民族命运几乎到了历史最低点的时刻。湖南长沙的胡元倓、龙湛霖、龙绂瑞、龙璋等一班开明士绅和仁人志士深感国运式微，尤受甲午、庚子两役创痛，决计兴学救亡，开启民智。在浩荡之历史潮流中，他们勇立潮头，于 1903 年 3 月 29 日创办了湖南私立明德学堂，是湖南最早的新式中学堂。

1903 年，胡元倓先生即延请黄兴、张继等革命志士来校任教。黄兴以其巨大的影响力，直接引领了一大批革命志士前来明德，并以明德为根据地，开展革命活动。他们以教书为掩护，大肆宣传革命，"时向学生灌输革命学说"，明德学堂一时之间革命气氛浓厚，一大批学生纷纷加入革命队伍，并迅速成长为革命中坚。1904 年秋，黄兴成立了华兴会，并发动长沙起义。长沙起义因事泄未成，明德革命志士逃走各地，他们或创办革命刊物、宣传革命思想；或参与革命起义，用武力推翻清朝政府。前仆后继，视死如归，活跃在整个辛亥革命史上，其数量之多，作用之大，令人惊异。近年来，长沙明德学堂对辛亥革命的贡献越来越受到历史学界的重视，其"辛亥革命策源地"之美誉，愈益彰显。

"千古湖湘万豪俊，百年明德两元勋。"其一为辛亥革命元勋黄兴先生，其一为新中国革命元勋任弼时同志，黄兴创办明德中学，任弼时曾在明德求学。这里曾是英雄聚会之地，是革命家的摇篮。颜昌颐、任弼时、周谷城、欧阳钦、周小舟等革命家，佘立亚、林蔚、詹乐贫、李蕃、刘镇国、江伯龙、朱坚、毕磊等革命烈士皆为明德师生。这种以天下为己任、可歌可泣的群体革命精神，体现了一所百年名校在开办之初的恢宏气象，奠定了一所名校的精神根基。

明德这种胸怀家国、心忧天下的精神，不仅仅体现在明德师生的人生历程之中，也体现在明德这所学校的办学历史之中。

据《明德学校史》记载，至1911年，明德不但办有中学、高小、初小，还办有师范、专科，不但在长沙办学，还在上海、南京等地办学，而且创办了我国第一所官立商业专科。明德规模之宏大、体系之完整、声誉之良好，在当时国内公私立学堂中乃首屈一指，就连一些外省学生都慕名来此求学。在1906年学堂文书中记载，"学生则安徽、江苏、四川、广东等省千里负笈而来。"这段时期，明德共毕业初小、高小、速成师范、中学、专科学生954人。

这一时期，从明德走出了大批日后十分显赫的人物：民国开国元勋黄兴，著名革命家张继、周震鳞等，忧国忧民、蹈江投海的三志士陈天华、姚宏业、杨毓麟，"中国奥运之父"、民国时期著名外交家王正廷，戏剧家欧阳予倩，同出高小第三班的陈翰笙、金岳霖、蒋廷黻三个院士，著名工程专家、乐诚堂设计人周凤九等。此外，受胡元倓磨血救国思想的影响，这一时期还涌现出了一大批献身教育、创办学校、执掌学校的教育家：雅礼中学校长劳启祥、湖南大学校长胡庶华、广益中学校长任邦柱、妙高峰中学校长方克刚、长沙市一中校长刘经骧、修业学校和长郡中学校长彭国钧、含光中学校长刘宗向、复初中学校长胡翼如、湘雅医学院院长肖元定、明德中学副校长兼湖南第一师范校长谢祖尧等，他们一时间占据着省会长沙教育半边天。20世纪初，"湘中教员奇乏，谙管理法者亦鲜其人……自明德两班速成师范卒业二百余人，一时遍布全省学界，稍有径途。计今在学堂执事者，明德学生居其大半。转移风气，功大效宏。"足见明德在湖南引领新学、启迪民智、传播科学等方面的历史地位。

这一办学历史，与教育者本身的"磨血育人"的教育自觉密不可分。1911年，胡元倓先生曾对决心革命的黄兴说："养成中等社会，实立国之本图，惟其事稳而难为。公倡革命，乃流血之举，我为此事，则磨血之人也。"所谓"磨血育人"，就是在平凡的教育事业中，一点一滴把自己的血磨尽，将自己全部的生命献给教育，献给民族。这是在当时民族危亡之际，办学者所得到的一种生命的自觉。

抗日战争时期，为躲避日寇的轰炸和侵袭，明德中学搬迁至当时湘乡霞岭的深山之中办学。虽然环境极其艰苦，但学校依然想尽办法，促进学生多方面的锻炼与成长。明德老校友王志昆先生在《师恩似海，母校情深》一文中回忆，"明德在转徙流亡中，始终坚持教学，毫不放松。从晓南港突围以后，到达蓝田第一件事就是复课。从蓝田再仓促搬迁到安化樟梅乡，四面环山，交通困难，在安顿流亡生活的同时，就立即继续上课。没有课堂，屋檐下面墙上挂块木板就讲课；没有课桌椅，坐在地下听课，俯在膝上记笔记；没有食堂，同学们分点米，扯些野菜解决吃饭问题；没有浴室，就在池塘中洗脸洗澡。在这人烟稀少的深山穷谷之中，一时间书声琅琅、歌声嘹亮，欢声笑语，生机盎然。"学校当时不仅特别注重智育，提升教学质量，而且坚持发展学生的兴趣与特长，王志昆回忆：

> 明德有自己的风格与特色。学校注重学生全面发展，重视体育，发展学生的兴趣、爱好与特长。任何时候，都十分重视质量。在最困难的时候，仍坚持教学不放松，把提高质量作为头等大事来抓。霞岭曾家祠堂处于深山之中，一条小溪流宽不过 10 米，深不足 1 米，以木架桥，上铺竹竿树枝，一边是高中部，另一边是初中部。学校利用这条小溪，用木板作活动闸门，拦截溪水，上午关闸，储积溪流，下午 3 点以后，溪水满盈。体育课和课余时间，同学们都在溪中游泳。晚上放闸，浊水流尽，重蓄清水。……学校经常举行作文比赛，讲演比赛，英语讲演比赛，辩论会、文艺会、营火会、野炊、军事训练以及各种球类比赛，远足旅行……

学校能在艰难困苦之中，不忘教育初心，秉持"陶铸真才"教育宗旨，竭尽全力开展多方面的教育实践，就来源于明德创立之初"先务立其远者大者，以默持世运于不坠"的教育理想。明德校友、中国科学院院士肖纪美，虽然是湘西凤凰人，但 1933 年考入明德中学，在明德度过了他的中学时代。求学期间，他和同学一起办杂志、演街头剧、竭尽全力宣传抗日。

这种教育对肖纪美产生了深远影响。1948 年，肖纪美前往美国求学，1950 年博士毕业之后，肖纪美得知中华人民共和国成立，正需要他这样对金属学熟悉的人才回国建设一穷二白的祖国，因此他一心想要回国。但由于肖纪美的学识与能力，美国政府不愿意放他走，回国之路不那么顺利。整整蹉跎了七年岁月，1957 年 7 月 7 日，肖纪美带着妻子和两个儿子，坐上了回国的轮船，美国移民局的官员三次上船劝肖纪美留在美国工作，他们说新中国刚成立，条件非常贫苦，环境也不像美国自由，并且许诺如果他能留在美国，将给他更好的工作和更高的待遇。但是他爱自己的祖国，祖国需要他，他断然拒绝了美国政府的邀请。最后，美国移民局人员登船谈判，声称如果肖纪美回到中国，则扣留所携带的约一万美元的旅行支票。但即使在这种情况下，肖纪美也不为所动，幽默地说："我先把钱存在你这里，但我要算利息的。"此存款到 1972 年中美建交时解冻，由尼克松访华时带回。这样的例子在明德校史上还有很多。

多年来，学校一直传承着这样一种历史精神、教育精神。例如，明德中学初中部（明德华兴中学）在华兴会成立旧址上，建设了华兴会纪念馆，以此来铭记明德中学"辛亥革命策源地"的辉煌历史，并开展家国情怀教育。巍巍岳麓山，埋葬着胡元倓、黄兴、陈天华、姚宏业等一大批著名的明德校友，每年清明，学校都会开展"清明祭英烈"活动，组织教师代表、学生代表前往岳麓山，为近现代历史上的明德校友扫墓。学校负责人会在扫墓现场介绍明德先贤矢志不渝、追求民族复兴的生命历程，参加扫墓的同学曾说："当老师用悠长的声调朗诵起那些古老的祭文，逝去的先贤仿佛就在我们面前，用他们一生的追求激励着我们。"学校举办了诸如"我的中国梦"主题班会等一系列活动，并通过诗朗诵、绘画设计等方式，进行宣传报道，着力将"中国梦""家国情"的根植入学生的内心。为此，刘林祥书记还曾领衔完成了湖南省教育科学规划重点课题"中学生家国情怀的培育和践行研究"。

百余年来，明德中学注重社会实践、培养学生的社会责任感的办学理念，从没有变过。例如，近年来学校"学雷锋"志愿服务活动形式多样，丰富多彩。除了参观雷锋纪念馆，学习雷锋的伟大精神之外，学生们还深入敬老院、孤儿院去慰问和陪伴，也有去岳麓山、湘江沿岸以及各大公园清理垃圾保护环境等，"红绿卡，志愿情"暖心手卡传递爱心、"欢欢喜喜过大年"欢乐社区行、"老吾老以及人之老"老年人志愿服务等各类学雷锋志愿服务活动红红火火地开展起来。

明德学子积极关注社会，服务社会。2017 年，许胜强老师带领高一 K435 班学生做了一份《长沙市近十年来流动人口的社会调查报告》，寄给长沙市市长陈文浩后，得到了高度关注，长沙市公安局党委更是称赞其"数据准确，行文流畅，具有非常高的参考价值"。

1919 年 8 月，毛泽东在《湘江评论》撰文赞扬了明德中学，认为明德学堂继承了时务学堂的传统，积极投身社会实践，有社会责任感与担当精神，"时务虽倒，而明德方兴"。将近一百年过去了，新的时代，明德学子的社会担当和社会实践，在以新的方式进行着。

五、文化文明层面：中西会通、源远流长

"贯中西兮穷术业，遗粕而咀精。"这是明德中学校歌中的句子，由明德校友、国学大师刘永济所写。120 年来，学校以文化立校，追求"中西会通、五育融合"的办学视野，成就辉煌。

明德校旗，也是刘永济拟制，其图案及说明经胡元倓亲自核定，体现了充分发扬中西文化会通之道理。其说明云："校旗四分，一为赤色，四分三为蓝色；加校徽于赤色之中央，为唐卷与西书交叠之形，唐卷则黄缃朱带，西书则绿表金侧以为之饰。旗色取赤蓝者，一以表文明赫艳之象，一以旌坚苦真诚之德也。于古代取唐卷，于近世取西书者，唐代为东方文化成就之时，近世又西方文化光华之日也，而交互相叠之形，则有融会贯通之义焉。"正是这种远见卓识、崇高理想，为明德学子日后成才奠定了终身的发展基础。

明德文化传承的是湖湘精神，湖湘文化的重要内容之一就是"心忧天下""求仁履实""经世致用"，明德中学创始人胡元倓先生深受其影响，并以此确立其教育思想，兴学救亡。他的名言是"从来纬地经天业，皆在躬行实践身"。并以之与明德学子相互共勉，以期发扬湖湘文化，振兴民族。从明德走出来的大批学生，都投身于民族复兴事业，矢志不渝，英才辈出。其次，明德中学发扬湖湘文化"敢为人先"、与时俱进、兼收并蓄的特点，提倡中西会通，博采众长，它上承传统教育之精神，旁汲西方现代教育之精髓，创立了既符合现代教育理念和教育要求，又具有中国传统教育风范的教育模式，学校多次进行管理体制、课程设置、

教学规范等各个方面的变革，无不是"会通中西、五育融合"，根据学校的实际进行调整。

例如，建校初期，明德学堂共设置课程十七门，课程包括伦理、经学、国文、中国历史、中国地理、英文、代数、几何、三角、博物、物理、化学、乐歌、图画、体操、法制经济及商业大意。三个年级均为每周共三十六课时，但课程内容有所不同。此时，明德仍保留了伦理、经学此类的旧学科，但其所占比重不大，在一定程度上保留了传统文化，且课时量并未如《奏定学堂章程》中要求十课时之多，每周仅有二至四课时，给予其他课程更多教学时间。

在外语方面，明德学堂在第一学年每周英语为八课时，第二学年为十课时，第三学年增加至十二课时。在所有课程中课时量最多，且不断增加。这体现了明德学堂对外语、新学的重视，适应了时代的需求，表达了湖南对于新文化的需求与渴求之甚。与此同时，在明德学堂课程设置中历史、地理、物理及化学课程占相当一部分，开阔了学生的视野，带有浓厚的新学色彩。此外，学校在第三学年特设法制经济与商业大意课程，希望学生得以学习商业，报效国家，促进民族经济的发展。

会通中西，并非毫无原则地将中西方的学校制度、课程设置混杂在一起。考察明德校史，会发现明德中学坚持会通中西，其根本原则是坚持"五育并举、五育融合"，促进学生的全面发展。

例如，在20世纪30年代傅任敢任明德教务主任期间，锐意进行教育改革，发展明德原有的办学理念、办学风格，不断推进明德的德智体美并重的教育文化。傅任敢当时提出的施教要点：一是教与育合一，教师既要培养学生掌握知识的能力，又要注重学生品德的培养；二是严格训练，课程力求充实，施教力求效率，考试力求公平；三是严格淘汰，初一入学学生一律为试读生，试读一年不合格，即予淘汰，以后也是逐年考核淘汰；四是充实教学设备，尤其注重实验与实习；五是注重个性，实行文理分科，加强课外研究；六是尊重师资，聘请教师，强调"只慕学识，不问关系"，而且要求专任为原则。

为保证教学改革质量，在他主持下建立了一整套教学制度。制定了《明德一览》，规定了对初高中学生的学习、生活要求。编定有《教务规程》，规定了考核成绩、作业检查办法和规章。还编制了《教务述要》，规定了教师必须遵守的规章。这些制度体现了严格要求和科学管理，并使教师、学生明确自己的责任而自觉遵守。他对体育、美育也提出较高的要求。要求人人参加体育锻炼，而且规定体育不及格不能升级、毕业。提倡艺术教育，要求学生接受艺术的陶冶，养成高尚优美的人格。音乐、美术教学，注重指导学生欣赏名作，使学生对艺术有正确的认识。对书法也予重视，每期举行书法比赛。

这种办学风格，无论在什么艰苦的条件下，都不曾改变过。校友杨印生在《母校难忘——为纪念明德90周年而作》一文中曾回忆，"在霞岭时，教务处前石坪上的旧戏台，既是音乐课教室，也是集体活动的场所。如：联欢会，象棋比赛，雄辩会，文艺演出……都在这里进行。"这里的很多文艺演出，包括话剧等，都是受西方影响产生的现代剧，但学校也特别重视传统文化的熏陶，杨印生说：

我至今爱好京剧的兴趣也是从那时培养起来的。当时欧阳平堃的京胡和她妹妹欧阳幼任的清唱莫不叫好，以后我也学会了拉、唱。在日寇追逼学校从蓝田光明山突然逃迁樟梅乡的短短日子里，学校还组织文艺活动，让大家乐观安定。我第一次在那里扮演了《秦琼卖马》。同学们席地而坐，前半截就当午台，我用青长衫拼白布条当衣领，用白布缝在袖口当"甩袖"，用童子军黑领带裹纸团当"英雄帽"。张翼棠用二胡当京胡，朱稚松用红白喜事的大锣，当京锣也演出了一场京剧，乐在其中。

这种中西会通、古今并置的教育方式和教育内容，为学生的全面发展奠定了坚实基础。明德中学在 20 世纪上半叶曾有"辛亥革命策源地""北有南开，南有明德""院士摇篮"之美誉，从明德走出来了 18 位院士，其成就的根源。就在于此。现在，胡元俵校长倡导的"思想开放、欢迎多元文化"，以及"中西会通、五育融合"的办学追求，在学校的课程设置、德育实践、教育管理中都有鲜明的体现。近年来，学校在"中西会通、五育融合"方面做了大量工作，取得了很好的成绩。学校师生曾在世界级顶级的艺术圣殿澳大利亚悉尼歌剧院，举行了专场演出暨明德中学师生书画作品展，学校国际部每年都有不少学子考入多伦多大学、香港大学、新加坡南洋理工大学等一流名校。

学校高度重视文化教育。前些年，学校曾经选择了中华书局出版的《中华文化基础教材》作为传统文化教育的基本教材。明德中学是中华书局"中华传统文化教学研究基地"之一，以《中华文化基础教材》为本，在高一、高二两个年级开课，在原有的语文课时的基础上，每周增设一节"文化经典学习"课，由语文教师兼任。通过两年循序渐进地学习，学生能基本通晓"四书"的文句与大义，概括相关内容，并在与师友的探讨中深入体会，有所感悟。除了必修的《中华文化基础教材》，明德中学曾将人民教育出版社编定的高中选修教材《中华文化经典研读》也列入了必修行列，成为高二语文的必修教材，并有两个多月的时间让学生集中学习。这本教材涵盖儒、释、道以及古代史学、政治学、理学、科学等各个方面，虽然篇幅不长，但触及面广，学子研读其中的经典篇目，对中国古代文化经典能有一个大致的了解，激发其进一步阅读和思考的兴趣。

传统文化内容浩瀚，经史子集、三教九流，地负海涵，无所不包。仅仅依靠经典的教材和固定的课时，只能讲述最为核心的几本经典，难以触及传统文化多姿多彩、引人入胜的侧面。有见及此，明德中学曾开设多种多样的传统文化选修课，让孩子们根据自己的性格、爱好、基础，选择不同的休息课程，搭建具有自己个性的传统文化课程表。

选修课安排在高一，每周两节。这些传统文化选修课包括：蒋雁鸣老师的"《红楼梦》研读"、刘东明老师的"唐诗与酒文化"、王章全老师的"《庄子》选读"、覃斌老师的"《周易》解析"、蔡雄辉老师的"《大学》课堂"、姚邦辉老师的"古典诗词写作"、马臻老师的"旅行的哲学与文学"等。老师们各展其才，就自己热爱或熟悉的某一传统文化领域进行精彩讲解，效果极好。

就读于北京大学的杨帆曾在文章中回忆："前不久有同学在网上发了一个高一时候蒋老师在语文课上讲解《红楼梦》的视频，一边是感叹当时的幼稚面容，一边不禁想起当时在老师的带领下人手一本《红楼梦》，课余人人读红楼的盛况。也记得每周二的选修课上老师讲'唐诗与酒文化'，讲到'晚来天欲雪，能饮一杯无'，顿时让人在北京大雪纷飞的天气里觉得温暖无比，一首一首曼妙飞扬的唐诗至今还滋润着心扉。"考上复旦大学中文系的李丹琳在给蒋老师的信中说："是遇到您之后吧，我才对文学有了更深一步的了解。是您那堂深深打动人心的《声声慢》，让我在心中重新认识了诗人的情感世界；是您那一个礼拜一次的《红楼梦》评说，让我从心底被祖国古典名著深深折服。"

精擅古典诗词写作的姚邦辉老师，曾带领一批诗词爱好者登山临水，诗词唱和。姚老师名之曰"红叶诗会"，他曾有《水龙吟·记红叶诗会》一首记其事：

> "清风峡里清风，清心润物舒清思。赏红岳麓，青春恰是，当年意气。爱晚亭前，夭桃影里，莘莘学子。正浩歌游乐，高吟妙对，漫赢得、人凝睇。
>
> 不慕兰亭盛会。慕知音、偕行冬季。前程无限，不应辜负，江山万里。驯鹤归来，依然名院，依然流水。摄红枫笑靥，他年相叙，慰平生意！"

除了在老师的带领下进行活动，不少对传统文化感兴趣的学生还自己组织了一个社团：青矜社。这是一个专门研究国学、开展传统文化活动的学生社团。他们的常规活动包括：古装 cos、茶艺展示、古乐演奏、成人礼、书法国画鉴赏与创作、古典名著鉴赏、古典舞蹈、诗词创作等。他们曾经表演过《高山流水》、舞台剧《大唐红颜赋》，在元旦汇演及高三毕业典礼上，展出了茶艺、成人礼、古典舞蹈以及古乐合奏等节目。将传统文化融入重重难关活动及表演之中，增加了传统文化的亲和力。

同时，为提升学生的核心素养，用文化涵养生命，学校构建了多元、自主、人文的课程体系，为学生开设了 70 多门选修课程，并定期邀请专家讲学，如著名作家余秋雨、哲学家邓晓芒、中国科学院院士袁亚湘、歌唱家李谷一、作曲家王佑贵、书画家刘人岛、台湾作家张晓风、著名教育家朱永新……在课程育人的理念指导下，明德中学着力打造特色的"生命化、生活化、生态化"的"三生"课堂文化，构建充满生命活力和生活情趣的生态课堂。明德学子在全国性的学科奥赛、作文大赛以及机器人大赛、科技创新比赛中斩获颇丰。

只有美好的教育生活，才能让学生进入文明的深处，感受到中西文化的魅力，展现出生命的自信与美好。后来考入清华大学的明德学子张纤曾说："进高中前，许多人向我们'抹黑'高中生活：无穷的作业、无尽的考试、无情的排名……进入明德后，一切都不是这样的。在明德中学的三年里，友爱而温馨，灵动而自由。"

　　湖湘气韵，半出明德，继往开来，任重道远。唯有始终坚持"大学之道，在明明德，在亲民，在止于至善"的教育精髓，以"会通中西"的视野，弘扬"坚苦真诚""磨血育人"的办学精神，践行"五育融合"的教育之道，才能把明德中学办成具有国际视野和办学个性的现代化、数字化、创新型、文化型、开放型的特色化品牌名校，使学校成为新时期湖湘教育文化的亮丽风景，成为区域性国际历史文化名城的教育名片，这是每一位明德人为之奋斗的美丽愿景。

（编写：马臻）

第二章 大学之道，在明明德
——明德教育的基本理论及其教育理想

办学核心：明德树人

《礼记·大学》："大学之道，在明明德，在亲民，在止于至善。"明德教育的宗旨当弘扬光明正大的品德，使人弃旧图新，达到最完善的境界，从而培养高素质的现代人才。"明德树人"的办学核心与党和国家的"立德树人"教育根本任务一脉相承。

办学理念：为孩子的终身发展与幸福奠基

（一）奠基学生终身发展

引导学生"七个学会"——学会做人，学会学习，学会健体，学会审美，学会劳动，学会生活，学会创新。

学会做人，勇于担当。教导引领学生做守护生命的好人，做担当责任的好人，做有良知正义的好人。

学会学习，自主高效。教育引导学生做崇尚科学、注重人文，自主学习、高效学习的终身学习的人。

学会健体，奠基健康。教育指导学生做有健体的习惯，能掌握运动技能，充满阳光活力的健康的人。

学会审美，提升修养。教育培养学生做有审美素养，能明辨美与丑，善于发现美，终身追求美的人。

学会劳动，完善能力。教导引领学生做尊重劳动、热爱劳动，能投身劳动，懂得体验劳动快乐的人。

学会生活，脚踏实地。教育引导学生做会独立生活，优化生活习惯，科学管理时间，懂得自控的人。

学会创新，锐意进取。教育培养学生做有创新思维习惯，创新学习、生活方式，富有创新精神的人。

（二）奠基学生终身幸福

理想的教育是培养真正的人，让每一个人都能幸福地度过一生。因此，为学生的终身幸福奠基，是每一位明德教育者追求的终极目标：帮助那些未成熟的生命树立起对未来的希望，培养乐观自信的生活者，点燃受教育者的生命之火，普照其整个人生，把每一个学生培养成幸福的人。教育引导孩子们过有意义的生活，让孩子们过健康的生活、科学的生活、艺术的生活。让孩子们受健康的教育、科学的教育、艺术的教育，使学生在教育生活中自主走向积极向上的幸福的生活，享受未来幸福的人生。

明德教育奠基学生终身发展和幸福，坚定不移地提升学生的核心素养，最终为更好地培养合格的社会主义建设者和接班人。

办学精神：磨血育人

明德创始人即首任校长胡元倓先生对曾在明德中学执教的民主主义革命家、辛亥革命元勋黄兴先生说过一段话："养成中等社会人才，实立国之本图，惟其事稳而难为。公倡革命，乃流血之举，我为此事（教育）则磨血之人也。"由此而形成"磨血育人"教育思想。"磨血育人"教育思想，由胡元倓先生提出，产生于国弱民穷的清末民初时期，在20世纪上半叶动荡的年代里艰难前行与沉淀，在20世纪下半叶得到发展与完善，历经百年，影响着湖南乃至整个中国教育事业的进退与沉浮，成为湖湘文化的一个重要组成部分。

"磨血育人"的精神实质就在于艰苦创业、坚定执着、锲而不舍的工作韧性和严谨扎实、甘于寂寞、无私奉献的敬业精神。

校训：坚苦真诚。

坚，即坚毅、坚贞、坚韧，明德学子必将担负社会重任，必须有坚强不屈的毅力，坚定不移的意志，坚忍不拔的精神。胡元倓校长喜欢的一组相对的词汇："忍耐力"和"希望心"。所谓"坚"，就是在痛苦和绝望的处境中的"忍耐力"，以及不可放弃的"希望心"。胡元倓校长说过："担当责任之身，而自身所得之代价必为痛苦与忍耐"，所以"坚"是每一个明德人必备的品质。"惟明德之学风，永坚贞而不更。"

苦，即苦口、苦身、苦心。良药苦口，可以治病；勤劳苦身，可以励志；志士苦心，可以坚定操守。为此，不能好逸恶劳、贪图享乐、心浮气躁。胡元倓校长常常谈到人生之苦，自刻"从苦打出"印章一枚。这种"苦"的哲学，凝结在他多次提到的"死不难，不死难"这六个字里面，死并非难事，难的却是不死。因为不死者必须担当自我和时代的责任，在困苦之中创造人生的意义。"惟明德之学风，应因苦而回甘。"

真，即纯真、真实、真挚。真，是道义之所在，是为人之根本。要求我们内心纯真，正气浩然。不作伪，不矫饰，踏踏实实学习，实实在在做人。这种真，是胡元倓校长经常提倡的"知行合一"之真。胡元倓校长写过一句著名的诗，"从来纬地经天业，皆在躬行实践身"，一个人的"真"，有内在情感、品格、思想之真，也有外在言论、行为、事功之真，内在的真，必须通过外在的言论、行为、事功的实践和磨炼，才能由内而外、由外而内，不断循环、不断深化，最后抵达一种真正的生命之"真"。"惟明德之学风，本真实以传薪。"

诚，即诚心、诚意、诚身。"诚"是《大学》《中庸》的核心内涵之一。"诚"是立身处世之准则，它要求我们为人敦厚、表里如一，不能趋炎附势，不能有始无终。既是待人诚信，做事虔诚，更是指通过反省达到的自我内在的真诚。胡元倓校长晚年自号"乐诚老人"，其典故来自《孟子》的"反身而诚，乐莫大焉"，讲的就是通过反省自我而达到的真诚无伪的状态。"惟明德之学风，道一贯而无二。"

办学方略：文化立校，特色办学

"文化立校"是我校办学方略之一。新时期，继续坚持党对教育事业的全面领导，坚持把立德树人作为教育的根本任务，坚持扎根中国大地办教育，坚持把服务中华民族伟大复兴作为教育的重要使命，从物质文化、制度文化、行为文化和精神文化等层面加强、创新，全面推进文化建设，营造良好的校园文化氛围。明德中学从建筑文化、课程文化、管理文化、教师文化、德育文化、课堂文化、特色文化、服务文化和交流文化等不同层面，深入而全面地展现其在文化立校方面的建树，生动诠释其办学思想、教育方针、价值标准、人才观念、道德风尚、精神风貌、工作作风。

"特色办学"是我校办学方略的另一个重要方面。特色办学的宗旨要体现以人为本，要在正确的教育理念指导下，确定学校的办学方向。在这样的定位下，明德中学的特色办学很有代表性，明德中学通过特色办学充分实现了其育人功能：学校所秉承"坚苦真诚"的校训，着力谋划特色发展。明德中学提出的特色培养目标是"让明德中学的每一个孩子，在全面发展的基础上，带着一门特长出校门"。

明德中学的孩子，都要像树一样生长，涵养明德气质，彰显明德气象。当他们走出明德校门时，男孩子成为彬彬有礼的谦谦君子，女孩子成为亭亭玉立的窈窕淑女。这是明德文化立校的亮点，更是特色办学的体现。

办学目标：把我校办成国内一流、国际知名、高质量、高品位、最受欢迎的湖湘名校

人才培养目标：明明德，忧天下；知格物，显人文；铸思想，扬个性。

《礼记·大学》："古之欲明明德于天下者，先治其国；欲治其国者，先齐其家；欲齐其家者，先修其身；欲修其身者，先正其心；欲正其心者，先诚其意；欲诚其意者，先致其知；致知在格物。"

（一）明明德

《礼记·大学》："大学之道，在明明德，在亲民，在止于至善。""明明德于天下"不仅

是修德做人之道，也是治国安邦之方。"明明德于天下"，最根本的就是抓住"理想信念"这一灵魂，培根铸魂、补钙壮骨；"明明德于天下"，必须要在全社会营造明礼知耻、崇德向善、遵德守法、见贤思齐的良好氛围，用明德引领风尚，让文明成为一种习惯，广泛凝聚实现中华民族伟大复兴的正能量。"明明德"是明德中学一贯以来的育人宗旨之一。

（二）忧天下

"湖湘文化"是一张耀眼的文化名片。屈原"路漫漫其修远兮，吾将上下而求索"的探索精神；范仲淹"先天下之忧而忧，后天下之乐而乐"的忧患精神；王夫之"天下唯器""知行统一"的实践精神；魏源"师夷长技以制夷"的创新精神；曾国藩不计家族和个人名利得失的先人后己精神；谭嗣同"我自横刀向天笑，去留肝胆两昆仑"的牺牲精神；蔡锷"再造共和第一人"的革命精神；毛泽东"问苍茫大地，谁主沉浮""敢教日月换新天"的责任意识和斗争精神；雷锋"全心全意为人民服务"的奉献精神；等等。

"心忧天下、敢为人先、经世致用"则是"湖湘精神"的核心，彰显伟大民族精神，代表着家国情怀，是对国家命运的深刻关切与思考，是爱国主义精神中最深沉的部分；敢于负责、勇于担当是"湖湘精神"的精髓，敢为人先、勇于创新、奋发图强，是新时代最需要的开拓、进取精神。明德中学在办学过程中涵泳并深刻践行着湖湘精神的精髓。

（三）知格物

《大学》中"格物致知"的"格"，实际是"明通"的意思，参究外事，明通心体；这里的"物"，就是与"我"相对的存在，是外部世界，是万事万物。所以"格物致知"就是穷究事物的原理法则而总结为理性知识。"致知在格物者，言欲尽吾之知，在即物而穷其理也。"格物就是即物穷理，凡事都要弄个明白，探个究竟致知，即做个真正的明白人，为人行事决不糊涂。这是明德中学培养学生认知世界的目的所在。

（四）显人文

人文教育涵盖广泛，包括文学、艺术、哲学、美学、历史、法律等学科，人文教育是人类文化之中最为科学和健康的部分，体现着鼓励人、激发人、引导人、成就人的价值规范。简言之，人文教育，就是引导学生发现自我、改善自我的教育。所以，明德中学倡导的人文教育，旨在整合、改造学生无比丰沛的精神世界，不仅告诉学生"如何为人"，更提醒学生"何以为人"。这是学生生命当中永远不可缺席的教育。

（五）铸思想

学校思想教育对学生来说是至关重要的。首先，培养好的行为习惯、明确的是非观念；并通过良好的行为习惯和明辨是非的观念的养成，逐渐形成健全的、独立的人格。其次，要培养青少年在处理一定的社会关系时，有正确的角度和观念，在处理与父母、老师、同学关系的实践过程中，要逐步培养学生正确为人和处世的观念，树立友好、合作、共赢的观念。明德中学注重在学生的心灵埋下真善美的种子，引导他们扣好人生第一粒扣子。

（六）扬个性

世界上没有完全相同的两片叶子，也没有完全相同的两个人。明德中学主张教育的任务就是创设最好的"土壤"和"气候"，使学生在最适合的环境中，成长为最好的自己。学校积极开展个性化教育实践，通过课程开发、教学改革、评价创新，培养全面而有个性的孩子。

德育理念：涵养生命气象、让孩子像树一样成长

（一）涵养生命气象

"气"指人的精神状态，"象"指人的精神状态的外在表现。"气象"是元气淋漓的个体生命内外合一的精神体现，是兼具人生态度、学识能力和道德修养等的人格魅力的表现。

所谓"生命气象"的德育，就是唤醒生命意识，探求生命的意义，提升生命价值，培养学生的人文精神，激发学生的关爱情怀的德育。"生命气象"德育根源于人类的至性至情，又超越于实用理性之上，体现着人类对美好生活的追求。

"生命气象"德育即以培养现代健全人格为宗旨，以"涵养生命气象，奠基幸福人生"为德育目标，具体而言，包括两个方面的基本内涵：

一是养生命浩然之气，包括生命健康、生命情感、生命能力、生命真谛、生命尊严；

二是成人生宏远之象，包括生命习惯、生命责任、生命气度、生命魅力、生命意义。

（二）让孩子像树一样成长

一是扎根大地、挺拔向上：像树一样将生命之根深深地扎入知识、文化的土壤，历经风雨不动摇，遭遇挫折不妥协，厚积薄发，砥砺前行。

二是枝繁叶茂、绿意葱茏：像树一样将生命的枝条尽情舒展，去球场，去图书馆，去社团，去社会实践，在收获优异学业成绩的同时，更有体质、道德、能力、修养、审美、视野等综合素养的提升。

三是傲然独立、人格丰伟：像树一样枝杈相交而主干独立，在独立生活、独立学习的基础上实现思想的独立、人格的独立，敢于质疑，明辨是非，坚守底线。

四是责任在心、担当满怀：像树一样站着是风景，出山做栋梁，关注社会，关心他人，与国家、民族同呼吸共命运。

课堂特色："生命化、生活化、生态化"的"三生"课堂

"三生"课堂是"生命化课堂""生活化课堂""生态化课堂"的简称。生命化课堂，就

是尊重学生生命生长规律，让课堂焕发出师生生命活力，让课堂成为提升师生的生命质量的舞台，让课堂成为师生当下能享受、未来常回味的美好生命历程。生活化课堂，就是让课堂充满生活情趣，让课堂教学内容与生活实际紧密相连，让课堂成为学生愉快的生活方式。生态化课堂，就是尊重学生个性特征，遵循学生认知规律，让课堂节奏和谐，流转自如，充满阳光，让课堂教学自然生成。

简而言之，"三生"课堂就是立足生命、面向生活、讲究生态的课堂教学模式，注重生动、生成、生长，提高教育教学质量的特色课堂。

课程特色：融通、多元、自主、人文

坚持"融通、多元、人文、自主"的课程目标，致力于"融通五育、课程多元、自主发展、人才共生"，努力构建具有明德底蕴、中国气派、体现国际发展趋势、充满活力的课程体系。

（一）完善课程管理机制

建立健全学科中心课程制度及各种课程组织机构，提高各课程组织的履职能力。建立课程开发、课程审定、课程实施、课程评价等完整的课程管理流程，加强课程实施的过程监控；完善信息化、智能化、开放化的多功能课程管理平台。

（二）加大课程研究力度

学校成立课程研究中心，切实开展课程调研，认真研究课程的科学设置、开发和实施。加大综合实践课程的研究力度，加大新课程设置特别是选修课程的教学以及科学选科教学研究的力度。

（三）努力构建科学、开放、多元的课程体系

根据学校的培养目标，构建以基础性课程为核心，以拓展性课程为增长点的相互衔接、有效贯通、科学融合的课程体系，重视研究性课程、活动性课程的开设。

（四）加强课程开设的选择性、层次性

在保证必修课程的基础上，逐步推出足量的选修课程，基本保证进入明德的不同层次、不同发展倾向的学生，都能找到适合自身个性与发展的选修课程，甚至为学生"量身定做"，充分支持学生的个性化成长。

（五）实施校本精品课程战略

以校本课程作为学校品牌建设和教师专业化发展的突破口，实行校本课程奖励制度，大力开发和认真实施校本课程，构建丰富而具有特色的校本课程体系。各学科中心组织校

本课程攻关小组，并形成以老带新的格局，以保证校本课程开发与实施的传承性和创新性。

（六）加强学校课程与国际课程的融合

继续加强国际课程中心的建设，国际课程中心要充分了解时代发展趋势，满足社会需求，顺势而为，推陈出新，守正创新。追求办学特色化、管理标准化、服务精细化、师资优质化，培育"明德范""时代范""国际范"的优秀人才。

（七）加大学生活动课程的建设力度

大力开展社团活动，完善管理制度，形成活动常规，提高社团活动的层次和品位，打造特色社团、精品社团，优化社团联盟，让社团成为各种专门人才的摇篮。提高各种活动周、艺术节、体育节、科技节的课程含金量，丰富学生的课余生活，提高学生课余生活的文化含量。

（八）加强课程建设的学生自主性

切实转变课程观念，加强课程建设的学生自主性，成立学生课程组织，及时吸纳学生对于课程建设与实施的意见建议，让学生成为课程开发和实施的主人之一；增强课程实施的参与性、研究性和探究性。

艺体教育理念：无体育，不明德；无运动，不青春；无艺术，不人生；无实践，不真知

每一代青年要实现报效祖国的一腔热忱，首要条件就是要有健康的体魄。用运动丰盈青春，在于体育精神对青年人格的影响与塑造。肯吃苦、能坚持、不服输、坚韧不拔、艰苦奋斗、顽强拼搏……有体育运动爱好的人，是懂得如何去拼搏的一群人，因此他们天生善于拼搏，以奋斗为乐，同时具有胜不骄、败不馁的青春气质。

艺术可以培养我们对美的认知，对美的欣赏，对美的追求。因而艺术能够使人具有崇尚真善美的人格，丰盈我们的人生。因而艺术能给予我们内心的平静、从容的态度，这就是艺术赋予我们人生的意义。艺术还可以给予我们大无畏的精神和勇往直前的力量。我们在艺术创作中可以思考生命、审视自我，获得精神升华，因而艺术还可以使人具有崇高的品格和远大的追求。

劳动创造生活，劳动也创造了人类的文明。劳动教育和综合实践活动，能促使学生深入学习、深入生活、深入社会，在实践中锻炼，获得可贵的知识和人生的真理。

五大文化符号

120年来，明德中学形成了五大历史文化符号："辛亥革命策源地""北有南开，南有明德""院士摇篮""泰安球王""湖湘气韵，半出明德"。

1903 年，胡元倓先生创办明德学堂，此为湖南近代首个新式中学堂；1904 年，黄兴等明德师生创立"华兴会"，并以明德学堂为活动基地，故称"辛亥革命策源地"；1919 年，毛泽东在《湘江评论》追述并赞誉"时务虽倒，而明德方兴"；1932 年，蒋介石视察明德后题赠"止于至善"；1933 年，明德位列"全国十佳模范中学"榜首；1934 年，天津《大公报》载文称"明德与南开不啻南北并立之两大学府"，"北有南开，南有明德"之美誉播于大江南北；迄今为止明德共培养了 18 位院士，故称"院士摇篮"；发轫于长沙通泰街泰安里的明德男子篮球队从 20 世纪 20 年代开始便长盛不衰，故称"泰安球王"；2012 年，文化学者余秋雨来明德讲学后感慨"湖湘气韵，半出明德"。

明德教育的教育理想

（一）发展背景

党的十八大、十九大、二十大以来，党中央围绕培养什么人、怎样培养人、为谁培养人这一根本问题，全面加强党对教育工作的领导，坚持立德树人，加强学校思想政治工作，推进教育改革，加快补齐教育短板，使得教育事业的中国特色更加鲜明，教育现代化加速推进，人民群众在教育方面获得感明显增强，我国教育的国际影响力加快提升。

习近平总书记在全国教育大会上进一步指出，要坚持党对教育事业的全面领导，继续坚持把立德树人作为根本任务，坚持优先发展教育事业，坚持社会主义办学方向，坚持扎根中国大地办教育，坚持以人民为中心发展教育，坚持深化教育改革创新，坚持把服务中华民族伟大复兴作为教育的重要使命，坚持把教师队伍建设作为基础工作。要深化教育体制改革，健全立德树人落实机制，扭转不科学的教育评价导向，坚决克服唯分数、唯升学、唯文凭、唯论文、唯帽子的顽瘴痼疾，从根本上解决教育评价指挥棒问题。要深化办学体制和教育管理改革，充分激发教育事业发展生机活力。

长沙作为省会城市，在"十四五"时期将发挥长沙深厚文化底蕴优势，坚持新发展理念，坚持推动高质量发展，坚持以供给侧结构性改革为主线，坚持深化市场化改革、扩大高水平开放，坚持创新引领开放崛起，深入推进现代化长沙和"三个中心"建设，着力建设充满活力和极具竞争力的中部中心城市，这将极大地提升长沙市"区域性中心城市"的吸引力。

（二）理想目标

在此背景下，我们的理想是将明德中学建设成国内一流、国际知名、高质量、高品位、最受欢迎的湖湘名校。具体来说，就是以学校文化建设、课程体系建设、教师专业发展和打造高质量教育为着力点，在进一步加强管理"规范化"的同时，重点推进学校管理的"智慧化"和"艺术化"，在"平安校园、生态校园、书香校园、智慧校园、文明校园"的基础上，努力建设"学术校园、创意校园、和谐校园、幸福校园"，提供适合每位学生个性化成长的理想教育，着力培养现代素养、文明气质、创新意识、国际视野的优秀人才，将学校建成集品牌、特色、创新于一体，与长沙区域地位相称的"特色化、现代化、国际化"湖湘名校。

（三）明德教育的现阶段目标（"十四五"阶段目标）

1. 传承深厚的历史文化，进一步提炼和发展学校的办学文化，形成更具历史底蕴、更具明德特色的学校文化品牌体系。

2. 以"民主、公开、透明、和谐"为原则，以精细管理、精致服务为目标，创新管理，构建师生工作、学习和生活的家园、乐园。

3. 立足时代前沿，强化教育科研，深入探索新高考、新课程、新教材，增强教师自我发展的专业竞争力。

4. 创新教师管理激励机制，全面促进教师健康成长，着力打造一支师德优良、学术精湛、具有职业精神和职业幸福感的专家型教师队伍。

5. 以立德树人为宗旨，进一步细化德育课程体系，深化明德德育内涵，彰显明德德育特色，扩大明德德育品牌影响力。

6. 加强课堂建设，优化教学质量评价系统，推进新高考研究，提升学校教育教学质量。

7. 构建特色课程体系，形成特色育人模式，全面打造我校特色品牌，充分发挥我校在创新特色方面的示范辐射作用。

8. 提质扩容、协同发展，加强内涵发展、特色建设和品牌铸炼，进一步提升明德教育集团的品牌影响力和教育竞争力。

（编写：曹辉）

第三章　五育融合，明德气象
——明德近十年的教育创新及成果

一、"五育"融合的背景及意义

（一）"五育"融合的背景

习近平总书记在 2018 年 9 月举行的全国教育大会上旗帜鲜明地指出：努力构建德智体美劳全面发展的教育体系，要把立德树人融入思想道德教育、文化知识教育、社会实践教育各环节。至此，立德树人，"五育"并举，培养德智体美劳全面发展的社会主义建设者和接班人的任务成为全体教育人的共同目标。2019 年发布的《中国教育现代化 2035》进一步提出"更加注重学生全面发展，大力发展素质教育，促进德育、智育、体育、美育和劳动教育的有机融合"，明确提出"五育"融合的教育发展目标。

"五育"融合是在"五育"并举基础上归纳出来的，是对"五育"并举的理论提升。"五育"并举，融合育人，是新时代中国特色社会主义基础教育综合改革面临的重大课题，"五育"并举更多是从教育构成要素层面来说的，而"五育"融合则是从提升高品质教育的实践意义上来讲的，其主旨就是要回归教育的本质规律，回答教育究竟"如何培养人"这个根本问题。

（二）"五育"融合的意义

"五育融合"是高质量教育体系的构建基础。高质量的教育是坚持育人为本、公平普惠、结构优化、充满活力、开放多元、服务社会的教育，是在对当下教育现状和问题的深刻反思基础上提出的教育未来发展蓝图，是在层次、类型、形态等方面对教育体系基本架构的重新描述、重新定位。教育是一个庞大的体系，要想实现高质量的教育需要找到一个支点——"五育"融合就可以发挥这样的支点作用。首先，高质量的教育必然是德智体美劳"全面发展，融合育人"的教育，只有"五育"的高质量发展才会有教育体系的高质量发展；其次，高质量的教育是拥有科学的培养模式和育人方式的教育，而培养模式、育人方式是否科学，取决于学校教育是否将"五育"放到同等重要的地位；再次，高质量的教育必然拥有科学的评价体系，能够促进学生全面而主动地发展，这样的评价体系基于"五育"建立并反作用于教育实践，从而促进"五育融合"向更高层面有序发展。

"五育"融合践行着"为党育人，为国育才"的光荣使命。教育要想培养优秀的人才，首先要站得高、看得远，把学生的全面发展与党和国家的前途命运紧密联系起来，为党和国家提供源源不断的德才兼备的中坚力量；其次要强调以"五育"融合的要求培养时代新人，既要站在世界发展的制高点考虑人才结构，又要扎根祖国大地培育涵盖道德情操、身体素质、人文素养、专业技能、家国情怀、历史责任等素质要求的时代新人；再次就是以"五育"融合为抓手，促进从教育大国向教育强国转变，着力提升国家的文化软实力。

"五育"融合有助于解决当前和未来教育发展中的重大问题。中华人民共和国成立以来，我国的教育取得了举世瞩目的成就，但伴随着社会经济、科技等领域日新月异的变化，教育的一些深层次重大问题也逐渐凸显出来，比如教育生态破坏、教育方向迷失、教育管理滞后等。"五育"融合有助于解决教育内涵发展以及深化改革中遇到的重大问题，为当前及未来的教育改革指明发展的方向和路径。首先，"五育"融合是一种育人理念、育人思维、育人能力、育人实践等方面的全新探索，为了规范这些教育教学活动，就要建立相应的教育制度，产生"新教育体系"；其次，"新教育体系"的建立，必然带来教育各层面相互关系和运行方式的重构，由此产生"新教育机制"；再次，"新教育体系"和"新教育机制"协同发挥作用，就会推动"教育新时代"的真正来临。

"五育"融合以学生的全面发展为目标。"五育"融合是对"怎样培养人"这一问题的科学回答，强调了个体发展的 5 个维度，它们之间不是孤立的，也没有高低层次之分，应该通过融合的方式，在互相交融、互相渗透、互相滋养过程中促进学生的全面发展。首先，学校教育需要基于"五育"融合理念重新构建新的课程体系以及新的育人框架，打通学生综合素质培养的多元通道，既要关注学生基础素养的落实落地，又要着力引导学生具备职业素养；其次，学校教育要关注学生的身心发展特点和需求，创设教育契机激发学生的好奇心和求知欲，特别是帮助学生从单一的学科学习走向融合的素养培育，形成"融合"的兴趣和习惯，获得"融合"的方法和能力；再次，学校教育要将数字科技、社会转型、国际关系等方面的挑战和压力与学生的发展紧密相连，以"五育"融合为抓手重构学生的"基因组"，将学生培养成拥有社会公德、学习能力、审美情趣、一技之长、身体健康的全面发展型人才，助推他们实现自我价值。

"五育"融合中的德智体美劳分别代表真、善、美、健、富五大教育价值追求，其中真、善、美为教育的终极价值，健和富为教育的手段价值，它们应该平衡在一起。"五育"融合的提出具有重大现实意义，是新时代基础教育理论与实践工作者急需协同攻关的教育重大课题。"偏于智、疏于德、弱于体、抑于美、缺于劳"是对五育失衡以及"五唯"（唯分数、唯升学、唯文凭、唯论文、唯帽子）痼疾的总结和概括。为什么学校教育在传递知识与价值的同时，又在不断扼杀学生的好奇心、想象力和创造力？基础教育的本质究竟是什么？是培养身、心和谐发展的完整的人。从德、智、体、美、劳等"五育"分别代表着善、真、健、美、富五种教育价值追求看，它们应该和谐统一在一起，尤其是信息技术和人工智能盛行的时代，我们更应该给孩子一个完整的全面的教育。

众所周知，人的发展中的各项素质不是分割孤立，而是相辅相成、共同实现的。真正的教育之道，应将培育学生的德智体美劳有机融合，使诸育相互渗透、协调发展。面对深化教育综合改革的时代要求，面对办人民满意的优质教育的现实需求，面对培育一代新人的神圣使命，做好融合育人这篇大文章，成为新时代赋予明德教育人义不容辞的历史使命。

二、"五育"融合的理论基础

"五育"融合的提出既传承了中国文化元素，又具国家视野和世界眼光，是深入汲取中外近现代思想家、教育家基于对国家命运、民族危机和"人的全面发展"以及全人教育、终身教育的深刻认识和实践基础上提出的。

19世纪末严复提出"民力、民智、民德"的"体智德三育并举"思想；梁启超在《新民说》《新民议》呼吁"新民为当今中国第一要务"，提出"三不"（不惑、不忧、不惧）的君子人格思想；20世纪初王国维从康德哲学理论出发，率先从人的个体发展角度探讨教育的本质，提出教育旨在培养"完全之人物"，在德智体加上精神层面的"美育"（情感）即"四育并举"思想；蔡元培提出了"军国民教育、实利主义教育、公民道德教育、世界观教育、美感教育"等"德智体美群"和谐发展的"五育"并举思想。马克思教育理论家杨贤江在总结前人的基础上，又接受了马克思的"人的全面发展"理论，提出新的德智体美劳全面和谐发展的新思想，提出教育与生产劳动相结合是实现人的全面发展的重要途径，青少年的身心发展和个性特征要贯彻实施到整个"五育"融合过程中。日本近代教育家小原国芳的基于"六育"（学问、道德、艺术、宗教、身体、生活）的全人教育思想对理解和诠释"五育"融合有很大的启示意义。西方新全人教育理念为更好诠释和理解"五育"融合奠定了深层理论基础。全人教育最早由美国学者隆·米勒对其进行系统化阐述，隆·米勒认为全人教育哺育完整的人的发展，即哺育人的智力、情感、社会、生理、创意／直觉、审美和精神潜力等方面的发展。后续者约翰·米勒从三个层面来解释全人教育的内涵：一是教育全人，整合人的不同侧面；二是将人视为整体而不是部分的组合进行教育；三是在整体的环境中进行。全人教育着重站在整体的角度看待世界和人，认为教育要整体培养人在智力、职业能力、道德等各方面的全面发展，而不是通过教育单独培养人的各方面能力、素质，教育必然是整体、整个地促进学生的全面发展，把学生看作整体的人、完整的人。印度哲学家克里希那穆提认为，教育的意义在于解放心灵、唤醒智慧，培养自由而完整的人（终身成长），为"五育"融合实践指明了方向。

"五育"融合不是德育、智育、体育、美育、劳育的简单拼凑、整合，而是实现"五育"之间的有机综合渗透，即"你中有我，我中有你"。"五育"融合中任何一个育之所得，并不意味着其他四育将有所损失。"五育"教育力分散乃至割裂的问题，迫切需要寻找一个契合点，把原先分离、割裂的教育形态，通过一个共同的契合点连接在一起。关于各育在全面培养体系的地位，有的学者认为应是德育为首；有人认为从内在逻辑出发考虑，"五育"的顺序是体智德美劳；有人认为，德育和智育居主要地位，其他是次要地位。其实，"五育"是全面发展教育的组成部分，应同等重视，不可偏废，重在全面和融合。"五育"之间关系实践逻辑应该是：五育之中一个都不能少，又各具特色，重在平衡。现阶段实施"五育"融合，要以德为先，以智为本，以体为径，以美为核，以劳为重。

"五育"融合是一项系统工程，是极具时代特征和创新意义的教育热点、难点和突破点。"五育"融合如何落地？一个基本指导原则是从"五育"融合视野深入反思区域或学校自身办学过程"五育"失衡的深层症结和突破口，找准口子，做出样子，创出牌子。"五育"融合在具体行动路径上要先行先试，聚焦"五全"和"七进"，其中"五全"指"全员育人、全面育人、全程育人、全科育人、全息育人"；"七进"指五育要"进文化、进课程、进课堂、进生活、进评价、进治理、进生态"。

总之，"五育"是一个彼此独立又相互融合的复杂系统，只有各育各司其职、协同共进共生，才能真正实现1+1大于2的"融合"效应。正如施瓦布所言，"实践"是教育的真正语言。"五育"融合是一项"择宜"的实践艺术，"五育"融合是否做得好，关键在校长和教师。理论是行动的先导，行动反过来通过必要的反思和修正又会自觉推动理论不断丰富和向前发展。

在"五育"融合理论指导下，结合学校实际，明德中学提出了"明德树人，五育融合"为"五育"融合核心理念，致力于"让孩子像树一样成长"的育人理念，打造明德的"课程树"（德智体美劳，分别对应：根深、干固、叶茂、花繁、果盛）为"五育"融合培养目标，立足于核心素养的培育和拔尖创新人才的培养，切实践行"多元·人文·融通·自主"的课程理念。

在此基础上，我们已形成这样的共识：步入教育的新时代，我们正共同走着一条培养德智体美劳全面而有个性发展的时代新人的教育实践之路，"五育"是一个整体，既内在统一又各有侧重，目标是促进学生的全面而有个性的发展。有了"五育"融合的理念和思维方式之后，不仅各育之间的关联度、衔接度将有所提升，各育自身的推进方式、运行方式和发展方式也会随之发生革命性变化，此后，各育都将在"五育"融合的背景之下，重新建构自身的发展方向和发展机制。因此，我们需要树立新时代的"五育"融合观和基于"五育"融合的"新基本功"，学会在多元教育价值冲突与矛盾中辩证处理"五育"之间的关系，促进"五育"的相互融合，最终实现"五育"共美的整体育人功能。让"明德树人，五育融合"发出明德教育的主张和表达，书写明德教育的大美气象。

三、"五育"融合的明德实践

（一）管理机制：刚柔相济，科学人文

为践行"五育"融合，发展明德教育，明德中学凝练了"明德树人，五育融合"的教育观，认为"五育融合，培根铸魂"乃涵养学生生命气象之根本，正式提出了"五个觉醒"的思路，致力于"立德、启智、健体、达美、尚劳"五个方面促进学生成长。在这一思想指导下，重点围绕德育、体育、美育、劳动与社会实践、家长学校等方面，开发序列化、主题化的活动课程，打破学科界限，更好地促进学生健康成长。学校作为教书育人主阵地，坚持立德树人根本任务，体系化设计了"五育"融合落实机制，为培养时代新人进行系统思考、统筹融合并将"五育"融入学校管理全过程。

1. 顶层规划"五育"育人体系

培育时代新人，是新时代教育的重要命题。为此，明德中学就"五育"融合育人体系进行了整体设计，明晰目标、系统思考、整体建构。

首先，对学校育人目标进行清晰设计。对"培养什么人、怎样培养人、为谁培养人"这一教育根本问题回答的集中体现，就是培养德智体美劳全面发展的时代新人。努力构建德智体美劳全面培养的教育体系和更高水平的人才培养体系。对学校教育的目标、任务、功能定位有明确的认识和体悟，提出具有内生性的教育主张和教育主题来落实这一教育目标。

其次，对学校育人体系进行系统梳理。学校育人体系一般包括理念体系、课程教学体系、管理体系和评价体系等四大子体系。理念体系重点解决的是学校中"人"的发展定位和目标方向的问题；课程教学体系重点解决的是学校中"人"的发展的载体、通道途径和方法问题；管理体系重点解决的是"人"的发展过程保障和支持支撑问题；评价体系重点解决的是"人"的发展走向，起到指挥引领作用。"人"的问题是四大体系问题的核心。

最后，对学校育人实践进行整体建构。所谓整体建构，即运用系统论，一切从学校整体出发，优化关键性教育要素，顶层设计教育结构，形成自成一体、相对完整的教育体系，实现"整体大于部分之和"的最佳效益。整体建构要求"五育"融合以学校育人目标为统领，以适切的教育主张为支撑，以育人理念体系、课程教学体系、管理体系、评价体系为依托，梳理分析其内在逻辑关系，建立学校改革整体框架，整体推进学校变革。

2. 统筹协调"五育"之间关系

当下，我国学校教育普遍存在着"偏于智、疏于德、弱于体、抑于美、缺于劳"的现象和问题，"五育并举"在学校具体落实过程中也常常落虚。落实落细"五育"融合的关键，是找到切入点和抓手，在"协调"上下功夫。因此，在统筹协调"五育"之间关系方面，我们做了如下整理：

一是价值归一、同向而行。"五育"融合的内在要求或初心，即成为合格的时代新人。德行的内化、知识的习得、体魄的锻炼、审美的化成、劳动的铸就虽方法不同、要求不一，但方向相同、目标一致、价值归一，统一服务于全面发展的时代新人的培养。

二是引领贯通、综合育人。"五育"是一个有机整体，相辅相成、相得益彰。以当前学校教育最为欠缺的劳动教育为例，学校要树立"以劳立德、以劳启智、以劳健体、以劳育美"的教育新思路。学校设计"五育"融合落实机制，要在"一育"中发现"五育"、融合"五育"、落实"五育"，在"五育"中认识"一育"、把握"多育"、融通"五育"。

三是统筹兼顾、自然化成。既然"五育"以立德树人为根本指向，其内在发展安排也应具有统筹协调性，须在设计上统筹考虑，在内容体系和发展逻辑上下功夫。"五育"融合不是简单地做加法，其意义和作用是再造培养体系，学校需要在学时上综合安排、在内容设计上有机渗透、在育人方式上统筹兼顾。学校在内部管理上，要建构适应"五育"融合的体制、机制和制度体系，课程体系，教学体系，班级建设体系以及整体性的学校文化体系，生成基于融合、为了融合和在融合之中的新型学校管理方式。

3. 深入推动"五育"融合教学改革

课堂是落实立德树人根本任务的主阵地，"五育"融合在学校落地，需要融入课堂教学，推动教学创新，提升育人能力，发展学生核心素养。

首先，要站在全面育人高度推进"课堂革命"。"五育"融合下的课堂改革，即围绕如何突出德育实效、提升智育水平、强化体育锻炼、增强美育熏陶、加强劳动教育等方面的重点问题，强化学科融合的整体育人功能，着力增强教学设计的多元性、人文性、融通性、自主性，研究学生学习、改进教学方法、优化作业设计、解决教学问题等。

其次，要加强实践和体验教育。教育是做的哲学，"五育"融通是实践的产物。它不仅是一种教育思想、教育理念，更是一种实践样态和实践形式，是一种独特的教育实践和育人实践。要实现培养时代新人的目标，学校教育需要加强生活实践、劳动和职业体验教育，让学生接触自然、体验生活、了解社会，习得在未来社会立足的必备品格和关键能力。

最后，要强化锻炼教书育人基本功。"五育"融合是教师应具备的教学新基本功，要求教师将"五育"融合转化为一种教学能力，既要善于在自己的学科领域充分发挥每一堂课、每一个教育活动综合性效应，也要善于融合利用他科的育人资源，实现基于融合、融于融合和在融合之中提升的新型教学方式。

4. 细化落实"五育"融合措施

（1）建立可持续发展的运行机制。探索以行政组织为中心、以校外专家顾问团为指导、以校内专家组织为基础、以监督组织为保证的学校组织形式，形成行政、咨询、监督相互制约、相互促进、和而不同的扁平化、低重心管理体制。

（2）学校聘请国内一流教育专家组成"明德中学教育教学顾问团"，每年邀请顾问团来校为学校的发展提出指导意见，指导教师的教育教学行为，并对学校的办学情况进行问诊评估。

（3）建立学校学术委员会，充分发挥校内专家在学校发展中的重要作用，使学术委员会成为学校办学的重要智囊组织，为学校品牌建设、为学校办学水平的全面提升提供智力和学术保证。

（4）扩大民主决策的范围。建立决策咨询审议问责制度，变内部决策为开放的程序化决策。学校吸纳外部专家和家长委员会、校内各方面员工代表，参与学校事项的献策、决策。

（5）调整、完善学校行政组织的设置，使之适应现代新型学校的建设与发展的需要。成立学生发展中心，设置生涯规划研究团队，以增强对学生个性化发展和生涯规划研究的支持力度；成立教育教学研究督导中心和教师成长支持中心，加强学校对教育教学的指导性，增强对教师专业发展的支持力度。明确学校行政组织的基本职能，增强学校行政组织的执行意识和服务意识。

（6）切实放低管理重心，加强年级组管理，强化年级组长负责制、备课组长负责制，实行"级组"管理模式，增强年级和备课组的工作活力。

（7）形成有效的常规运行机制。切实明确各级管理人员的权力与责任，充分授权，加强管理的程序研究，形成日常工作管理流程，增强管理的流程意识和规范意识，减少管理的随意性，降低管理成本，切实提高管理效能。

（8）创新教职员工绩效评价体系。改进学校目标管理体系，加大教职员工的创意评价力度，重视对教职员工工作效率的评价，建立教职员工多元评价制度，鼓励教职员工在研究状态下工作，鼓励教职员工多向发展。

（9）切实加强党团组织建设。加强学校党组织领导下的组织建设、思想建设和作风建设，加强对工、青、妇、老等工作的领导，充分发挥共青团、工会、妇女等组织在教育教学中的作用。

（二）课程设置：多元人文，自主融通

1. "五育"融合的课程理念及特点

"五育"的融合是为了人的全面发展，人的真正的发展所需要的教育自然是"五育"融合的教育。2022年4月21日，教育部印发《义务教育课程方案和课程标准（2022年版）》，其中"五育"融合的课程理念体现在以下几个方面：

一是以"五育"为统领，引导学生明确人生发展方向，成为德智体美劳全面发展的社会主义建设者和接班人。

二是在课程设置上进行了结构性调整和优化。对道德与法治课程进行一体化设计，将劳动课程从综合实践活动课程中独立出来，美育课程、科学以及信息科技课程等也做了相应调整，课程整体的结构化、系统性得到明显加强，确保了"五育"在时空上的落地。

三是加强了各学科课程之间的融合，凸显"五育"融合的价值追求。所有学科都基于核心素养培育来遴选重要观念和主题内容，在确保为学生夯实学科基础的同时，培育他们的关键能力和必备品格；涉及同一内容主题的不同学科之间，根据各自的性质和育人价值，做好整体规划与分工协调，既保证各学科育人目标的达成，又体现了课程之间协作、融合的特色；跨学科的主题学习活动，则在加强学科间相互关联的同时，突出课程的综合化实施以及课程的融合育人特色。

四是每个学科的课程标准都凸显了"五育"融合的要求，通过学业质量标准的制定和实施促进落实"五育"融合。

"五育"融合的课程方案和课程标准的特点之一就是充满理想，是在对过去课程建设得失进行分析研判的基础上，立足当下、展望未来的教育改革行动方案。但是，现实与理想之间尚有一段距离，需要通过不断理解、不断实践，才能逐渐从现实的课程向理想的课程迈进。国家课程能否得到最优化的实施，取决于校情、教情、学情，必须仔细研读课程方案和各学科课程标准，据此对国家课程进行校本化的开发和建设，将其转化、拓展为适合本校师生的校本课程——在此过程中，也必须将"五育"融合的理念融入其中。

2. 明德中学"五育"融合课程的思考与探索

（1）强化顶层设计，从整体的视角来规划融合课程。

以"五育"融合为特征的课程建设，必须将"人"的培养作为根本目标，把学生的全面发展放在课程建设的核心位置。"五育"是为了理解和传播方便而采取的凝练式表述——一方面，我们不能简单将课程分成相互独立的 5 种形态，将德育交给教育处和年级组长、班主任，将智育交给教务处和教研组长、学科教师，将体育交给体育组和体育教师……分别予以组织实施；另一方面，应避免狭隘地仅从字面理解"五育"，让其他类型的课程比如安全教育、法治教育、环境教育、生命与卫生知识教育等放任自流。学校要明确育人目标，从整体上设置课程方案，明晰不同类型课程之间的内在联系以及各自所发挥的独特价值，开齐开足开好各类课程，让这些课程从整体上支撑学生的全面发展。

（2）注重系统思考，以融合为目标建设融合课程。

在学科内部，有不少知识都蕴含着"五育"的要素，可以将"五育"的要求有机整合到课程目标中；以学生的全面发展为目标，以落实核心素养培育为抓手，要着力探索跨学科的课程建设；要积极推进"家庭—学校—社会"三位一体协同育人共同体建设；在学校教育时空上充分融合课程、环境、文化等要素，在教育资源上着力实现学校教育力、社会教育力、家庭教育力的多力融合。

第一，强化学科内部融合。对学科内部的"大概念""大单元""特色课程"进行融合探索。

第二，进行跨学科整合探索。采用"学科 +""生涯 +""主题 +""活动 +"等模式，探索不同学科的交融互通。

第三，尝试跨领域融合设计。聚焦德智体美劳"五育"融合，在"大主题""大设计""大活动"三种方式中大胆尝试，实现"五育"的交融。

第四，构建跨师生学习共同体。以合作探究为主要方式，打造师生学习共同体，实现教学相长，推动师生创新性学习。

（3）要加强流程优化，以路径为抓手完善融合课程。

一是牢记学校的育人目标，发挥育人目标的引领作用，使其真正成为学校办学的使命和价值观。二是依据育人目标，制订基于"五育"融合理念的课程开发和建设的重点。要明确培养背景政策、加强团队合作分工、遵循科学规律、研究学情教法、落实课程课题化。三是研制并完善各级各类课程标准。明确课程的具体内容、能力素养指向、"五育"融合方案等，构建相应课程的框架和逻辑关系。四是充分开发各类资源。利用教材，依托各类书籍和资料、各种与学科相关的实验设备和教具、网络资源以及虚拟实验、课程专家、同伴的学习经验等。五是不断优化课程实施。教师的教学活动是最具创造力的，常教常新、与时俱进也是将"五育"融合的理念和目标落到实处的关键。六是强化课程评价。课程评价与课程建设应该同步进行，这是对课程建设和课程实施质量进行诊断反馈、强化改进的重要机制。

3. 明德中学"五育"融合课程的实施举措

构建"明德树人、五育融合"的课程体系

核心："明德树人，五育融合"

目标：致力于"让孩子像树一样成长"，打造明德的"课程树"（德智体美劳，分别对应：根深、干固、叶茂、花繁、果盛）

理念：立足核心素养培育和拔尖创新人才的培养，践行"融通·多元·人文·自主"的课程理念

一、德育文化课程体系（根）

（一）全员德育课程体系（培养教师）：1.明德家长学校课程体系；2.班主任专业化课程；3.学科德育融合课程（语文、政治、历史为主）；4.生涯规划专业课程

（二）文化德育课程体系（涵养学生）：1.德育文化常规管理体系（文化管理、自主管理）；2.品牌节会及活动体系（品牌活动，主题鲜明）；3.社团课程及活动体系（多元自主、丰富多彩）

二、学科文化课程体系（干）

（一）学科基础知识课程体系（落实国家课程要求）

（二）学科特色文化课程体系（从知识提升到文化，打造语文的整本书阅读；英语传统文化阅读；政治的思政一体化课程等校本文化课程）

（三）拔尖人才培养课程体系（从知识文化的涵养提升到拔尖创新能力的培育，主要是"一课程三计划"：1."明德讲坛"大师课程；2.强基计划；3.英才计划；4.珠峰计划）

三、体育文化课程体系（叶）

（一）基础体育课程体系（三年一以贯之）

（二）群众性体育课程（课间操、晨跑、晚自习等自发性运动，各类兴趣小组）

（三）特色竞赛课程（篮球、田径、跆拳道、击剑四大项目）

四、艺美特色课程体系（花）

（一）基础性艺美课程体系（落实审美教学）

（二）群众性艺美课程（学生艺美活动、学生艺美社团等）

（三）专业艺美班级课程（明星艺术班、美术班专业课程体系）

五、社会实践课程体系（果）

（一）劳动教育课程

（二）志愿服务活动课程

（三）"同在明德"系列活动课程

（四）特色实践活动课程

三、课堂文化："三生"引领，融合高效

（一）新时代教育对课堂教学文化的要求

课堂文化就是通过智慧型教师的教育智慧，创建、激发富有生命的、有效的课堂，从而形成一种对生命的理解、关怀与尊重，开放、自由、和谐、智慧的，提升教师和学生生命质量的课堂文化。课堂文化是一种特殊的聚合化的文化，并带有一定的情境性，主要体现的是一种氛围，是一种人的精神气象，要从人的角度出发，体现对人的关怀与重视，建立在心与心的交流和沟通之上。这样学生才能放开，放松地得到发展。课堂文化要充分体现个性、人道主义精神，从而形成一种内在的素质聚合力，促进其人格的形成。课堂文化在一定程度上展现了一个班级乃至一个学校的风貌、风气。良好的课堂文化具有较强的聚合力。

新时代的教育呼唤先进的课堂教学文化，进入 21 世纪以来，传统的课堂教学文化已经不适应社会发展和时代的需要，新课程改革势在必行，新课堂文化也随之出现。新课堂文化否定了那些"过时""陈旧"的传统课堂文化因素，提倡建立师生平等、和谐的课堂气氛。在课堂教学中，强调师生互动，共同探讨的教学模式，让学生自己去体验、去认识、去探究，从而达到自我完善、自我提高来促使其生命的发展。新的课堂文化，关注学生的发展，体现新课程课堂教学重过程、重体验、重探究的基本理念。

（二）明德中学"三生"课堂对接"五育"融合

1. 明德中学的"三生"课堂

明德中学的"三生"课堂是"生命化课堂""生活化课堂""生态化课堂"的简称。生命化课堂，就是尊重学生生命生长规律，让课堂焕发出师生生命活力，让课堂成为提升师生的生命质量的舞台，让课堂成为师生当下能享受、未来常回味的美好生命历程。生活化课堂，就是让课堂充满生活情趣，让课堂教学内容与生活实际紧密相连，让课堂成为学生愉快的生活方式。生态化课堂，就是尊重学生个性特征，遵循学生认知规律，让课堂节奏和谐，流转自如，充满阳光，让课堂教学自然生成。简而言之，明德中学的"三生"课堂就是立足生命、面向生活、讲究生态的课堂教学模式，注重生动、生成、生长，提高教育教学质量的特色课堂，是明德中学在课堂文化研究中适应课程要求、顺应教育规律、总结

教育实践的宝贵经验总结。

2. "三生"课堂与"五育"融合的无缝融通

新课程改革背景下，为了贯彻新课程的要求，建设高效课堂，以"明德树人"为办学核心，落实"为孩子的终身发展与幸福奠基"的教育理念，强化教育教学常规管理，明德中学提出了"一个理念、两个中心、四个放权、五个转变"的课堂教学改革理念，深化"三生"课堂改革，推进"双减"落实。认真组织教学调研、"教师公开课""新教师汇报课""高三一轮、二轮复习研究课"等活动，提倡推门听课、跨学科听课等举措，推动"三生"课堂教学改革，培养学生的综合素质，促进学生全面发展、个性发展，学校办学成绩稳步提升，创造了"中进高出，高进优出"的教育佳绩。

教育进入新时代，为践行"五育融合"，发展明德教育，明德中学提出了"明德树人，五育融合"的教育观，认为"五育融合，培根铸魂"乃涵养学生生命气象之根本。从"立德、启智、健体、达美、尚劳"五个方面促进学生觉醒。重点围绕德育、体育、美育、劳动与社会实践、家长学校等方面，开发序列化、主题化的活动课程，打破学科界限，更好地促进学生健康成长。这与"一个理念、两个中心、四个放权、五个转变"的课堂教学改革理念，"三生"课堂倡导的培养学生的综合素质，促进学生全面发展、个性发展的指导思想高度契合，与"三生"课堂的改革方向与理念无缝对接。

（三）明德中学"五育"融合下的课堂文化建设举措

1. "转变教学方式、提高教学效率"行动计划

切实转变"教"与"学"的方式，让全体教师努力把握好课堂教学的激情度、参与度、信息度、生动度、新颖度，不断优化课堂教学，打造民主课堂、生命课堂、生活课堂、生态课堂、高效课堂。

2. 进一步提升教学管理效能

更新教学管理观念，强化相关部门对一线教学的督导、指导、协调和服务职能，成立教学研究指导中心，增强教学管理、教学指导的科学性、针对性和实效性，提高管理效率。

3. 探索分层教学机制

增加教学的针对性，因材施教，为每一个学生提供适合的教育，为学生个性化发展提供更为宽阔的平台。

4. 加强教学的基层组织建设

扶植弱势学科，强化优势学科。明确学科中心和备课组在教学管理与教学研究中的主体地位，加强学科中心的指导功能，强化备课组在教学中的研究与管理功能，将教学研究与管理的重心放在备课组。

5. 加强教学过程的全程研究

既要把握课标、吃透教材，更要准确掌握学情，倡导开展学生学习发展个案研究，努力使教学行为更符合学生的发展实际;加强对学生作业的研究，加强对各科作业的监控力度，

切实减轻学生的课业负担；加强初高中教学衔接的研究，提高教学的前瞻性和针对性。

6. 加强教学资源的整合利用

编写适合明德中学学情的教学资料；进一步完善学科教学与信息技术的整合、融合。为学生的个别化学习、多元学习、自主学习、随时随地学习创造条件，努力培养拔尖创新型人才。

7. 提高教学的信息化水平，重视教学软件的开发利用

探索充分利用网络信息平台进行高效教学的方式。尝试与校际或国际课堂的连接，尝试利用网络模拟实验室开阔学生的视野，创造条件让学生与国内外权威进行网络对话。

8. 改进教学评价方法

完善明德中学新的课堂教学评价标准与体系，完善基于网络的智能化考试评价系统，建立终极评价与过程评估相结合的评价体系。完善明德中学教学质量检测系统，加大对教学质量的监控力度。加大对优质教学的奖励力度，激发教师的教学热情。

9. 建立教育质量监测团队

以资深教师为主，建立一支高水平的教育质量监测队伍，加强质量检测研究，完善质量检测数据库。参照国家权威部门的相关评估体系，结合明德中学学情和学校的培养目标与发展定位，探索建立明德中学质量评估体系，对教育教学质量进行有效评估。

10. 推行教学开放，发挥示范引领作用

一年一度的"三生"课堂"教学开放日"反响热烈，好评如潮，吸引了省内外上千名老师。明德中学多次承担市级、省级学科培训及研讨会，承办国家级学科年会并推出展示课，发挥示范引领作用。举办一年一度的集团青年教师"三生"课堂教学比武，强化与集团内部及兄弟学校的交流学习，多次组织教师前往省内外学校进行送课、听评课。

四、师资发展：人师群落，德艺双馨

（一）"五育"融合对新时代教师提出的要求

立德树人是广大教育工作者要坚定的根本任务，必须认真贯彻落实党的教育方针，把一代又一代青少年学生培养成德智体美劳全面发展的社会主义建设者和接班人。在这方面，广大教师起着无可替代的作用，百年树人靠教育，办好教育靠教师，师者，国之大者也。教育的实施主体是教师，面对"五育"融合，教师需要做什么，需要在哪些方面实现自我提升，什么样的教师可以胜任"五育"融合的教育？"五育"融合是一个涉及多层面、多系统的综合素养培育体系，呼唤具有综合育人视野、思维、能力的教师，需要教师在实践中提升自身能力并高质量推进"五育"融合教育。综合师德素养、综合育人视野、综合育人思维、综合育人能力、综合评价能力，"五育"融合是一次教育观念的全新变革，是一种育人思维的转换迭代，更是一场育人实践的能力挑战。教师要转变观念、转换思维、提升能力，才能将这种全面育人的新时代要求落到实处，切实推进教育的高质量发展，帮助学生全面而完整的成长。

（二）明德中学对师资建设的思考与研究

明德中学重视发挥党员先锋模范作用，开展共产党员示范岗、共产党员示范组、共产党员志愿者创建活动。深入推进师德师风建设，进一步提升学校教师的职业自觉与职业担当意识，选树典型，涵养师德师风。学校领导班子高度重视人力资源建设，着手进行改革，调整与优化教师队伍结构，强化人力资源建设，优化明德中学人才结构。重视提升教师专业素养，打造明德名师团队，着力涵养名师群落，形成名师效应，引领教师队伍发展。成立明德中学学术委员会和学科中心，进入了学术治校的常态化。开展教师分学科悦读交流分享系列活动，丰富教师精神生活，建设学习型教师团队，组织评选校级、市级卓越教师，引领发展。持续推进班主任专业化建设和德育名师工作室建设，加强关注学生心理的专项班主任培训，提升老师们关注意识和心理辅导力，助力学生心理健康成长。同时派出工作组和管理精英、骨干教师，做好边远地区对口教育帮扶，发挥省城名校的示范引领作用。

（三）"五育"融合背景下明德中学师资建设的举措

1. 建立教师发展支持中心

以教师发展支持中心为平台，努力为教师的专业成长提供各种可能的平台和支持。充分重视并努力创造条件加强干部和教师的职业培训和学历进修；加强和内地名校及港澳、海外学校的交流，开阔全体员工的教育视野。这既培养了干部和教师的家国情怀，也扩展了教职员工的国际视野。

2. 提升教师的精神境界

以学校的精神文化建设为重点提升教师的师德修养和人生境界，重视教师在工作岗位的快乐体验和创造精神的培育，加强师德师风建设，努力营造教师实现职业理想和生命价值的良好氛围。

3. 实施名师工程

激发资深教师内驱力，为资深教师创造进一步发展的平台，充分发挥资深教师的帮带作用。鼓励并支持教师成名成家，力争培养在全国有一定知名度的专家型名师，每个学科至少培养 1 名在省、市内有一定知名度的名师。

4. 加大青年教师培养力度

依托学校学术委员会和各级名师工作室，成立青年教师发展专家指导组。进一步完善中青年教师的培养机制，继续实行青年教师培养的青蓝工程"师徒结对"制，为青年教师提供进修、拜师学艺等发展机会，让中青年教师早日成熟、成名、成家。

5. 以名师工作室和学科中心为依托，努力搭建教师专业发展平台

（1）校本课程平台：通过校本课程的开发和建设，开发教师的学术潜能，提升教师的专业素养，让老师"学"有方向，"术"有专长，"教"有特色。

（2）教育沙龙：通过教育沙龙，促进教师的教育沟通和交流，促进其自我感悟与发现，激发其教育创造力。

（3）校园讲坛平台：学校开设"道德大讲堂""德育年会""教师读书分享会""集团班主任素养大赛"等平台，鼓励各学科组开设"科组讲坛"，为老师提供交流平台。

（4）论著发表平台：学校鼓励教师著书立说，对高质量的教育著作提供奖励。

（5）课题研究平台：学校鼓励老师们申报各级各类课题，并给予全方位支持。

6. 开展校内优秀教师教育教学"绝技"展示

认真总结身边教师的成功典型，发掘每一位优秀教师的看家绝技，编辑成书，加以总结推广。对于尚不成熟的老师，鼓励其发展自己的成名绝技，让每一位教师都教有所长。

7. 加强学科中心、备课组建设

转变和明确学科中心、备课组的职能，努力将学科中心建设成教师专业发展的学科指导中心，将备课组建设成课堂教学的研究中心和基层管理组织。

8. 加强名师工作室建设

对已有的名师工作室，加强指导，提供最大协助，尽量使其出成果、出特色，成为在全省乃至全国有一定影响的工作室；创造条件继续创建新的工作室，争取各个学科都能创建自己的工作室。

9. 实施校内教师奖励机制

完善校内教师奖励方案，每年在各个层面民主评定业绩突出、特色明显的年度优秀教师。鼓励教师多元发展，多向成才。

五、人才培养：适性扬才，培根铸魂

（一）"五育"融合下的明德中学人才培养理念及框架

融合育人，是一种教育理念，一种思维模式，更是一种创新性教育实践方式。实现德智体美劳"五育"融合，形成全面的高水平人才培养体系，既是将党的教育方针政策向教育改革实践落实的有效方法，也是培育德智体美劳全面发展的时代新人的必由之路。近年来，明德中学将立德树人根本任务与明德树人的办学追求有机结合，在以价值引领为核心明确"五育"共行方向、以制度建设为保障建构"五育"共美机制、以队伍建设为抓手凝聚"五育"共建合力、以补齐短板为重点促进"五育"共生发展、以交叉创新为驱动激发"五育"共荣效应等方面进行了积极探索，在推进"五育融合"上不断创新尝试，完善了拔尖创新人才培养体系。

1. 文化立校，探索"五育"融合的路径，构建学校整体的课程结构体系

基于学校办学方略，围绕学校育人目标，融合创新课程资源，拓展课程实践平台，根据学生的整体发展和差异发展需求构建课程体系，营造"人人皆可成才、人人尽展其才"的良好环境，充分尊重学生个体发展的同时，兼顾学生的差异性，为培养拔尖创新人才搭建多元发展立交桥。

2. "五育"融合，构建特定领域的融合课程群和学科内部特色课程

基于本校课程资源特点和学生的课程需求，融通德智体美劳各领域的教学内容、实践方式，构建"五育"融合视野下的拔尖创新人才培养课程群，并依据各学科新课标要求，深入分析学科本质，整合和重构校本化的学科课程内容，为学生的自主、健康、特色发展奠定基础。

（二）"五育"融合背景下明德中学人才培养目标及步骤

明德中学将明确重点任务，创新体制机制，注重教育实效，持续促进德育、智育、体育、美育、劳动教育的相互融合、相互贯穿、相互支撑，努力以制度建设推动"理念之融"、以课程建设促进"体系之融"、以平台建设实现"资源之融"，积极探索具有明德特色的"五育"融合育人模式，将德智体美劳的"单弦独奏"升华为"五育"融合的"交响乐"，着力培养德智体美劳全面发展的堪当民族复兴大任的时代新人。

通过开展"五育"融合视野下的拔尖创新人才培养项目研究，从学校层面树立五育融通式教学基本理念，指导拔尖创新人才培养实践，更新知识观、课程观、教学观和评价观，探索并构建适切的拔尖创新人才培养课程规划、教学模式、资源配置、管理机制以及评价体系等，利于提升教师的创新意识和专业水平，推动教师队伍建设，为中学开展拔尖创新人才培养提供"明德范本"，进一步提升教育教学质量。

通过开展"五育"融合视野下的拔尖创新人才培养项目研究，教师完善自身已有的知识体系，发展并提升创新意识和育人水平，实现从新手教师到骨干教师和卓越教师，再到教育家型教师的转变与发展。在项目实践活动中，教师依托学校的顶层设计和课程资源，依据自己的教学专长，发挥自主性和创造性，为社会发展培养出优秀的综合型人才，提升职业幸福感。

通过开展"五育"融合视野下的拔尖创新人才培养项目研究，引导学生建立完整的知识结构，提高解决问题和实践创新能力，不断丰富与提升学生主动创造的精神，塑造学生独特、鲜明的个性和品格，进而培养自主自觉、全面发展的人，培养拔尖创新人才，为国家和社会发展输送优秀人才。

具体步骤如下：

（1）立足"五育"融合，探索培养拔尖创新人才的课程体系、发展机制、培养模式、评价方法，提升学校教育教学质量。

（2）在新课程、新教材、新高考背景下，探索提升教师的创新意识和专业水平的路径，推动教师队伍建设。

（3）坚持为党育人、为国育才，全面提高人才自主培养质量，培养德智体美劳全面发展的拔尖创新人才，为国家和社会发展输送栋梁之材。

（三）"五育"融合背景下明德中学人才培养的综合体系

1. 提炼拔尖创新人才培养课程体系的基本原则

人文性：基础性课程人文化，以人为本，以文化人，提升核心素养

创新性：拓展型课程多元化，个性发展，鼓励创造，拓宽学习视野

特色化：特色型课程校本化，全面发展，生命奠基，激发自身禀赋

自主化：研究型课程自主化，自主发展，合作探究，提升思维品质

2. 推进拔尖创新人才培养体系的六大课程

（1）构建学术型教师发展体系。有创新的老师才能教出有创新的学生。学校遵循"课例化、主题化、序列化、课题化"的发展模式，构建"校本课题"系列，改变原来教研主题分散、活动散乱、积累薄弱的状态，形成具有学科前沿视野和探索深度的主题化教研模式，凝聚教研力量，积累教研成果，通过专家领航、名师示范，主题研究、课题推进，促进教师的学术型发展。

（2）完善"涵养生命气象"德育文化体系。坚持"明德树人，涵养生命气象"的德育理念，充分发挥课程育人、文化育人、活动育人、实践育人、管理育人、协同育人等育人途径功能，健全全员育人、全过程育人、全方位育人的"三全育人"体制机制，构建包括班会课程、五大节庆、社团活动、志愿服务、同在明德、研学实践（劳动教育）等在内的系列德育活动课程。

（3）扩充生涯规划课程融合课程体系。规划人生，树立理想。采用"生涯＋""学科＋""主题＋""活动＋"融合模式。明德中学本着"为学生终身的发展和幸福奠基"的教育理念，遵循"发现自我、唤醒潜能、科学规划、助力成长"的生涯规划理念，通过生涯规划指导教育，帮助学生确立当下的奋斗目标和未来的职业理想，构建了四大生涯规划课程，即"生涯教育基础课程:传授生涯知识,学习内外探索""生涯融合课程:清晰学习目标,扩大生涯视野""综合实践课程:推动生涯体验,加强社会实践""自主学习课程:加强自主管理,促进学业进步"，力争引导每一位学生努力成长为"明明德，忧天下；知格物，显人文；铸思想，扬个性"的时代英才。

（4）扩展"多元·自主·人文"的学科课程体系。学校秉承"文化立校、特色办学"的理念，坚持以文化人，全面发展，构建"多元·自主·人文"学科课程体系。具体来说，一是每个文化学科都打造自己的特色课程。如语文学科的"整本书阅读课程体系""传统文化教育课程体系"等。二是开设丰富多彩的校本课程，如诗词写作、物理实验、服装设计、天文学、哲学等,为孩子的个性学习提供平台。三是邀请校外专家入校开设特色课程,如羽毛球、烹饪、茶道等。

（5）优化"明德讲坛"名家讲学课程体系。只有开阔的知识视野和深厚的文化素养，才能激发学生的创造能力。明德中学将打造"明德讲坛"课程体系，邀请科学家、文史学者、艺术家等各领域一流的名家大咖，让人类科技、文化、艺术等不同领域最新的研究成果、最前沿的思想在明德讲堂的舞台上交融，不断拓宽学生的视野。让孩子们在全面发展的基础上，获得个性发展和人文发展，让孩子像树一样成长，为培养拔尖创新人才奠定基础。

（6）强化艺体特色课程体系。学校将继续秉持"无体育,不明德;无运动,不青春;无艺术,不人生"的理念,为孩子的终身发展与幸福打下体育和艺术的基础。学校采用"普及＋特长"的模式,不断开发和强化特色活动项目,争取在多个领域进一步铸造明德的特色品牌,实现明德特色办学。在体育方面:继续强化、优化优势体育项目,如篮球、定向越野、跆拳道、击剑等项目。在艺美领域:把加强学校艺术教育作为实施素质教育的有效突破口,全面贯彻教育方针,提高学生培养自身艺术素养的主动性,加强艺术特长生的专业指导和培训,探索和形成省内乃至国内有影响的明德艺术教育特色,让艺体教育成为培养拔尖创新人才的有力助益。

3. 完善特色人才培养体系的具体举措

（1）转变观念,提高认识。充分认识体育、艺术、心理健康教育对全面推行素质教育,对学校的特色创建、文化建设,对学生全面素质和个性特长发展的重要意义,将体育、艺术、研究型学习、信息技术、心理健康教育融入学校教育的全过程。

（2）切实加强体育、艺术、心理健康教育的课堂教学。确保开齐、开足、开好体育、艺术、研究型学习、信息技术、心理健康教育课程;加强体育、艺术、研究型学习、信息技术、心理健康的课堂教学研究和管理,让学生通过课堂教学,既全面了解学科相关知识,又能发展一门相伴终身的体育、艺术技能,养成良好的锻炼习惯、心理卫生习惯和审美趣味。

（3）探索艺术体育教育的选择性修习。认真总结本校体育、艺术教师的个性专长,挖掘体育、艺术教师的"绝招",供学生进行选择性修习。

（4）形成浓郁的审美教育氛围。充分利用学校的课堂教学、班级文化建设、校园文化建设及各种教育教学设施开展审美教育,创造良好的审美教育环境,激发学生的美感,培养学生正确的审美观和高雅的审美情趣,丰富审美想象,提高其感受美、鉴赏美和创造美的能力。

（5）大力开展阳光体育活动。营造人人参与、个个争先的氛围,形成促进青少年健康成长的良好育人环境。充分保证体育锻炼时间,通过体育课、课间体育、体育社团等,保证每名学生至少掌握两项日常锻炼运动技能,养成终身体育锻炼的习惯。将学生日常运动技能和习惯考核纳入学分制管理,建立促进学生体育锻炼习惯和技能养成的长效机制。

（6）培养艺术和竞技体育的拔尖人才。强化校园艺术团和艺术体育特长班,培养艺术和竞技体育的拔尖人才,扩大学校艺术与体育教育的影响。

（7）加强心理健康、体育、艺术、研究型学习、信息技术教师的培养。加强横向的和纵向的学术交流,培养在全市乃至全省有影响的领军教师。不断提高科研水平,力争出有影响的科研成果。

（编写: 曹辉）

实践篇 明德教育的特色实践

第一章　立德：涵养学生生命气象的明德德育

　　教育是民族振兴、社会进步的重要基石，是对中华民族伟大复兴具有决定意义的事业。习近平总书记曾强调："基础教育是立德树人的事业。"他要求学校坚持把立德树人作为中心环节，把思想政治工作贯穿教育教学全过程，实现全员育人、全程育人、全方位育人。

　　一直以来，长沙市明德中学贯彻中小学德育工作指南，深入贯彻落实"立德树人"的根本任务，因校制宜、特色鲜明地提出了"明德树人"的育人目标，致力于建设高品质的学校德育。学校通过立体化、多途径的德育探索与实践，注重对学生的精神引领，触及学生灵魂深处，涵养学生的生命气象，获得了较为理想的德育效果。

一、新时代德育工作背景

（一）国家德育目标

　　教育部《中小学德育工作指南》明确指出，培养学生爱党爱国爱人民，增强国家意识和社会责任意识，教育学生理解、认同和拥护国家政治制度，了解中华传统文化和革命文化、社会主义先进文化，增强中国特色社会主义道路自信、理论自信、制度自信、文化自信，引导学生准确理解和把握社会主义核心价值观的深刻内涵和实践要求，养成良好政治素质、道德品质、法制意识和行为习惯，形成积极健康的人格和良好心理品质，促进学生核心素养提升和全面发展，为学生一生成长奠定坚实的思想基础。

　　《中小学德育工作指南》对中小学德育目标的规定，兼顾先进性与可能性，既层次分明，又一以贯之。一是所提出的德育目标有内在的逻辑层次，以良好的行为习惯、健康的心理素质为基础，经过社会主义核心价值观的教育，培养学生终身受用的必备品格，最后形成"四个自信"，对社会主义有远大理想和坚定信念。二是各学段德育目标层次分明,重点突出;总体德育目标一以贯之,但小学低年段、小学中高年段、初中段和高中段的具体德育目标各有侧重,体现了德育目标的纵向层次性。小学低年段,以基本的文明行为习惯教育为主;小学中高年级,以初步的规则意识和民主法治教育为主;初中阶段以社会主义合格公民教育为主;高中阶段以世界观、人生观和价值观教育即"三观"教育为主。

（二）新时代德育挑战

总体来讲,当前我国中小学教育处于近代以来最好的发展时期,尽管世界处于百年未有之大变局,两者同步交织、相互激荡,然而社会主义市场经济正在逐步建立和完善,社会主义民主政治进程正在行进当中,社会主义先进文化也正逐步被重视和加强,我国对中小学生的道德教育可以说比世界任何一个国家都重视和强调,中小学德育工作在途径上和成效上都取得了长足的进步。客观地说,面对日新月异的社会历史发展,我们也迎来了前所未有的极大挑战。

1. 学校德育需要满足社会发展要求

随着社会主义市场经济的进一步发展,经济发展水平上升到了一个新的高度,过去的十年,国家为实现全面小康社会的目标大步迈进,对人才培养提出了更高标准,要求学生全面发展,树立与社会相适应的正确的人生观、世界观、价值观,特别是市场经济公平性与平等性对人的道德素质要求更高。

2. 学校德育需要满足学生的生命发展

在社会转型时期,新的事物层出不穷,社会变化巨大,然而在高中阶段,一定程度上说传统的教育思想还占据比较主要的位置,以高考为指挥棒的知识教育观念根深蒂固,过分强调教学的社会价值,忽视学生的个人发展价值。实际上,随着时代的发展,学生的人生观、世界观、价值观有不同的追求和向往,这就需要个性化的教育、特色化的教育来满足孩子的发展需求,尊重孩子成长的规律。

3. 学校德育实践需要体系构建

"德育首位""德育为先"的口号已经喊了很多年,但是在具体实践过程中,德育难免也有地位尴尬之处。诸如社会生活现实中不道德个案与学校道德教育的冲突,教育评价内容和方式单一致使道德教育知识化和课程化、教育管理体制行政化以及权力行使意志化和缺乏监督,当代多元文化对学校社会主义一元文化的冲击和影响,均对中小学德育提出了挑战。仍有部分学校重智轻德,德育活动难以持续开展,朝会课、班会课流于形式,德育活动的经费也缺乏充足保障等。

（三）明德德育范式——涵养生命气象,让孩子像树一样成长

"明明德,忧天下。"这是明德人120年来的不变情怀。在深厚的文化底蕴和浓厚的家国情怀中,蕴含着"辛亥革命策源地""北有南开,南有明德""院士摇篮""泰安球王""湖

湘气韵，半出明德"等精神基因。在新的时期，刘林祥校长把学校文化建设和"生命气象"作为培育学生核心素养的"双引擎"，确立了了"明明德，忧天下；知格物，显人文；铸思想，扬个性"的育人目标，逐步形成了多元、自主、人文的课程体系，举办了各种社团活动和名家讲座，为学生提升综合素养搭建平台，为学生至少拥有一门特长提供舞台。

1. 从"磨血育人"到"明德树人"

在 2016 年春季开学典礼上，刘林祥校长为学校师生做了题为"像树一样去成长"的讲话，希望所有的明德学生像树一样去成长，一是要扎根大地、挺拔向上；二是要枝繁叶茂、绿意葱茏，将生命的枝条尽情舒展，去球场、去图书馆、去社团，在多姿多彩的体验中成长；三是要傲然独立、人格丰伟，在生活和学习中敢于质疑，明辨是非，坚守底线；四是要责任在心、担当满怀。特别是他说的"站着是风景，出山做栋梁"这句话，可以说影响了数以万计明德学子的一生。

让孩子像树一样成长，站着是风景，出山做栋梁，这无不得益于"明明德，忧天下"的德育文化，也得益于"磨血育人"的文化传承。明德人以"磨血人"自喻，深知育人之事并非易事，需付出全身之心血，就好像用一副大磨子慢慢地把自己的血一点一滴地去磨，直到把身体中最后一滴血磨掉。

2. 从"校园环境"到"环境育人"

校园物质环境是校园文化的载体，优美的校园环境就像一部立体的、多彩的、富有吸引力的教科书，它有利于陶冶学生的情操、美化学生的心灵、激发学生的灵感、启迪学生的智慧。明德中学在"环境文化"的打造上，遵循以人为本、因地制宜的原则，致力于营造一个良好的育人环境，努力让学校一砖一瓦、一墙一面都会说话，都能育人。占地 150 亩的校园充满了明德老校区的文化符号，这些文化符号承载着一个时代的教育故事与传说。

如果说明德中学校园是一所文化殿堂，那镶嵌在殿堂上的珍珠般璀璨的文化符号则是历史留给明德人的精神财富。"丹桂飘香""屈风楚韵""岁寒三友""妙手丹青""院士墙""群英会""赏心苑""屈子湖""楚辞亭""太白桥"等，一个个人文景观讲述着一个个动人的历史故事。连接几栋教学楼的是师生每天穿过的文化长廊，长廊的两边是用行、楷、草、隶、篆雕刻的古今励志名联，校园南墙嵌有明德杰出校友石雕及明德"五大文化符号"。师生流连于园景之间，俯仰展玩，无不被学校历史文脉所吸引，"慎终追远，民德归厚"。历史的高地是后学者景仰的山峰，明德学子视湖湘文化、明德文化为源头活水，立志发奋学习，今后当担时代重任。

3. 从"活动体验"到"五育融合"

当今社会发展日新月异，新鲜事物层出不穷，与此相对应，学生对未来的规划、对社会的体认、对自我的实现日趋多元化。这就需要个性化、特色化的教育来满足孩子们的发展诉求，德育工作尤需如此。德育工作只有抵达学生心灵深处，才能真正产生实效。传统的说教方式已经很难走进学生的心灵，明德中学一直在致力于构建良好的德育文化，潜移默化地影响学生们的生命成长，培育他们健全的人格，真正关切学生的丰饶内心与真切情感，真正关注他们的个体发展与生命成长。基于这样的理念，学校转变了过去以教师为中心的德育工作方式，讲求在教师的引导下，让孩子自主管理、自主发展，增强孩子的自我发展意识，提高孩子自主发展的水平和能力，打造丰富多元的德育活动平台，发挥德育活动文化强大的场效应，也就是为孩子们科学设置各种德育活动载体，让他们亲身参与其中，无形之中受到学校德育文化的熏陶，感悟求知做人的真谛。

百年明德培育了一批又一批心忧天下、勇于担当的明德人，这得益于明德在创办之初就坚持科学与人文并举，体育与艺术兼修，注重综合素养和实践能力的培养。十年来，学校在德育活动中明确活动目的、规划活动内容、强调活动体验、着重经验交流与评价，通过德育活动融入智育、体育、艺术、劳动教育等，以达到以德铸魂、以德培智、以德达美、以德尚劳的全面融合发展。明德学子正在学校德育文化的熏陶和滋养下快乐拔节、健康成长，呈现出的这种青春洋溢、昂扬向上的生命气象，无不向我们预示着学校更加美好的未来。"涵养生命气象，让孩子像树一样成长"的明德范式，更是为新时期德育工作的开展提供了可借鉴的样板。

二、"生命气象"德育内涵

在新的历史时期，在立德树人教育根本任务的引领下，学校整合历史文化资源，创造性地继承和发展"坚苦真诚""磨血育人"的校园精神文化传统，结合时代特点，形成了以"明德树人"为核心的办学理念体系。在此指引下，在深刻把握教育规律的基础之上，形成了"涵养生命气象，让孩子像树一样成长"的德育理念文化，诠释了德育工作的核心与重点，明确了德育工作方向与目标，指明了德育工作基本途径与方式。

（一）核心：明德树人

追求光明正大的品德是社会发展的需求，是时代的召唤，是一种社会担当，是每一个明德学子必备的基本素养。

（二）基本目标

让孩子像树一样成长，为孩子一生的发展与幸福奠基。人的教育是终身教育，学生在学校的时间是有限的，学校德育工作应该站在孩子一生发展的角度来开展，应该注重长期效应，注重孩子的可持续发展。因此，我们德育的目标就是让孩子像树一样成长，为孩子发展奠基，让明德文化基因伴随他一生健康成长。

（三）基本方式

在反思传统德育的基础之上，明德实施新时期德育工作方式的四个转轨：

1. 由知识德育向文化德育转轨

摆脱过去的德育内容知识单一灌输方式，转变为文化氛围的构建，利用文化环境的影响来促进学生成长。

2. 由自律型德育向发展型德育转轨

改变以往过分关注学生的自律方式，转变到以发展为中心的德育模式，更加注重孩子的发展，丰富德育的内涵。

3. 由经验型德育向专业型德育转轨

在实践基础上加强德育工作的科研，提高德育生产力，实施专业化的发展道路，把握德育工作基本规律，增强德育的专业性与科学性。

4. 由教师主体向学生自主转轨

转变以教师为中心的德育工作方式，在教师的引导下，让孩子自主管理、自主发展，增强孩子自我发展意识，提高孩子自主发展的水平与能力。

在新的形势下，在新的教育背景下，学校德育工作在一种成熟健康的德育文化环境下触及学生灵魂，涵养生命气象，让孩子像树一样成长，促进学生全面发展。

三、"生命气象"涵养途径

（一）课程育人

明德中学全面贯彻党的教育方针，贯彻落实党的二十大精神对学校德育工作的要求，全面落实德育课程，尤其是强化思政课程引领，传承"明德"基因，与时俱进推进"生命气象"德育。

在明德中学，除了思政课、习近平新时代中国特色社会主义思想读本专修课，还根据校情、学情开设了"明德讲堂"大师课程、青年团校德育课程、心育课程、生涯规划与学科教育融合课程、志愿服务课程等五大德育课程。特别是心育课程和"明德讲堂"大师课程已成为学校课程育人的品牌。

学校本着"为孩子的终身发展与幸福奠基"的办学理念，一直非常重视心理健康教育。学校成立心理健康教育中心，构建了从专业到趣味多层次的心理健康课程。确保高一每班都开设心理课，用一年的心理课为所有高一学生提供专业的心理健康知识武装。在高一、高二各班设立心理委员，每周由心理委员组织内容进行一期心理健康知识推送，丰富课余知识。心理健康教育中心配合课程实施成立了学生心理社团，满足学生对趣味心理学的好奇。心理社团每学期都会开展趣味心理活动、经过专业培训后的朋辈辅导（解忧杂货铺）、心理周等。

"明德讲堂"大师课程，定期邀请省内外乃至国内外著名专家给学生开讲座，架起专家、学者和学生之间的桥梁，如余秋雨"在文化涵泳中成长"的讲座、刘经南院士回母校讲座、湖南党史陈列馆红色故事宣讲团成员走进明德中学上开学第一课等。

此外，学校充分重视调动所有科任教师的积极性，使科任教师充分挖掘各门课程中蕴含的德育资源，将德育内容有机融入各门课程教学中，做到全员育人、全程育人。

同时，学校还开设了 100 余门校本活动课，采取学校教师和外聘教师相结合的授课模式，学生可以根据自己的爱好自由选择，让孩子们在兴趣的天空里自由翱翔，其个性充分得到尊重与发展。如学校专门开设"书法活动课"，每天晚自习前 10 分钟，优雅的琴声就在校园响起，学生开始在老师的指导下练习书法，在琴声中感受艺术的魅力，在习字中铸炼良好品质。

（二）文化育人

具有生命力的校园育人环境就是无声无痕的德育文化，明德中学依托办学 120 年的深厚文化底蕴，以格调高雅的环境熏陶师生，在潜移默化中规范、引导和塑造学子，厚植生命活力，涵养生命气象。漫步明德校园，一楼一室皆有讲究，一景一物都会说话，一字一画均能化人。"明明德，忧天下"的德育文化被巧妙地植入了校园内的每一幢建筑、每一帧字画、每一副对联、每一处景致。学校建设规划严整，突出空间组合，巧用陪衬手法，灰瓦红墙、湖亭翠柳、诗书塑刻、连廊回映，处处可以入画，处处皆有文化。

以明德中学的建筑群落为例，校园内的建筑既庄重大方又不事张扬。楼宇名称均有来历，且全部由书法名家题写。主教学楼为"乐诚堂"，因明德创始人胡元倓先生晚年自号"乐诚老人"而得名。师生们每天在这里工作、学习，感觉就像胡元倓老先生每天和大家一起共进退，他的精神也始终陪伴着大家。副教学楼命名为"成德楼"，实验大楼为"达材楼"，源于 1917 年，当时的教育总长范源濂以学校规模宏大、成材众多，手书"成德达材"并制匾赠给明德，寓意为"玉成美德""熔铸栋梁"。办公大楼为"四箴堂"，取自明德校训"坚苦真诚"四字箴言。"黄兴图书馆"是为纪念明德校友、辛亥革命元勋黄兴，"弼时艺术馆"是为纪念明德校友任弼时，"怀求体育馆"是为纪念明德校友、湖南省原省委书记周小舟（原名周怀求）等。这些建筑楼宇的命名，或寓明德教育理念，或蕴明德校史故事，或以明德校友命名，启迪明德学子抚今追昔，见贤思齐，感悟生命价值，构建生命意义，激发生命活力。

以雕墙塑刻润泽师生生命能量，是明德中学环境育人的另一特色。

校园内前坪广场有主题雕塑一座，取"书山笔林"之义，一本打开的《大学》，隶书刻写《大学》首篇"大学之道，在明明德，在亲民，在止于至善"。明德中学校名来由赫然在目，其寓意之深远、底蕴之深厚可见一斑。

校园内的园林绿植也为学校增添了生命活力。明德以"桂树"为学校校树，广植各种树木。行道树以香樟、杜英为主，辅以冠木球和小苗，适当配以草地，整体绿化显得生机盎然，极有品位。校门两侧的水杉，校园四周的枳壳刺，屈子湖边的依依杨柳，都不啻为别具风味的景观；田径场四周的香樟，"群英会"科学广场的参天大树，都为园林式明德增光添色。

"在这样美观、舒适、雅致的校园内求学，我们的内心是明媚而且充盈的。""学余饭后，徜徉于青葱校园，常常觉得这里的每一幢建筑、每一株植被、每一幅字画似乎都在提醒我们，作为新时期的青年一代，既要弘扬光明正大的高尚品德，更要心怀天下、忧国忧民。"难怪每一个就读于明德的学子都有类似的感叹。

（三）活动育人

校园活动是育人的重要载体，学校通过各种形式的活动，促进学生全面发展，激发学生潜能，健全学生人格。目前，学校已形成"五大节"基本活动体系，分别是校园文明节、科技读书节、校园社团节、体育节、艺术节。3月文明节，学校开展步行参观雷锋纪念馆、保护"母亲河"环保志愿活动、"争当雷小锋"评比等系列活动；5月科技读书节，学校组织"书香伴我成长"读书沙龙，专门开设阅读课、开展"与经典对话"课程，开展"让阅读与呼吸一样自然"主题班会，组织"我是发明的主人"科技创新大赛等活动；6月社团节，学校为社团发展创造一个自由发展的良好土壤，25个社团超2000名学生的社团成员与志同道合的朋友一起为热爱和梦想努力，在"全员总动员"的舞台上找到自信；10月体育节，学校组织田径运动会、阳光体育运动、年级篮球赛、班级拔河比赛等系列活动；12月艺术节，是明德学子才艺展示的盛会。"五大节"活动形式多样，激发了学生兴趣，极大地调动了学生的参与热情，为学生自我展示提供了宽广的舞台。

学校还以中华传统节日和二十四节气为契机，开展介绍节日渊源、精神内涵、文化习俗的校园文化活动，增强学生对传统节日的体验感。学校利用植树节、劳动节、青年节、教师节、国庆节等重大节庆日集中开展爱党爱国、民族团结、热爱劳动、尊师重教、爱护环境等主题教育。学校在学雷锋纪念日、中国共产党建党纪念日、中国人民解放军建军纪念日、七七抗战纪念日、九三抗战胜利纪念日、九一八纪念日、烈士纪念日、国家公祭日等重要纪念日，开展相关主题教育，培养学生家国情怀。

明德中学德育活动在实施过程中，真正做到了精心设计、主题明确、内容丰富、形式多样、吸引力强，以鲜明正确的价值导向引导学生，以积极向上的力量激励学生，促进学生形成良好的思想道德和行为习惯。

（四）实践育人

明德中学创始人胡元倓先生说："从来纬地经天业，皆在躬行实践身。"明德中学坚持全方位开展德育工作，校内与校外结合，课内与课外结合，不断开展主题实践活动、开展劳动教育实践活动、开展研学旅行、开展志愿服务活动，广泛利用不同视角，在自然中学习，在实践中领悟，在劳动中成长，在服务中提升。

学校组织学生集体赴浏阳等地农村体验农耕文化，将课堂搬到田野上，训练野外生存的能力，提升综合素养。

学校每年组织学生开展研学旅行，去领略祖国源远流长的民族文化，去重温近现代波云诡谲的历史进程，去感受当今世界科技发展带来日新月异的巨大发展，零距离去体验中国乃至世界知名高校深厚的人文底蕴和学术氛围。

学校还充分利用长沙市本地和临近省政府"三馆一中心"的优势，与青少年宫、岳麓书院、图书馆、社区、养老院等建立固定的志愿服务关系，在志愿服务中铸魂育人。

（五）管理育人

管理制度是学校文化的重要组成部分，学校制度以及班级制度对学生发挥着潜移默化的价值影响作用。学校致力于管理文化的建设，从制度文化、执行文化、德育队伍建设和学生资助管理四个方面不断提升管理育人水平。

1. 制度文化

俗话说，"无规矩不成方圆"，国有国法，家有家规，做任何事情都要有规矩，懂规矩，守规矩。学校建立了一套成熟的德育管理制度，大致分为三类：

第一类是学生行为管理制度，具体包括《明德中学学生手机使用管理规定》《明德中学违规违纪处罚制度》《明德中学三操常规管理制度》《明德中学卫生管理制度》《明德中学寝室管理条例》《明德中学学生仪表检查制度》《明德中学集会管理制度》等。这些制度与《中小学生守则》《中学生日常行为规范》《"坚苦真诚"校训探析汇编》一起，编成明德中学学生必读读本，成为新生入学教育的校本教材。第二类是学生奖励制度，具体包括《明德中学学生表彰奖励制度》《明德中学特长生奖励方案》《明德中学十大魅力女生评选方案》等。具体涉及学生奖励项目三十余项，既有集体奖项也有个人奖项。第三类是班级、班主任管理制度，具体包括《明德中学班级绩效考核管理办法》《班主任工作守则》等，并以此作为评价班级与班主任工作的重要依据。

三大类管理制度全面涉及学校德育工作方方面面，将学校德育工作纳入科学有效有序的管理当中，动静结合，一张一弛，有条不紊，忙而不乱。虽然学校人数众多，校园面积也不大，但是师生学习生活有序进行，让许多前来参观的同仁佩服不已，这就是明德德育制度文化的力量所在。

2. 执行文化

制度是前提，执行力是保障，执行力是一个团队水平与能力的重要体现。学校在规范管理制度、形成制度文化的基础上加强执行文化的建设，主要体现在三个方面：

一是项目负责制与目标管理相结合。所有德育工作都细化成项目，在统筹安排的基础上实施项目负责制，每个项目设立三维目标，各负责人承担项目开始，全权负责德育项目的实施与管理。

二是程序化管理。学校德育工作纷繁复杂，必须实行程序化管理，学校仔细规划，将学校所有德育工作分解为项目，将每个项目设成科学的程序，每个程序反复论证，仔细斟酌，有标准化的流程，提高了管理的效率，执行力也得到了很大的提高。

三是实施日通报、周总结、月调度管理。执行力的提高需要加强对过程的控制，学校实施每天通报、每周朝会总结、每月德育工作调度来加强对过程的控制，及时跟进，避免出现工作过程的疲态。

3. 德育队伍建设

学校坚持以科研为突破口，积极开展德育专业化系列培训课程，以师生和谐为中心、师德标兵为楷模加快师德建设，提升德育工作者的思想境界，铸炼团队精神。

学校完成了全国"班主任专业化"总课题当中的两个子课题：班主任专业化培训、班级文化建设。以此为中心，加强德育科研，解放与提高德育工作生产力。结合实践，全体德育工作者每期撰写一篇德育论文，汇编成明德中学德育论文集，成立明德教育集团德育联盟及小学、初中、高中德育工作研讨会，加强德育研究，解决实际难题，提高德育工作者的个人能力，不断朝着专业化的方向迈进。开展师德报告会，加强教师的师德修养，提升育人的境界，在师德建设中铸炼明德教师精神，并在此引领下，凝聚人心，增强合力，端正工作态度，提高工作效能。

4. 学生自主管理

教育学家苏霍姆林斯基说过："没有自我教育，就没有真正的教育。"学校重视对学生自主管理文化建设的探索，以管理自主、活动自主为中心，建立了一套比较完善的自主管理体系。学校的各项德育常规都由学生会来参与管理，具体包括课间操、眼保健操、食堂就餐、晚自习、晚就寝等各方面，在学校教育处引领下，学生自主管理氛围浓厚，在自主管理中提升了能力，展示了自我，形成了一种社会担当情怀。

同时，学校大小活动都是学生自主策划、组织。学校活动实施项目负责制，学生会、团委会面向全校招聘活动总负责人，再由该负责人招聘人员组成团队策划活动。每周朝会升旗仪式、田径运动会、元旦文艺汇演等活动都是由学生自主策划，运动会裁判、篮球赛裁判均是学生担任，活动各项具体工作都是由学生完成。在自主文化建设中，学生通过自主管理、自主参与，充分体会到成功的喜悦，其兴趣得到激发，主动性、创造性空前高涨，责任心、进取心不断增强。

（六）协同育人

明德中学高度重视校、家、社协同育人，在加强校家社密切联系、健全家庭教育工作机制、实现社会资源共享、净化学生成长环境等方面作出了行之有效的积极探索。

2023 年 2 月，明德中学开展"百名教师访千家，五清共育家校行"家访活动。学校制定了完善的家访工作五项制度：由教育处牵头，年级组落实，班主任协调，学校全体校领导、行政干部、班主任、科任教师全员参与的"全覆盖"制度；关注重点学生的情况、个性特点和需求，关注学生身心发展的"五个重点访"制度；针对存在特殊困难，一次家访很难取得明显效果的学生，学校建立家访档案持续跟进的"跟踪访"制度；家访前由班主任组织家访参与成员认真研究学生的具体情况、特长与不足，分析可能存在的原因，初步形成解决的办法的集体"备课"制度；家访过程中，注意收集家长对学校教育教学管理的建议、教师优秀事迹、家长对师德师风建设的意见与建议等的"三收集"制度。

家访活动根据学生的实际，征求家长意愿后适时进行。班主任每月至少安排 2 名学生进行家访，每次家访班主任可邀请 2 名科任老师或年级组、学校相关老师一同参加。科任老师每学期至少陪同班主任家访 2 名学生。家访形式以教师上门家访为主，特殊情况采取线上、线下相结合的方式进行。

学校还明确了家访工作的三项要求。一是加强组织领导。家访以学校为单位组织实施，书记、校长是第一责任人，教育处负责统筹管理、督导检查。各年级认真做好布置和动员工作，班主任积极协调科任老师配合。坚持多名老师一同家访原则，注意安全，确保家访活动有序、有力、有效开展。二是严明工作纪律。家访教师要遵守《中小学教师职业道德规范》，带着感情、带着责任、带着解决问题进行家访，深入了解学生及家庭情况。尊重学生家长，注意交流方式和方法，杜绝有违师德师风的言行，积极维护教师和教育形象。围绕"清廉校园"建设，加强五清共育，共创清廉明德。三是提高活动实效。创新工作思路，建立健全长效工作机制。积极探索富有成效的措施和办法，积极推广家访工作经验和做法，选树优秀典型。访问后家访参与人员要如实填写访问记录，撰写访问实录或案例，做好访后分析，确保访问活动取得实效。学校将家访工作纳入班主任绩效考核，作为评优评先的重要依据。

自家访工作全面部署以来，活动有条不紊地开展，有效地将家庭教育、学校教育、社会教育几者之间形成合力，共同致力于孩子的健康成长，得到了学生、家长和社会的一致认同。

四、"生命气象"涵养原则

（一）坚持思政引领

学校不断优化思政育人格局，深挖各类课程思政元素和育德功能，合力育人。并注重丰富活动育人新形式，推动思政课实践教学与学生社会实践活动、志愿服务活动结合，推动思政小课堂和社会大课堂结合。积极推进浸润式思政课程，如 2022 年下学期学校以"五育融合，培根铸魂"为主题举行浸润式开学典礼，引导明德学子以"五育"融合展明德气象。2022 年 8 月，学校携手湖南广电传媒联合呈现"青春心向党"音乐思政课，将红色音乐、影视作品、绘声讲述同党史学习教育有机融合，引领明德学子"立大志、明大德、成大才、担大任"。改变空洞的说教模式，把深刻理论、抽象思想寄于具体实物、现实生活，让学生真心喜爱、终身受益。

（二）坚持遵循规律

明德中学德育工作充分尊重高中生年龄特点和教育规律，契合明德学子气质，注重年级衔接和知行统一，强化道德实践、情感培育和行为习惯养成，努力增强德育工作的吸引力、感染力和针对性、实效性。

（三）坚持协同配合

发挥学校主导作用，引导家庭、社会增强育人责任意识，提高对学生道德发展、成长成人的重视程度和参与度，形成学校、家庭、社会协调一致的育人合力，积累持续性、稳定性、可序列利用的教育资源。

1. 家校共建

（1）持续做好家委会建设和管理工作，完善工作制度建设，强化职责落实，充分发挥家委会的组织协调作用和参与学校德育工作的积极性，共同维护学校正常教学秩序，积极开展家校活动。

（2）持续做好家长学校工作，建立一支校内外相结合的专兼职家庭教育工作队伍，开展家庭教育工作研究，引导广大家长树立现代家庭教育新理念，树立正确的教育观，以高尚的人格和良好的言行与子女建立新型和谐的关系。

（3）持续做好家长开放日工作，通过家长听课、看主题活动、评议学校工作、和家长代表座谈、问卷调查等多种形式促进学校德育工作，增加家长对学校的了解，促进双方的沟通。

2. 社会共育

（1）引进校外优质课程资源，形成可持续开展的课程体系。2023 年 4 月，学校联合湖南李丽心灵教育中心开设"青柚课堂"青春期教育课程，解决学生们青春期困扰，共同探索更加健康积极的青春生活方式。

（2）建立校外德育实践基地，学校根据需求，积极挖掘能持续开展德育活动的实践基地资源。

（3）积极引进专业德育资源，通过聘任"法制副校长""校外辅导员"等形式与法院、检察院、公安局、消防队等单位建立联系，定期开展德育活动。

（4）建立校外德育资源库，明确联系人制度，长期合作，序列开展活动，不断丰富学校德育资源。

百年大计，教育为本；立德树人，德育为先。"明德树人"的教育理念早已在明德这片沃土生根发芽。学校德育实践丰富多彩，曾获得《人民教育》《中国教育报》《湖南教育》等媒体的深入报道，在国内产生了广泛影响。2018 年 11 月，学校"文化德育，涵养生命气象"的德育实践，被教育部评为全国经典德育案例，由教育部办公厅发文予以表彰。近年来，学校团委先后被评为"长沙市十佳五四红旗团委""湖南省五四红旗团委""全国五四红旗团委"。

水渠清清，德育为源；崇德尚本，行胜于言。十年树木，百年树人，学校坚持育人为本，德育为先，促进学生修身明德，为学生提供适合的教育，为社会培养完整的人。

念念不忘，必有回响；不忘初心，方得始终。让我们沐浴着教育改革的和风细雨，追随着德育的时代步伐，为促进学生发展成一个"完整的人"而努力奋斗！

（编写：教育处）

第二章　启智：培养拔尖创新人才

智育是学校的核心工作。著名教育家苏霍姆林斯基曾指出："一个真正的教育者，善于用知识来唤醒信念的生命，使他要播种真理种子的那块土地恢复生命力。""在学校里，应当让智力生活之火永不熄灭：教师和学生的智力兴趣越丰富多样，知识的最重要的源泉——书籍在每个学生的心目中越看得珍贵，那么智力局限性、对知识抱冷淡态度的危险就会越小。"明德中学坚持"五育并举"，致力于探索"五育融合"，以德育为学校教育的根基，以智育为学校教育的核心，2013 年至 2023 年，明德中学在智育方面坚持了五个聚焦：一是聚焦思想引领，更新教学理念；二是聚焦课程体系，完善教学内容；三是聚焦"三生"课堂，创新教学模式；四是聚焦学科建设，优化教学队伍；五是聚焦常规管理，提升教学质量。十年来，学校教育教学质量稳步提升。

一、聚焦思想引领，更新教学理念

党的十八大以来，中国特色社会主义进入新时代。以习近平同志为核心的党中央统筹把握中华民族伟大复兴战略全局和世界百年未有之大变局，围绕"培养什么人、怎样培养人、为谁培养人"这一最具战略决定性意义的根本问题，全面系统地提出了新时代党的教育方针的总要求，明确了新时代我国社会主义教育事业的总方向。在新时代党的教育方针指引下，我国教育事业取得历史性成就，发生历史性变化，中国特色社会主义教育制度体系主体框架基本确立，教育事业中国特色更加鲜明，教育总体水平跃居世界中上行列，教育面貌发生格局性变化。

思想上率先破冰，行动上才能突围。十年来，明德中学全面贯彻党的教育方针，坚持为党育人、为国育才，努力办好人民满意的教育，紧跟时代发展潮流，不断探索教育教学规律，学校的教学理念不断更新完善。

（一）总体目标：体现明德底蕴和中国气派

坚持全面贯彻党的教育方针，落实立德树人根本任务，推进教育公平，深化"三生"课堂教学，努力构建具有明德底蕴、中国气派、体现国际发展趋势、充满活力的课程体系，进一步提升学生综合素质，着力发展学生核心素养，培养德智体美劳全面发展的社会主义建设者和接班人。

（二）教师发展理念：越专业，越幸福

教师这一职业，具有极强的专业性。教师劳动的最大特点就在于，它不仅要求教师注重言教，更要注重身教，是身教与言教的统一。对此，有学者就明确指出，教师劳动的重要特点之一就在于，它是劳动主体与劳动工具的统一。即教师自身既是其开展教育活动的主体，同时教师个人的修养和言谈举止本身又是其确保教育获得实效的重要工具。此外，教师的人格修养不仅能影响学生思想道德观念的发展，而且也会对良好师生关系的形成、教师权威的树立等方面具有十分重要的作用。反过来也会激发学生学习的内在积极性和主动性，从而全面提高教师的教育实效。在很多情况下，学生只有在"亲其师"的基础上才能够"信其道"。教师只有在专业道德、专业素养上不断提升自己，才能获得自己的职业幸福，并且将自己的职业幸福与人生意义结合起来，获得长久深厚的人生幸福。

（三）课堂理念：生命化、生活化、生态化

所谓"三生"课堂，是指让课堂具有"生命化、生活化、生态化"。"三生"课堂以科学发展观和新课程理念为指导，以提高课堂教学效益为出发点，聚焦培育学生的核心素养，关注"生命、生活、生态"，打造高质量课堂，形成明德中学特色的"三生"课堂。一个核心理念：打造生命化、生活化、生态化课堂，为孩子的终身发展与幸福奠基。关注四个基本环节——学、探、结、用（学生学、学生探、师生结、学生用）。落实四个转变——变组织教学为动机激发，变讲授知识为主动求知，变巩固知识为自我展示，变检测知识为交流应用。

（四）课程理念：融通、多元、人文、自主

根据国家和省市课程设置要求，结合办学目标、学生特点和实际条件，制订满足学生发展需要的课程实施规划，坚持"融通、多元、人文、自主"的课程目标，致力于"融通五育、课程多元、自主发展、人文共生"，努力构建具有明德底蕴、中国气派、体现国际发展趋势、充满活力的课程体系。

（五）学科建设：书香浸润、研以致用、团结协作、守正创新

在新高考、新课程、新教材背景下，探索"五育融合"视野下的教师成长新路径，立足"三生"课堂实践，以"强学科中心"为基础，涵养乐学善思、群体成长、名师辈出、成果丰富的明德教师文化，将教研能力与教研成果转化为学校的教学生产力。

二、聚焦课程体系，完善教学内容

明德树人，课程为基。课程是学校培养人才蓝图的具体表现，是教师从事教育活动的基本依据，是学生吸取知识的主要来源，是评估教学质量的主要依据和标准，合理的课程设置对学生的全面发展起着决定作用。明德中学高度重视课程体系建设，依据国家教育改革的政策要求，不断革新、完善学校的课程体系，十年来，学校先后构建了两个具有明德特色的课程体系。

（一）"明明德，忧天下；知格物，显人文；铸思想，扬个性"的育人课程体系

这一课程体系是在总结学校已有的课程体系的基础上，于2016年提出的，具体内容如下：

1. "明明德"文化德育课程

（1）班级文化建设课程：如常规班会、主题班会、特色班级活动等。

（2）节会活动课程：五大节（如文明节、社团节），主题朝会，"奠定学生一学期的精神起点"开学课程（如开学典礼），元旦文艺汇演，新年敲钟仪式，"名家讲座"课程（每周周日下午邀请专家、校友、名师在"明德讲堂"举办讲座），家国情怀教育课程（如团课、党课），入校课程（如军训、辩论赛、校史知识竞赛、高中学科学习方法讲座等），离校课程（如成人礼、毕业典礼），品牌活动（如魅力女生决选）。

（3）社会实践课程：春秋季研学旅行课程，"重走明德路"校庆课程，社会实践基地课程（如"同在明德"——明德教育集团暑假学生社会实践活动、户外拓展、企业实习，保证学生每周半天实践时间），志愿服务，社会调查等。

说明：坚持主题德育、文化德育、自主德育，主要由学生自主组织，每周、每月、每学期、每项活动都有主题，注重文化氛围和文化熏陶。

核心素养目标：社会参与（含责任担当、实践创新），文化基础（含人文底蕴、科学精神），自主发展（含健康生活、学会学习），侧重德育和劳动教育。

2. "忧天下"生涯规划课程

具体内容：包括生涯认知、生涯探索、生涯决策三个方面。学生在不同的课程体验中，培养创新能力、实践能力，提升学生社会责任感、职业道德感，为今后踏入社会奠基。

具体形式包括生涯规划指导课程，生涯规划指导实验基地课程，生涯规划主题班会，心理老师团辅活动，精英家长讲师团活动，杰出校友讲师团活动，优秀毕业生讲师团活动，综合实践职业体验活动等。

多方协作：与上述文化德育课程有机融合。学校——生涯规划课程，校本选修课程，学生社团活动；高校——高校讲座、大学课程体验、大学校园参观；社会——企业讲座、前沿讲座、实践体验、游学阅历。

核心素养目标：社会参与（含责任担当、实践创新），侧重德育和劳动教育。

3. "知格物"科技创新课程

研究性学习,学科竞赛课程（数学竞赛、物理竞赛、化学竞赛、生物竞赛、信息技术竞赛），理化生实验，科技读书节相关活动，其他校本课程（如创客作品智造、WER 能力风暴机器人、安卓手机程序设计、电脑制作活动、科技史教育、简易机器人设计与编程、平面设计与图片处理、三个人的物理、卡通动漫与创作技法等）。

核心素养：文化基础（含人文底蕴、科学精神），侧重智育。

4."显人文"生命教育课程

心理健康教育课程，安全教育课程，生活常识教育课程，阳光体育课程（如阳光长跑、体育节系列活动、男子足球、男子篮球、乒乓球、羽毛球、跆拳道、武术套路、自由搏击）等。

核心素养目标：自主发展（含健康生活、学会学习），侧重体育。

5."铸思想"中西文化课程

阅读课程（如中华文化经典研读课程，包括《红楼梦》《三国演义》《诗经》《易经》等，保证学生每周半天阅读名著的时间）、书法课程（晚自习前十分钟是书法课，并有专门编写的字帖）、中国古代史等大学先修课程，科技读书节相关活动，北京大学培文杯作文竞赛辅导，其他校本活动课程（如楹联，魅力湘绣，望城剪纸，矛盾的宇宙：诗歌与哲学，文学欣赏与创作，历代名家词鉴赏，语言表达与朗诵）。

核心素养目标：文化基础（含人文底蕴、科学精神），侧重德育、智育、美育。

6."扬个性"审美教育课程

音乐舞蹈课程（如明星艺术班专业课程），美术课程（如美术班专业课程），艺术节相关活动，其他校本活动课程（如吉他弹唱及乐队培训，现代舞蹈，HIPHOP 街舞，英语经典影视赏析，日语入门与日本文化概况，世界军事，青年观察，演讲与辩论，播音主持艺术，影视编导，现代戏剧与表演，光影世界——影视作品导读）。

核心素养目标：文化基础（含人文底蕴、科学精神），自主发展（含健康生活、学会学习），侧重美育。

上述课程体系，是围绕我校的育人目标（含核心素养和成长目标）整体构建课程体系。这一课程体系由六大特色课程构成，分别侧重德智体美劳的某一方面或多方面，每一类课程都需要设定课程目标、优化课程结构、分清课程层次（可以包括基础课程、提升课程、拓展课程和潜能课程四级），并明确其分阶段的模块、实施策略和保障措施。还可以配套进行书院制或学生某方面研究院课程开发，如学生科学研究院、学生军事研究院等。

（二）"明德树人，五育融合"的课程体系

2022 年以来，紧跟党和国家提出的"五育并举""五育融合"的教育理念，在继承、扩充和完善 2016 年提出的"明明德，忧天下；知格物，显人文；铸思想，扬个性"的育人课程体系的基础上，我校与时俱进，提出了"明德树人，五育融合"的全域课程体系，具体内容如下：

核心：明德树人，五育融合

目标：致力于"让孩子像树一样成长"，打造明德的"课程树"（德智体美劳，分别对应：根深、干固、叶茂、花繁、果盛）

理念：立足核心素养培育和拔尖创新人才的培养，践行"融通·多元·人文·自主"的课程理念

1.德育文化课程体系（根）

（1）全员德育课程体系（培养教师）：①明德家长学校课程体系；②班主任专业化课程；③学科德育融合课程（语文、政治、历史为主）；④生涯规划专业课程。

（2）文化德育课程体系（涵养学生）：①德育文化常规管理体系（文化管理、自主管理）；②品牌节会及活动体系（品牌活动，主题鲜明）；③社团课程及活动体系（多元自主、丰富多彩）。

2.学科文化课程体系（干）

（1）学科基础知识课程体系（落实国家课程要求）。

（2）学科特色文化课程体系（从知识提升到文化，打造语文的整本书阅读；英语传统文化阅读；政治的思政一体化课程等校本文化课程）。

（3）拔尖人才培养课程体系（从知识文化的涵养提升到拔尖创新能力的培育，主要是"一课程三计划"：①"明德讲坛"大师课程；②强基计划；③英才计划；4.珠峰计划）。

3.体育文化课程体系（叶）

（1）基础体育课程体系（三年一以贯之）。

（2）群众性体育课程（课间操、晨跑、晚自习等自发性运动，各类兴趣小组）。

（3）特色竞赛课程（篮球、田径、跆拳道、击剑四大项目）。

4.艺美特色课程体系（花）

（1）基础性艺美课程体系（高一开组课时，落实审美教学）。

（2）群众性艺美课程（学生艺美活动，学生艺美社团等）。

（3）专业艺美班级课程（明星艺术班、美术班专业课程体系）。

5.社会实践课程体系（果）

（1）劳动教育课程。

（2）志愿服务活动课程。

（3）"同在明德"系列活动课程。

（4）特色实践活动课程。

三、聚焦"三生"课堂，创新教学模式

（一）思想引领，奠定实践之基

学校依据教育的基本规律，在充分考虑国家宏观教育背景、省市中观实际情况以及学校微观的教育实际需求的基础上，借鉴国内外关于生命化教育、生态化教育与生活化教育的成功经验，提出了构建"生命化、生态化、生活化"的"三生"课堂教学改革方案，以不断强化质量意识，打造高质量课堂，提高学生的综合素质，促进学生的全面发展。

学校主要采取"引进来—走出去"的方式组织全校教师学习"三生"课堂理论、素质教育理论及与课程改革相关的教育教学理论，通过座谈、讨论等方式统一思想、提高认识，真正领会并接受"三生"理念，为实际操作提供理论支撑。通过考察、观摩课堂等形式学习优秀的课堂教学经验。

（二）顶层设计，开创校本之路

在明德中学的指导下，学校从教育教学制度层面进行了顶层设计与思考，并制定了具有校本特色的"三生"课堂教学改革实施方案，方案中明确提出要实现课堂教学的五个转变，开启了明德中学校本化的探索之路。

变"组织教学"为"动机激发"：让学生在师生交往的情境中，受到某种刺激，对将要学习的内容产生需求的欲望，形成学习的动机。

变"讲授知识"为"主动求知"：让学生摆脱教师生浇硬灌的教学模式，掌握学习的主动权，根据自身的实际来选择、探求蕴藏在教材中的知识。

变"巩固知识"为"自我展示"：让学生免除机械记忆、重复练习之痛苦，以自我表现的形式，一方面消化、深化知识，并内化成自身素质，另一方面凸显主体、张扬个性、加强合作，养成活泼自信的品格和团结协作的精神；让学生打破书本的局限，突破经验教训的禁锢，不做知识的奴隶，不做教师驱赶的绵羊，着力培养自己求异、求新的创新思维和敢疑、敢闯的创新精神。

变"检测知识"为"交流应用"：让学生通过同学间、师生间的学习体会和情感体验的交流，总结知识，体验学习方法，感受学习的酸甜苦辣，并将知识有效地应用于生活。

变"教师单一评价"为"师生多元评价"：让学生和老师一起参与学习评价，改变过去由老师一人评价的单一模式，既激发了学生的参与热情，又增加了学生的体验机会，还丰富了学生的评价理解层次，也促进了师生的合作交流。

（三）实践探索，构建"三生"模式

强调"问题"是学生掌握知识、形成技能、全面发展的主要源泉。教师在教学设计的过程中，将课本的知识点设计成具有启发性、针对性、引领性的问题，呈现给学生。问题的设计是要唤醒学生原有的知识，使之与新知识发生冲突，让学生在学习中产生矛盾，解决矛盾，从而掌握新知识。教师应先教给学生自学的方法，学会解读信息、捕捉信息、研究信息、运用信息。每节课教师要使学生明确目标、要求、方法、重难点。

强调先学后教的教育注意三点：（1）教的内容。应该是学生自学后还不能理解和掌握的地方。学生自学已掌握的，一律不教。（2）教的要求。不就本论本、不就题讲题，而是以问题和习题为载体寻找出规律、探讨方法。（3）教的方式。让学生先讲，如果学生讲对了，教师不再重复；讲不完整的，达不到深度的，教师再补充；讲错的教师要更正。学生自学后，将碰到的问题或教材设置的探究环节与小组内的同学讨论交流。

强调讨论与交流、拓展探究问题。要让学生在合作探究中悟出道理、得出结论。学生自学教材与合作探究，把基本问题弄清以后，就可以做课本中的练习或习题，老师要善于将课本题拓展、引申，围绕核心知识、主干知识选编补充题。教师要使尽可能多的习题在课内得到解决，减轻学生课后的学习负担。对学有余力的学生还可布置一些有趣味性、挑战性、创新性的选做题。

强调教学评一体。教师在整个学习过程中，要密切注视各组学生的讨论、探究和训练情况，学生提出的问题要逐个解决，对每个发言和学生做的题目作出评判，较易的问题让中下层学生解决，适时启发引导、适时查漏补缺、适时评价表扬，让他们多感受学习成功的乐趣，增强学习信心。

（四）细化实践，明确四大环节

环节一 "学"：学生自学。

上课伊始，教师宣布本堂课主题，提出学生自学的基本任务和要求，学生完全根据已有的知识和经验，根据课后的习题或"思考与讨论"等进行最原始的自主学习。本环节过程中学生应按要求以书面形式列出自学成果，如本节的新知识要点，本节重点、难点以及学习方法和疑难问题等。基于学情和教材的实际情况，也可将这一环节置于课前完成，课堂上只需展示自主学习成果。该环节的目的是培养学生生命中最原始的自学能力，以及对全新事物的认知能力和独立思维能力，体现生命化教学过程。

环节二 "探"：师生共探。

这一环节包括学生个人探、小组合作探、全班共同探、教师引导探等形式。小组合作探究时可根据上一环节中各成员自学列出的知识要点、重点、难点及自学中产生的问题进行交流与探究。探究过程每小组确定一个中心发言人、确定一个记录员和一个发言代表（可由记录员兼任）。本环节体现了和谐生态化的课堂教学模式。

环节三 "结"：自主总结。

本环节各小组代表发言，其他组可派代表进行点评，对于各小组提出的问题，其他各组可提出解决方案或方法。教师进行点评或组织二次讨论，归纳总结后将要点进行板书。

环节四 "用"：现学现用。

本环节主要由教师指导解决课后习题。然后根据本节所学知识结合生产生活实际中的问题进行适当练习。本环节要求教师在课前认真准备相应的习题、学案等教学资源，所设计的问题和选取的习题应紧贴现实生活，具有一定的开放性。本环节体现了生活化的教学过程。

（五）以评促教，以评促学，强化课堂评价

在理论学习和实践探索中，学校还研制了"三生"课堂评价表，为课堂诊断提供了方向。评价表从"三生"课堂的科学性和艺术性两个方面进行考量，细化评价体系。

（六）以展促教，深化运用之道

为进一步深化研究与运用，学校搭建了各级各类平台，对社会产生辐射引领作用。学校多次组织了明德教育旗舰"三生"课堂教学改革观摩研讨活动，开展了长沙市教学开放日交流活动，并结合了明德教育集团"三生"课堂巡回展示活动同时举行，吸引了来自明德教育集团以及长沙市兄弟学校的老师参加，老师们运用同课异构的方式进行"三生"课堂的探索和展示。

（七）坚持理论联系实际，外地经验与本土经验相结合，百花齐放、协调发展的原则

第一阶段：学习讨论阶段。主要是制定学习推广高效课堂改革经验的具体实施方案，开展学习与讨论，引导广大教师认真学习高效课堂改革经验，准确把握课堂教学改革与实施素质教育的结合点，深刻领会高效课堂改革经验的要义，切实做好思想与观念形成共识和计划实施的准备。

第二阶段：研究探索阶段。在借鉴课堂教学改革经验的基础上，结合我校的学情、教情、校情，研究探索具有明德特色的课堂教学改革模式的雏形。各教研组推出符合"生命化、生态化、生活化"的课堂教学模式。进行集中培训、研究、学习，为开展课堂教学改革做好充分准备：转变观念，统一思想，提高认识；培训师资，探究学习，掌握模式；开设论坛，暑期练兵，积极准备。

第三阶段：实践应用阶段。在全面推行课堂教学改革的同时，学校将定期不定期地开设"课改沙龙"，或召开学科主任研讨会议，总结课改推行过程中的经验教训，及时矫正纠偏，形成各具学科特色的"三生"课堂模式。

第四阶段：总结提升阶段。在学习外地课堂教学改革经验的基础上，总结提升出富有我校特色的管理模式，培养一支适应教育教学改革、具有较高思想政治素质和业务素质、具有一定科研能力的教师队伍，探索了一条具有明德特色的教学改革创新之路。

四、聚焦学科建设，优化教学队伍

（一）基本理念

坚持书香浸润、坚持研以致用、坚持前沿视野、坚持守正创新。

（二）基本目标

1. 构建名师梯队

各学科形成名师、骨干教师、青年优秀教师的完备梯队。

2. 提升教研品质

开阔教研视野，凝聚教研主题，创新教研形式，丰富教研内容。

3. 注重教学实效

立足课堂实践，聚焦新高考、新教材，形成新高考、新课程、新教材背景下的学科教学新范式。

4. 推出教研成果

联系科研机构与各类教育杂志，推出明德中学系列教研成果，丰富老师的课题研究和论文发表数量。

（三）基本举措

1. 完善发展平台，理顺培养机制

（1）学科中心层面。坚持"强学科中心"的基本思路，强化学科内部教研，按要求定期举行教研活动，聚焦学科前沿问题，探索教学实践新方法。

（2）学校机制层面。加强科研扶持力度，规范科研管理，有效跟进科研流程，总结教研成果，加大科研奖励。

（3）集团联动层面。以集团名师工作室以及集团教学联盟、德育联盟为基本核心，组织集团内部教育教学交流活动，并通过课堂教学比赛、课题联合研究、写作交流评比等形式，引领集团教师发展。

（4）省市发展层面。发展好本校已有的省市级名师工作室，强化教育教学研究的影响力、引领力，锻造明德名师品牌。同时，加强与省市教科研部门的联络与合作，积极申请和利用好省市各类教研平台，聚合教研力量，聚焦教研课题，推出教研成果。

2. 夯实基本素养，提升专业能力

（1）以阅读为灵魂，营造书香氛围。热爱阅读、善于阅读，是教师保持教学热情、夯实基本素养、开拓思想视野、转变教育观念、提升教育品格的基石。通过读书会、阅读交流分享会、阅读征文比赛等活动，营造教师好读书、读好书、读书好的氛围。

（2）以培训为基础，深化专业学习。聚焦新课程、新高考、新教材背景下的前沿问题，提升培训的针对性和实效性，深化专业学习，提升专业教学品质。

（3）以教学为指向，强化实践探索。聚焦"三生"课堂实践，以"三生"课堂理念为核心，结合新教材、新高考，在大量课堂教研实践的基础上，打造学科教学新理念、新范式。

3. 聚焦课题研究，丰富教研成果

（1）以名师为引领，聚合教研团队力量。以学校、集团、省市三个层面的名师工作室为基本立足点，聚合教研团队力量，针对教师发展和学科热点，加强教研探索，形成蓬勃而有生机的教研团队。

（2）以课题为抓手，聚焦学科前沿课题。坚持问题导向，以解决学科前沿问题为目标，在学科中心和名师工作室层面，成立课题研究机制，各学科、各名师工作室选择一个以上的课题进行集中研究，深化思考与实践，实现教研突破和教师成长。

（3）以写作为出口，推动教师发表论著。一是搭建平台。通过联系各类教研机构、教育刊物，为教师的发表提供平台、提供机会。二是系列推选。联合教育刊物，聚焦明德课堂教师和教学成长，推出系列教师成果，彰显明德教育的实力、教师的魅力。三是引领规划。对好的研究、好的团队，要有意识地提高其发展标准，鼓励从事省市级以上课题研究、撰写教研论文、申报教研成果乃至各类省市教育奖项，扩大明德教师的品牌影响力。

（四）具体行动

在做好日常的教师培训、学分管理等工作的基础上，以"四大工程"为行动核心，推动教师发展。

1. 书香建设工程

改变原来的教师阅读培训的散乱化、无序化、空洞化状态，教师阅读由原来的学校统一发放，改为以学科中心为主导的阅读涵养。一是每年度由学校统一订阅1～2本书由全校教师统一阅读，每学期由学科中心订阅1本书由学科老师统一阅读；二是每学期开学培训时进行阅读心得评比颁奖，并邀请5～6名优秀的阅读教师上台分享；三是每年度科技读书节不仅举行学生阅读征文比赛，还进行教师阅读征文比赛。

2. 学科强化工程

以"强学科中心"为指导，一是加大对学科中心的支持力度，从经费和机制上支持学科中心的发展。开学培训期间或其他学校统一进行教研活动期间，可由每学科中心邀请一名专家或教研员来校指导交流。二是学科教研"主题化"。依照"课例化—主题化—序列化—课题化"的基本思路，构建"校本课题"系列，改变原来教研主题分散、活动散乱、积累薄弱的状态，形成具有学科前沿视野和探索深度的主题化教研模式，凝聚教研力量，积累教研成果。三是强化与省市教研部门的合作，聚焦前沿课题，积极申报省市课题，推广校本课题研究。

3. 课堂品质工程

以"三生"课堂为核心，以"课例化""主题化"为基本抓手，打造符合"三生"理念和新课程标准的课堂教学方式，落实"一个理念、两个中心、四个放权、五个转变"的课堂教学改革基本理念。一是认真组织"教师公开课""新教师汇报课""高三一轮、二轮复习研究课"等教研课，做好专题调研活动，提倡推门听课、跨学科听课，夯实教师课堂教学基本功，落实"三生"课堂理念。二是举行全校和全集团的"三生"课堂教学比武大赛，升华教师课堂教学理念，提升课堂教学品质。

4. 名师品牌工程

一是支持名师团队的工作，不断推动原有的名师团队发展。二是做好集团名师工作室的选树工作。选树好新一届的集团名师工作室，在后勤、财务以及发展机制上做好保障。三是做好梯队建设，对每个学科内部的优秀中青年骨干教师，进行重点培养与打造，提供更多的发展锻炼的平台。四是针对青年教师进行重点培训，搭建青年教师专业成长分享会、座谈会等平台。

十年来，明德中学教师团队发展迅速，学科建设卓有成效，打造了名师辈出、梯队合理、俊采星驰的明德教师团队，出现了语文、数学、英语等多个在省内卓有影响力的学科，涌现了蒋雁鸣、陈立军、郭文静、何灵芝等一大批名师。现将十年来各学科基本情况总结如下：

语文学科：水远波澜碧，山高气象清

明德中学语文学科中心植根于百年名校明德中学的沃土之中，实力雄厚，名师荟萃。现有在岗教师54人，其中，特级教师2人（蒋雁鸣、黄金萍），正高级教师3人（徐林、蒋雁鸣、陈立军），高级教师15人。多人被授予省市级名师称号：湖南省首届"芙蓉教学名师"（蒋雁鸣），长沙市卓越教师首席名师（蒋雁鸣），长沙市卓越教师优秀骨干教师（陈立军、黄金萍、崔瑞良），长沙市卓越教师教学能手（傅海勤、杨敏、马臻）。明德语文组也是全省唯一的同时拥有省级、市级名师工作室的学科组，2016年成立了长沙市蒋雁鸣语文名师工作室，2017年成立了湖南省陈立军语文名师工作室。在两大名师工作室的引领下，语文学科中心开展了大量卓有成效的工作，在全省乃至全国都具有较大的影响力。

学科中心全体老师在各位名师的引领下，近十年来不断研究开发校本教材，在教育教学以及新课改新高考研究方面取得显著成绩。语文高考成绩在全省名列前茅，10余次承担国家级或省级课题研究任务，每年均有多篇论文在国家级核心期刊上发表，十年来在各级各类刊物发表论文200余篇。明德语文人以"大语文观"为共识，深研高中整本书阅读教学和写作教学，注重立德树人、文化浸润，蒋雁鸣牵头主编了《整本书阅读教学工作坊》和《〈红楼梦〉整本书阅读教与学》等多本著作，影响广泛。语文组也重视培养青年教师，鼓励青年教师参加全国各类赛课，屡创佳绩，20余人次获得国家级、省市级一等奖。由于教学科研领先全市，连续多年被评为"市级优秀教研组"或"省级优秀教研组"。明德中学于2014年被评定为"中华传统文化基地校"，2019年成为人教社名著阅读专项实验学校，明德语文组也于2022年被认定为长沙市首批基础教育高中教研基地。

数学学科：铺石开大道，筚路启山林

明德中学数学学科中心现有教师45人，均具有本科以上学历，其中硕士研究生18人，占比40%。正高级教师1人，高级教师18人，一级教师19人，高级职称占比逾42%。同时这也是一支年富力强、正值当年的队伍，平均年龄43岁，

其中 30 岁以下 2 人，30～40 岁 15 人，40～50 岁 16 人，50 岁以上的经验丰富老教师 12 人。男女比例协调，男教师 30 人，女教师 15 人。正是这支富有战斗力的优秀学科团队，在过去十年明德中学的高速发展中堪称中流砥柱。

数学在教学教研中成绩显著，在过去十年各类数学教学比武与教学技能大赛中屡获大奖。其中获得省级以上奖励 30 余人次，市级奖励 50 余人次，郭文静老师、谢卫平老师分别获得"一师一优课"部级优课，姜华老师获得长沙市说课比赛特等奖、长沙市星城杯教学一等奖第一名等。青年教师在省市高中数学解题大赛中多次技压群雄，连续多人次获得一等奖。在竞赛培训和高考中成绩斐然，高考中几乎每年都有多名学生单科优秀进入全省万分之一，其中 2018 年陈亚凡老师执教班级中 5 人获得高考满分，受到各大媒体争相报道。过去十年，学科中心数学教师积极撰写学习心得和教研论文，在各种教育与数学期刊上发表论文 40 余篇，其中国家核心期刊论文 10 余篇，省级研究课题 2 个，参与编写并出版数学著作 12 册。

英语学科：山河披锦绣，盛世写华章

明德中学英语学科中心是一支富有朝气、充满活力、爱岗敬业、善于思考、勇于创新、甘于奉献、乐于教学的青年团队。学科中心主任何灵芝为长沙市何灵芝中学英语名师工作室首席名师，长沙市卓越教师英语学科带头人，副主任喻新辉老师为长沙市卓越骨干教师，全国优秀外语教师，副主任周慧老师为长沙市何灵芝中学英语名师工作室优秀名师。中心共有 43 名在职在编教师，其中男教师 8 名，50 岁以上教师 2 人，40 岁以上教师 19 人，高级教师 12 人，一级教师 16 人。

十年来，英语学科教师主持或参与课题 29 人次，如湖南省教育科学研究工作者协会基础教育重点资助课题"立德树人背景下中学英语渗透传统文化的路径研究"，湖南省教育科学研究工作者协会基础教育重点资助课题"高中英语微课的开发与应用研究"等。共获得市级一等奖以上的发表论文 174 篇，授奖单位包括湖南省教育学会、湖南省教师教育学会、湖南省教育科学研究工作者协会、长沙市教育科学研究院、国家基础教育中心等，发表刊物包括《教育现代化》《校园英语》《英语教师》《高中生》《教育》《英语辅导报》等国家级或省市级刊物。外出讲座 91 人次，市级以上赛课获奖 98 人次，多人次、多个团队获得湖南省在线备课大赛特等奖。十年来，英语学科获得其他各项市级以上荣誉 98 人次，如何灵芝获长沙市政府督学、长沙市卓越教师学科带头人、长沙市信息技术与英语融合团队核心专家、湖南省精英教师等荣誉；周慧获省教师发展中心"国培计划""送培到县"送课专家、长沙市高中英语骨干教师、省教育学会英语学科送课专家等荣誉。

政治学科：砥砺求真知，守正育新人

明德中学政治学科中心是一个敬业务实、勇于开拓、经验丰富、团结进取的优秀集体。现有在职教师 22 名,男教师 13 人,女教师 9 人;其中中学高级教师 7 人,中学一级教师 10 人,中学二级教师 5 人,担任行政职务或外派 7 人;年龄结构合理,50 岁以上 2 人,30 ~ 50 岁 17 人,20 ~ 30 岁 3 人。

十年来,明德中学政治学科在多次获得市优秀教研组的基础上更是取得了一系列教育教学成果,一是公开课、赛课方面:张新桂、曾自文、雷朋、李敏、刘巧姣等多次获得省市优课奖励。陈湘策老师在长沙市中学思想政治（品德）微课教学比赛中获得二等奖,在星城杯长沙市教育局直属中小学青年教师教学竞赛中获得三等奖;雷朋老师在长沙市首届智慧课堂教学竞赛中获得一等奖等。二是论文撰写方面:彭代红老师的《纸上得来终觉浅　绝知此事要躬行》获得国家级一等奖,李敏、杜友强、曾自文、刘巧娇、彭代红、陈湘策等老师的论文获国家级、省市级一等奖 10 余项,彭代红、刘周军、张新桂、李敏、陈欣等在刊物发表论文 10 余篇。三是个人荣誉方面:彭代红老师获得湖南省师德标兵称号,刘巧姣老师被评为长沙市教育系统优秀共产党员,全组共获得省市荣誉 20 余项。10 余人次在省市研讨会上举行讲座,蒋灿强等老师共参编书籍 8 本。

历史学科:"历"久弥新,"史"志不渝

明德中学历史学科中心现有在职教师 17 人,其中高级教师 2 人,湖南省骨干教师 1 人,长沙市骨干教师 3 人,长沙市卓越教师 1 人,长沙市级历史名师工作室学员 3 人,具有研究生学历 9 人,湖南省学业水平考试命题专家 2 人,多人曾担任湖南省高考历史阅卷员。

近十年来,历史学科中心在各级教学竞赛、教研评比和学生技能比赛中都获得了显著成绩。刘洋、李雅君、陈佳慧、赵东明、涂英、黎晓玲、王倩老师等获得国家级、省市级一等奖。学科中心全体教师仅在市级以上刊物发表的论文就有 50 多篇,其中赵东明老师的论文被中文核心期刊收录发表,另有 10 篇发表于学科核心期刊和国家级期刊;李炜、涂英、王倩等老师也在国家级、省市级刊物发表论文。老师参与和主持各类省市级课题研究 5 个,邹伟光、黎晓玲、王倩、李雅君、黄益枝等教师撰写的论文多次获得省市级荣誉奖励。辅导学生先后有 4 人高考文综成绩进入全省万分之一,参与由中国社会史学会主办的全国"燕园杯"历史写作大赛,先后多人次获得特等奖、一等奖等,郭静波、邹伟光、涂英、赵东明、刘洋等老师多次代表全市参与高考专题讲座或示范课展示,广受好评。

地理学科:山河在胸中,启智育英才

明德中学地理学科中心是一个有温度、有活力、敢拼搏的集体,现有教师 19 人,其中中学高级教师 7 人,中学一级教师 10 人,中学二级教师 2 人。男教师 12 人,女教师 7 人。

　　近十年来,学科发展成绩斐然。叶长绵、蒋彦、刘正伟等老师先后参编著作 3 本,蒋彦、许胜强、何静等老师主持省市课题 5 个,许胜强、刘正伟、汤孝文、叶长绵等老师在中文核心期刊发表论文 6 篇,有 10 余人次获得国家级、省市级论文奖励,刘彬、刘正伟、张寒、刘露、张江、蒋彦、许胜强、尹悦等老师获得国家级、省市级赛课一、二等奖。叶长绵、何静、许胜强等获评长沙市卓越教师等荣誉 10 余项。学科中心多次荣获"长沙市优秀教研组"称号,被中国地理学会授予全国地理教学"先进集体""地理科普教育基地"称号。荣获第七、九届全国地理奥林匹克竞赛团体二等奖,荣获第一、二届"海亮杯"全国中学生地球科学竞赛优秀组织奖。

物理学科:格物致理,树蕙滋兰

　　明德中学物理教研组是一支蓬勃向上、积极进取、不断开拓、乐于奉献、勇于挑战的队伍,现有教师 25 人,其中高级职称 8 人,中级职称 13 人,7 名研究生,拥有 3 名长沙市卓越教师、5 名长沙市优秀青年教师。

　　物理教研组认真贯彻落实课程标准的指导思想,秉持以"物理教育"替代"物理教学"的人本思想,建立了"以实验为基础,以概念、规律为载体,以问题为线索,以提高学生能力和培养学生科学素养为目标"的教学理念,努力创建"务实、进取、求真"的学科组。十年来,学科发展成果丰硕。有申晓翼、匡拥军、张家明、阳轶军等老师主编或参编书籍 6 本,陈纯、阳轶军、张家明、匡拥军等老师在国家级、省市级刊物发表论文近 20 篇,论文获奖 10 余篇,在国家级、省市级赛课中有 20 余人次获得特等奖、一等奖、二等奖,共参与省市级课题 8 个,获得省市级个人奖励 30 余人次。

化学学科:"化"育万物,"学"无止境

　　化学学科中心现有教师 24 人,其中正高级教师 1 人,特级教师 2 人,高级教师 8 人,长沙市卓越教师 2 人,具有研究生及以上学历 8 人,涉及专业广泛,为深化教学研究、设计特色课程,指导学生进行课外研究,教学质量优异。

　　近十年来,化学学科中心多次获得"长沙市优秀教研组"称号,并涌现出一大批优秀个人,其中汪益葵老师被长沙市人民政府授予"劳动模范"称号、彭祎昀老师被长沙市人民政府授予"优秀教师"称号,更有多位老师荣获省、市"化学优秀教研工作者"称号。十年来,化学学科在赛课、实验改进与创新竞赛中 20 余人次获全国一等奖、省一等奖、市级一等奖等奖项;有多人次执教过市级公开课、观摩课等;有 20 余篇文章在《化学教学》《中学化学教学参考》等中文核心期刊发表或国家级期刊发表,多篇论文在全国、湖南省、长沙市各级论文评选中获得一等奖、二等奖。在"第十三届全国基础教育化学新课程实施成果交流大会"上被评为"2017 年度全国基础教育化学新课程实施先进单位"。

生物学科："生"生不息，厚德载"物"

明德中学生物学科中心是一个团结奋进、求真务实、开拓创新、朝气蓬勃的集体。组内现有教师22人，男教师10人，女教师12人，35岁以下5人，35～45岁12人，年龄结构合理，富有活力。其中高级教师7人，中级教师9人，长沙市骨干教师3人，金牌奥赛教练2人，研究生2人。

十年来，生物学科在培养学生生物核心素养、实验技能，辅导学科竞赛、教师赛课和学术研究中均取得了显著成绩。2016—2022年间，以徐果成、樊凤娇老师为主的金牌奥赛教练辅导的学生中共有11名获全国中学生生物学联赛一等奖（湖南赛区），30多名获得全国二、三等奖。教师以赛促教，积极参与各类赛课，缪婧、魏倩、黄海龙、孙玲艳、肖程文、肖玲、樊凤娇、罗佳婧、李娅、余乐、廖潘依琳等20余人次获省市级奖励。由李波、肖程文、孙玲艳等老师参与编写的著作有7本；老师们撰写的论文发表在省级以上刊物或者获省级以上奖项的多达40余篇，其中肖程文、徐果成、樊凤娇等老师在核心期刊《中学生物教学》《实验教学与仪器》《中国教师》等发表的论文有5篇，卢朝为、李波、肖程文、魏倩、廖潘依琳等老师多次代表省、市或学校进行高考专题讲座或者示范课展示，广受好评。

信息技术学科：科技引领，智育未来

现代教育学科中心由信息技术、通用技术、研究性学习、心理教育四门学科组成，现有教师13人，其中高级教师3人，中级教师8人，省市级骨干教师2人（刘艳玲、郑玉），市级信息技术工作室名师1人，研究生2人。本学科中心充分发挥四门学科的优势特点，交流融合、协同发展，共同致力于学校的信息化和现代化教育。

这十年来，现代教育学科中心紧紧围绕"创新、开拓、发展、务实"的教育理念，注重学生创新能力、思想方法、行为方式、价值观和技术能力的培养，促进学生个性发展。以郑玉、王维赢老师为主辅导的信息奥赛共获国家级银牌5枚、铜牌6枚，省一等奖36人次，其他省级以上获奖200余人次；由贺建华、薛浩、刘艳玲、刘坤、汪艳萍、李伊希、周芳芳、徐波、谢颖等老师辅导的青少年机器人竞赛、科技创新大赛、信息素养比赛、通用技术技能比赛、心理漫画和心理展演等竞赛中，共计有350多名学生获得全国省市级奖励。刘艳玲、汪艳萍、刘坤、徐波、李伊希、周芳芳6位教师分别在全国、省、市级赛课中获特等奖、一等奖奖励；老师们撰写的论文发表在国家级、省级刊物或者获省级以上奖项的达40余篇，在国家级、省级核心刊物等发表的论文有4篇，老师们积极参与国家、省、市级课题研究有6个，由郑玉等老师参与编写的书籍有4本；刘艳玲、徐波、李伊希等老师多次在省、市或学校进行专题讲座或者示范课展示，广受好评。

五、聚焦常规管理，提升教学质量

教学质量是一所学校的生命线，十年来，明德中学优化教学常规管理，细化调研和评价制度，不断提升教育教学质量。

（一）落实常规管理，优化管理流程

1. 抓好常规制度和措施的落实工作

教务处把教学常规管理作为重点工作来抓，对教学常规的管理实行日巡查制、周通报制、月调度制、学段检查制、学期测评制、推门听课制等。

日巡查制：教务处配有教学常规检查员，每天从早自习开始，对全校的教学情况进行监控巡查和实地巡查，并做好详细记录。

周通报制：每周星期一对上一周的教学常规情况全校进行通报，表扬优秀，对存在的问题及时指出并提出改进措施。

月调度制：由教务处、教科室提供教学、教研等方面的材料，主管教学的副校长每月在全校教职工大会上对全月的教学工作进行点评和调度。

学段检查制：每个学段安排一次教学情况检查，教务处对全校教师的备课情况、作业布置与批阅情况、听课情况、教研活动开展情况等进行检查，教学校长部分抽查，教务处负责教案、听课本、备课组工作（集体备课）记录本、学科中心工作（教研活动）记录本、教学计划（学科中心、备课组和教师），学科中心主任负责检查作业。

组织学段考试，对全校教师的教学效果进行检查。分年级、分教研组召开教学调度会，对学段检查中发现的问题及时进行点评，并提出整改措施。

学期测评制：每学期期末组织全体学生对教师的课堂教学、作业批改与布置、师德修养等情况进行测评，对班主任的工作方法、工作效果、师德修养等情况进行测评。教务处将学生座谈会了解的情况和教学测评结果及时反馈给所有教师和班主任，对在教学测评中优秀率高的教师和班主任进行表扬，对教学测评中优秀率较低的教师和班主任由主管领导进行诫勉谈话。

此外，学校还通过学生座谈会、家长座谈会等方式了解教学常规的执行情况。

2. 抓好制度建设，优化管理流程，使管理工作更加规范、科学

在主管校长的指导下，秉承科学性、系统性原则，教务处负责人将各自负责的部门工作进行细化，明确了各工作岗位的工作职责，完善了工作程序和工作制度。优化了一系列的工作制度和方法，如《明德中学教辅资料征订制度》《任课教师临时调课申报制度》《教学常规巡查制度》《常规教学检查奖励制度》《考试命题安排及奖励制度》《大型考试监考安排、阅卷操作办法》等，为教学管理工作的科学化、规范化奠定了良好的基础。

（二）开展教学研究，推进教学改革

为了贯彻新课程的要求，落实课堂实效，学校提出的"一个理念、两个中心、四个放权、五个转变"的课堂教学改革理念，学校组织了教师培训、外出学习、送教送课、教学开放、同课异构等多种形式的活动，切实提高教师的操作能力。

1. 定期召开教研组长会议

有针对性地指导、督促开展各项教研活动，加强现代化教学手段的应用和教材教法、练习测试等方面的研究，组织开展优秀教案、优质公开课等各类评比活动。

2. 每学期组织年级专题教学调研活动

举全校力量集中解决具体问题。校领导、中层干部、教研组长、部分骨干教师听课、评课，为各年级的教学工作问诊把脉。

3. 推出名师引领

打造新授课、习题课、试卷讲评课、复习课等四种课型的模式课，全面体现"三生"课堂教学理念，打造高品质教学。

（三）着力转变观念，创新人才培养

1. 秉承"三生"理念，培养了大量拔尖创新人才

学校秉承"三生"课堂教学理念，推行"多元、自主、人文"课程理念，细化教育管理服务，优化教学评价体系，学校教育教学质量稳步提升。近年来，有近 50 人考入北京大学、清华大学，2016 届学生杨皖湘等曾获得长沙市高考文科状元。高素质学生群体规模不断扩大，600 分以上人数及一本上线率不断攀升，一本上线率达到 90% 左右，600 分以上人数接近全省的 2.5%，创造了"高进优出"的教育佳绩。

2. 构建"五大"奥赛培养体系，取得了优异的竞赛成绩

在奥赛方面，2012 年起学校组建了信息、物理、数学、化学、生物五个团队，物理主教练：阳轶军，组员：左合明、向昌发；化学主教练：彭云武，组员：王普、盛凯；生物主教练：李波，组员：徐果成、樊凤娇；信息主教练：郑玉，组员：王维赢；数学主教练：谢卫平，组员：颜雷、邓朝发。郑明航等学子获全国信息学奥赛林匹克竞赛精英赛银牌、全国信息学奥赛林匹克竞赛铜牌等荣誉，共有 4 名学子被北京大学、清华大学录取，近八年来，有 150 余名学子获得奥赛省级一等奖，有 160 余名学子获得奥赛省级二等奖。

3. 打通高校一贯制培养，北京大学先修课程先行先试

在北京大学先修课程方面，我校北京大学先修课程培养于 2015 年全面启动，当年 11 月份被北京大学最早授牌为湖南"先修课程"试点学校。北京大学先修课程教练组三个，语文：黄金萍、毛鹏飞、王章全，历史：邹伟光、徐桃天、陈佳慧，化学：彭祎昀。近年来我校获 A 及以上等第的共有 62 人，是省内表现最为优秀的学校之一。

4. 彰显"人文＋科学"特色，一大批卓越人才脱颖而出

明德学子在北京大学培文杯、"燕园杯"历史写作大赛、机器人大赛、科技创新比赛、

全国中学生地球科学竞赛等学科竞赛中斩获颇丰。近十年来，共有 800 余人次获得国家级奖励，明德学子全面发展，成为北京大学、清华大学、上海交通大学、中国人民大学等数十所高校的优质生源基地，学校连续多年被评为"全国百强高中"。学校入选湖南省英才培养计划的学生数位居全省前列，2023 年有 20 人入选湖南省英才计划，居全省所有中学之首。

5. 成立明德中学拔尖创新人才培养课程中心，实现初高一体化培养

该课程中心旨在对拔尖创新人才的培养进行模式创新的实践，开发拔尖创新人才培养的课程体系，对拔尖创新人才培养在教育理念、教学内容、教育途径等方面需要内源性、结构性、系统性的突破与进展。教练团队如下：

语文学科

主教练：黄金萍

教练员：蒋雁鸣、沈静、王章全、徐朝阳、黄黎明、刘东明、曹辉
　　　　马臻、张星

数学学科

主教练：谢卫平

教练员：邓朝发、颜雷、刘军、陈亚凡、王正飞、罗希、吴立辉

物理学科

主教练：阳轶军

教练员：左合明、向昌发、周爱军、陈谦文、林乐静

后续还将有其他学科的教练团队更新出炉。

（四）严密组织考试，打造优秀考点

我校作为天心区各项考试的重要考点，每年组考任务达 8 次之多。教务处组织考试任务时，积极贯彻执行相关文件精神，制定详细的组考工作实施方案。从未出现纰漏，实现招生考试零差错、零违纪和零投诉。学校连续多年获评"长沙市优秀考点"。

（编写：马臻、教务处）

第三章　健体：无体育，不明德；无运动，不青春

回顾明德体育 120 年历史，是一部与明德同风雨、共砥砺、齐发展的历史，也是一部守正创新的体育文化史。

2020 年 9 月 21 日，国家体育总局和教育部联合印发《关于深化体教融合，促进青少年健康发展的意见》（以下简称《意见》），提出 37 项举措，全方位推动深化体教融合，促进青少年全面健康成长。《意见》在"总体要求"第一条写道："树立健康第一的教育理念，面向全体学生，开齐开足体育课，帮助学生在体育锻炼中享受乐趣、增强体质、健全人格、锤炼意志。"从 1903 年创办开始，长沙市明德中学就形成了非常深厚的体育文化传统，体育从来就是明德教育不可分割的一部分，120 年栉风沐雨，学校逐渐形成了"无体育，不明德；无运动，不青春"的健体文化。

一、"无体育，不明德"内涵思考

"大学之道，在明明德，在亲民，在止于至善。"学校教育当弘扬光明正大的品德，使人弃旧图新，达到最完善的境界，从而培养高品质高素质的现代人才。"观乎人文，以化成天下。"明德中学坚持"文化立校，特色办学"的办学方略，提炼出了"让孩子像树一样成长""明明德，忧天下；知格物，显人文；铸思想，扬个性"、做有涵养有担当的明德人的人才培养理念。明德中学关注主体存在的意义，关注人的生命和价值，实现科学与人文的整合，寻求教育向生活世界的回归，着眼于人的个性发展。经过长期的思考和实践，学校在"明德树人、涵养生命气象"的理念基础上，提出了"无体育，不明德；无运动，不青春"的体育教育理念。

二、"全面 + 特色"明德范式

（一）体教融合的思考探索

20 世纪 80 年代中期，为了克服竞技体育人才培养的体制机制

障碍，"体教结合"被提出并付诸实践，逐渐成为培养体育后备人才的重要举措。依据教育教学规律，体育运动与文化教育相辅相成，"体"与"教"必然融合；从社会发展需要来看，具备较强综合素质的人才方能担当大任，"体"与"教"必须融合。体教融合不仅能促进体育精神的弘扬和体育文化的深化，还将推动体育科技等交叉学科的发展，带动科技水平和竞技水平的提升。党的二十大报告提出，到 2035 年，"建成教育强国、科技强国、人才强国、文化强国、体育强国、健康中国"。推进体教融合探索与实践，将为这一系列目标的实现提供坚实有力的支撑。习近平总书记在党的二十大报告中明确指出："要广泛开展全民健身活动，加强青少年体育工作，促进群众体育和竞技体育全面发展，加快建设体育强国。"国家体育总局印发《"十四五"体育发展规划》，首次专章部署青少年体育工作，以加强体教融合作为促进青少年体育健康发展的着力点，进一步提升了青少年体育工作的地位。因此，深化体教融合，促进青少年健康发展，是夯实体育强国根基的必由之路。

（二）"全面 + 特长"的实施路径

　　全方位培养人才的理念古已有之。春秋战国时期，士大夫就要掌握礼、乐、射、御、书、数的"六艺"本领。新时代提出的体教融合育人方针，延续了全面发展的教育理念，对学校提出了新的要求，在培养学生过程中注意体育和文化的内在融合，实现二者的互为促进。在体教融合的理论指导下，明德中学积极探索"全面 + 特长"的实施路径。孩子们在明德中学求学，学校为他的一生发展奠定全面的扎实的基础，包括人格发展、道德发展、智力发展、身心发展、品质发展，在全面发展的基础上，进行个性的张扬。唯其如此，孩子们才可能朝着自主发展方向去努力，使自己都富有创新精神和创新能力。

　　1. 让更多有天赋与才华的孩子走进来

　　明德中学积极开展教学教研，开拓进取，锐意创新，大力开展特长生教育，如男子篮球队、跆拳道队、田径队等，让孩子们有更多的机会去思考，去选择，去努力追求，明德中学尊重每一个生命，尊重每一个生命的个性，让更多有天赋与才华的孩子走进明德中学，像树一样成长，尽情施展自己的理想与抱负，实现个性化发展、多样化发展，现在有才华施展之处，将来有英雄用武之地，为终身发展与幸福奠基。

　　2. 让更多德艺双馨的大师、专家、学者走进来

　　思想是一所学校实现长足发展、优质发展的灵魂所在，而思想的传播则需要大师的引领。明德中学建校 120 年，在各种时代背景下保持长盛不衰，正是如此。黄兴、宋教仁等仁人志士走进来，于是明德中学成为"辛亥革命策源地"；毛泽东同志走进来，于是留下"时务虽倒，而明德方兴"的美名；篮坛名宿、辽宁男子篮球队总教练柳继增来了，有了"中国第一飞人"的美称；西北工业大学王立彬教授来了，担任篮球队名誉教练，他们题写的"奖杯是历史，辉煌在明天""泰安球王，永传佳话"悬挂在明德中学体育馆内，激励着一代代篮球健儿……

　　3. 让优质高效的学校评价机制走进来

《普通高中课程方案》明确提出要"建立发展性评价制度"，明德中学运用多种方式，为学生建立综合、动态的成长记录手册，全面反映学生的成长历程，对教师、学生作出公正、全面、综合的评价，是特色文化全面实施、有序推进的坚强保障，也是学校在新课程背景下实施体教融合、个性化办学的关键环节。

（三）"全面＋特长"的立体呈现

1. 精进特色队伍建设

学校具有深厚的体健文化底蕴和内涵。近年来，学校的男子篮球、跆拳道、田径和击剑等特色项目，在多年发展的基础之上，不断发展，形成了颇具影响力的明德体育品牌，学校以全国知名的男子篮球为龙头，带动跆拳道、田径、击剑、健美操、定向越野等各类体育项目脱颖而出，声名远扬。

（1）男子篮球队。

明德中学篮球队成立于1922年。现有高中队员36名，高一高二在训26人，近年来多人考入北京体育大学、浙江大学、北京化工大学、中南大学、厦门大学、西南财经大学、西南交通大学等一本类大学。学校篮球队先后被授予中南大学、华中科技大学后备人才基地，柳继增、王立彬等前国手担任球队名誉教练。学校篮球队培养了黎璋霖、谢智杰、马典成等国手，一大批队员升入大学后驰骋于CUBA赛场，方君磊还被选拔为CBA首届选秀大会状元。

（2）田径队。

明德中学田径队成立以来，运动训练水平逐年提高，运动成绩不断拔高，培养出以陈海波、肖燕、吕璐、刘渊为代表的一大批优秀运动员。田径队在长沙市一直保持甲级队前八名；近几年来在参加国际、国内各级别比赛中，不断斩获金牌，共计培养出世界冠军1人，亚洲冠军1人，全国全运会冠军1人；国家健将运动员1人，一级运动员16人，二级运动员上百人；学生相继输送到华中科技大学、北京体育大学、武汉大学、中山大学、中南大学、湖南师范大学等全国重点高校。

（3）跆拳道队。

明德中学跆拳道队成立于2010年7月，现有高中队员21名，初中队员50多人，先后有35人获得国家一级运动员称号，21人获得国家二级运动员称号。多人考入北京体育大学、北京交通大学、中国地质大学、中南大学、华南理工大学、中国海洋大学、湖南师范大学、南京信息工程大学、华南农业大学、河南大学、武汉体育学院等一本类大学。学校跆拳道队先后被授予中国地质大学（北京）、北京交通大学、南京信息工程大学高水平运动队后备人才基地。跆拳道队现已发展为明德天心、明德华兴、明德启南、明德中学覆盖从初中到高中为一体的明德旗舰跆拳道队。

（4）击剑队。

明德中学击剑队成立于2017年，现有高中队员12名。培养了贺湘婷、刘俊、蒋修齐、肖熙凯、季骧王侯、罗淞元、盛乐川、陈俊玺8名国家一级运动员，方恩哲、颜子奕、周奕屿、王瑞哲、丁若溪、蒋昊桐 6 名国家二级运动员。队员考入沈阳航空学院、上海体育学院、南京体育学院、吉林师范大学等重点高校。在全国省市比赛中，成绩稳步提升。

2. 大力发展群众体育

（1）课程建设。

学校注重将体育教育与学校的德育深入结合，普及各项体育运动，学校各项体育事业蓬勃发展。在明德中学，无论是高一、高二，还是高三，都必须严格按照体育课程落实教学，保证体育课时，保障体育质量。

（2）校运会。

学校依托体育节，按期开展田径运动会，截至今日，学校已经开展了第十六届体育节和第三十五届田径运动会。在运动会中，运动员们都全力以赴，在赛场上挥洒自己的汗水与激情。赛道是他们竞速的地方，他们可以在赛时奋力冲刺，可以在终点肆意大笑，更可以在赛场下与朋友们分享喜悦或一起承担失落，最重要的是，在这里，青春、活力、友谊，都得到了体现。尤其是 4×100 米的接力赛跑，矫健的运动员们为了班级荣誉、学校荣光而拼尽全力的身影，展现出了强大的班级凝聚力和自我充满生机的精彩风貌。

运动会的成功也少不了学生裁判的努力，他们的汗水浸湿了红色的裁判服，在这些红色志愿者的努力下，运动会的秩序才会达到理想的效果，这种志愿裁判的行为也培养了明德学子的责任心，锻炼了明德学子的能力。在热情的呐喊响彻田径场时，可以看到有一群热情的观众和学生，他们不辞劳苦，为运动员们送水送药，为运动员们加油，让运动员充满了激情与热血，增强了班级的凝聚力。欢呼、呐喊、竞速共同构成了整个运动会。

（3）体育社团。

全面发展，个性张扬，学校尊重每一条生命，尊重每条生命的个性，为孩子的成长尽可能地提供发展的平台。学校目前有 25 个以上的各类学生社团，包含街舞社、滑板社等体育类的学生社团，每年的社团文化节，孩子们可以尽情展现各自所在社团的风采。

篮球场上，社团组织孩子们或"斗牛"，或 3V3；足球场上，社团组织孩子们或盘带、或射门；各种开阔地，社团组织孩子们利用滑板展现各种矫健的身姿，引来一片欢呼喝彩；室内或室外，社团组织孩子们练习、表演街舞常规或者高难的动作，引来一片啧啧称奇……丰富多彩的社团活动，让孩子们在紧张的学习生活之余，培养、展现各自的爱好与特长，也在活动开展的过程中，纾解了压力，提升了友情，素养得到了提高，个性得到了张扬。

（4）教师体育兴趣小组。

明德教师热爱体育，组成了十几个体育兴趣小组，有跑步组、健身组、瑜伽组、乒乓球组、羽毛球组、篮球组等，学校打造了教师健身房，并定期邀请专业的体育教练来校进行培训。

三、明德体育硕果累累

与时共进何所幸，热血报国当少年。1903 年，中华民族内忧外患，灾难重重。就是在这一年，明德创立，黄兴、蔡锷等仁人志士，相聚明德，执教体育，打开了明德体育文化与体育精神的宏伟篇章。自 20 世纪 20 年代以来，学校体育教育蓬勃发展，篮球、排球各项球类运动长盛不衰，有"泰安球王"的美誉，形成了底蕴深厚的体育文化传统。中华人民共和国成立后，学校的体育教育一直处于省市前列。

近年来，学校男子篮球队秉承"泰安球王"的传统，多次夺得省内冠军、海峡两岸男子篮球邀请赛冠军。2009 年，学校男子篮球队获得第十届中学生运动会男子篮球第三名；2013 年，获全国高中生男子篮球赛南部冠军、全国亚军。从 2013 年至 2023 年，明德中学男子篮球队共在各类赛事中夺得长沙市冠军 19 次，湖南省冠军 15 次，曾 9 次进入全国四强。在 2021—2022 中国初中生篮球联赛总决赛中，明德华兴中学男子篮球队再次夺得中国初中篮球联赛男子组总冠军；2022 年 8 月 31 日，中国篮协发布文件，毕业于明德中学的谢智杰、马典成两位优秀运动员，成功入选国家男篮二队集训名单；2023 年获得全国 U17 组东莞赛区冠军。

学校田径队近年来成绩优秀，夺得各类国家级、省市级冠军 40 余项，2017 年在澳大利亚阿德莱德举行的泛太平洋世界中学生运动会中，我校李鹏老师入选教练组，陈海波、史娟、范伊豪同学参加 U18 年龄组比赛，陈海波同学夺得 400 栏金牌；2021 年，肖燕参加全国第十四届运动会，获得女子 4×400 米金牌；在 2022 年传统校田径比赛当中斩获 4 金 1 银 1 铜，团体总分排名第一；参加全国中学生冠军赛共斩获 2 金 1 铜，其中刘渊在男子 110 米栏甲组第一名成绩为 14.01 秒（栏高 1 米、栏距 9.14 米），学校被评为体育道德风尚奖单位；参加湖南省第十四届运动会，共斩获 6 金 1 银 4 铜的骄人成绩，刘渊在男子 110 米栏 U18 组的比赛当中夺得第一名，成绩为 13.16 秒（栏高 0.914 米，栏距 9.14 米），该成绩当时打破了卡塔尔选手巴罗于 2018 年创造的 13.17 秒亚洲少年纪录；在 2023 年全国体育高水平运动员与运动训练单招联考中，刘渊同学 110 米栏跑出了 14.01 秒的骄人成绩，排名第一，超过了运动健将成绩（国家健将评定成绩为 14.20 秒），被湖南师范大学免试录取，并选拔进入湖南省队；李俊杰被北京体育大学录取。

学校是中国中学生跆拳道协会副主席单位，每年均获得数十枚国际、国内跆拳道大赛金银铜奖牌。2018 年，我校队员罗妙溢代表中国参加在摩洛哥举行的世界中学生跆拳道比赛夺得铜牌；2019 年我校宾斯在匈牙利参加世界中学生武博会获得铜牌。2018 年明德中学跆拳道队破历史，一举夺得全国青年跆拳道锦标赛乙组赛团体总分第一名的好成绩。2022 年中国中学生跆拳道联赛总决赛、青年乙组比赛均有金牌获得。2022 年湖南省第十四届运动会青少年组跆拳道比赛，明德学子 4 金 1 银 3 铜的好成绩，助力长沙市代表队获得金牌榜第一。

学校击剑队起点高、实力强，近年来在国家级、省级大型比赛中，夺得多个团体冠军、个人冠军。例如，在湖南省第十三届运动会上，击剑队刘俊、贺湘婷、吴瀚、邓旭等同学夺得两个冠军、四个亚军；在湖南省第十四届运动会上，击剑队夺得 2 金 3 银 1 铜的辉煌战绩。贺湘婷获得 2018 年全国击剑俱乐部年度总决赛 U16 女子佩剑个人年度总冠军。

　　2021 年学校获评"全国群众体育先进单位",被教育部授予首批"全国青少年校园篮球特色学校",并发文予以表彰;刘林祥校长获评"全国体育工作突出贡献先进个人";学校篮球、田径项目,被国家体育总局、教育部评为"国家级体育传统项目学校";成为湖南省"田径后备人才基地"和多所双一流高校"优秀生源基地";学校男篮、田径、跆拳道被长沙市教育局评定为"特色项目学校"。

　　2022 年参加湖南省第十四届运动会,明德学子共获得 13 金 6 银 8 铜的优异成绩,学校被授予"突出贡献集体"称号,彭伟、王焰钢被授予"先进个人"称号。

　　无体育,不明德;无运动,不青春。我们相信,在学校这一理念的引领下,通过对学生特长培养和特长教育,发扬体育精神,能实现教育的真谛,能促进学生全面发展,涵养生命气象,奠定学生幸福人生。

（编写:体育学科中心）

第四章　达美：无艺术，不人生

　　美育（艺术教育）是以培养人的艺术情感、技能为目标，以审美为核心，借助音乐、舞蹈、绘画、影视等载体，在向受教育者普及基础艺术知识与原理的基础上，培养受教育者健全的审美心理结构，提高其审美修养和与艺术鉴赏能力，并将其从传统意义上的"自然的人"发展为"审美的人"的教育活动。艺术教育的本质在于审美，核心也在于促进人的自由全面发展，是教育的重要组成部分。

　　"兴于诗，立于礼，成于乐。"（《论语·泰伯》）中华民族自古以来就重视美育对个人和社会发展的重要价值。从促进人的全面发展、培养担当民族复兴大任的时代新人以及弘扬中华美育精神层面看，美育在个人、社会以及国家层面都具有重要意义。明德中学在长期的教育教学实践中，坚持以美立人，以文化人，非常重视艺术教育的发展，培养学生全面发展，倡导个性张扬，在此基础上逐渐提炼、凝聚出了"无艺术，不人生"的美育理念。

一、"无艺术，不人生"内涵思考

　　北京大学哲学系教授叶朗在《美学原理》一书中写道：艺术的本体是审美意向。艺术品之所以是艺术品，就在于它在观众面前呈现出一个意象世界，从而使观众产生美感（审美感兴）。

　　就是这样一个"意象世界"，使人类实现了与自然的沟通、融合、共生共存、和谐相处；就是这样一个"意象世界"，营建了人类的精神家园，守护着人类的幸福；就是这样一个"美感"，使人类增进了对自然和生命的认知、理解和热爱；就是这一个"美感"，使人类提升了日常生活的境遇——从琐屑到隽永，从沉闷到活泼，从狭隘到豁达，从黯淡到靓丽，从干枯到蓬勃，从空虚到丰盈，从庸俗到卓越。因此，艺术是人类和生活的一部分，从某种意义上说，艺术成就了人类。

　　首先，艺术表达情感。心理学认为："情感是人对客观事物是否满足自己的需要而产生的态度体验。"英国情感史研究先驱、文化人类学者威廉·雷迪在其《感情研究指南情感史的框架》一书中，把情感定义为："一系列常常被同时激活的、联系松散的思想材料，因其太多而在短时间内无法转化为行动或话语。"常见的情感表现为：喜欢、厌恶、愤怒、悲伤、爱慕、仇恨、幸福、美感等，这些情感是我们生命的力量之源，是人性的阳光和雨露，是人类与机器最根本的区别之一。

艺术的起点和终点都是人类的情感。因此，中国现当代美学家朱光潜也说："离开情感，音乐只是空气的震动，图画只是涂着颜色的纸，文学只是串联起来的字。"

其次，艺术创造自由。人的存在是有限的，是被限制的，甚至是痛苦的。然而，通过想象和创造，艺术却可以帮助人超越有限，到达无限，进而进入自由的存在境地。中国新儒学大家徐复观在《中国艺术精神》中认为，庄子所追求的道，即天人合一（心与物冥）及无所依凭而游于无穷的自由境界，实际是最高的艺术精神。叔本华也说，在审美时，人们是非功利性的，可以暂时从生命意志或欲望中摆脱出来，从而脱离痛苦的深海。

再次，艺术赋予生命意义。尼采《悲剧的诞生》认为，世界就是宇宙永恒的生成和变化以及不断创造和毁灭个体生命的盲目的徒劳的虚幻的过程，因此世界和人生都是有缺陷的，不圆满的，没有意义的。但是，艺术却可以促使人类直视生命的痛苦和人生的悲剧，进而用审美的眼光欣赏人生悲剧的壮丽和快慰，用审美的意识看待宇宙的创造活动，领会宇宙永恒创造的快乐，并把人生想象为宇宙创造的一部分，对世界和人生作审美的辩护和肯定。总之，艺术用美把世界和人生连同其缺陷都神化了，艺术比真理对生命更有价值。因此，尼采说："艺术是生命的最高使命和生命本来的形而上活动。我们可以通过艺术赋予生命一种意义，借此肯定世界和人生。"

总之，艺术是每个人基本的、正常的和必需的行为，是人类精神生活中最有魅力的一部分；艺术更为直接地表达我们的情感，呈现更为真实的生命；艺术在有限与无限之间架起一座桥梁，给予我们精神的自由；艺术赋予生命一种意义，借此肯定世界和人生；艺术让人类回到自己的精神家园，找回人与自然融为一体的自在和幸福，让我们的人生更完整，人性更丰盈，人生更美满，缺乏艺术的人生，注定是黯淡的、干枯的、空虚的、庸俗的人生。

艺术教育（美育）在中国也有着源远流长的历史。古人云："美育群材，其犹人之于艺乎？"这是"美育"一词在中国古代文献中的最早记载。与西方古典美学相比较，从中华民族数千年文明中诞生的中华美育（艺术教育），大多表现为人生美学，强调美对人格养成、人格理想和人格崇尚的不可或缺的功用。有"以文化人""以礼教人"的谦让恭敬、安身立命之美；有"格物致知""天人合一"的超越功利、澄怀味象之美；也有"美美与共，天下大同"的与时俱进、融合和谐之美。纵观古代中国社会，无不以美作为中介，教人向上向善向美，最终获得"从心所欲不逾矩"的极致。"无艺术，不人生"，既是融汇了现代美育教育理念，也是对中国古典美育的传承与发扬。

二、"全面＋特色"明德范式

（一）各美其美——以特色教育为基，赋能个性发展

1. 音乐特色教育

学校致力于全面贯彻素质教育，让学生的个性潜质得到张扬，探索和形成了省内外有影响的明德音乐教育校本特色。

（1）学校 2008 年搬迁进入新校区以后，配套建设了高标准化的艺术馆——弼时艺术馆，为艺术教育的开展奠定了坚实的物质基础平台。一楼为展厅和艺术生舞蹈房、器乐演奏厅，二楼是音乐文化专业教室和钢琴房，三楼是美术画作展厅和美术生画室，给艺术生的专业训练和展示提供了广阔的舞台和空间。

（2）明德中学明星艺术班自 2009 年 10 月成立以来，结合学校实际情况，当时即邀请著名歌唱家李谷一、作曲家王佑贵倾情加盟，成为学校的音乐艺术教学总顾问，编写专业教材，指导学生学习。教研组密切协作，制定规划，并严格贯彻实施。

（3）在普及艺术基础知识、提高学生音乐素养方面，开足开好学校所有年级的音乐课（含音乐欣赏课）和活动课。音乐是生命的活力源泉，是灵魂的导师，让音乐的芬芳浸润所有孩子的心田，引领孩子们进入至真至纯至善的高尚境界。

（4）在音乐特长的培训方面，学校每年指定 1～2 名音乐老师负责一个年级的音乐特长生的培养，学校目前组成了铜管乐队和民乐乐队；集中艺术特长生，进行适当的艺术特长展示教育，明星艺术班除按规定开设高中全部课程外，突出专业课教学，专业教学实行专人负责；组建了音乐高考队，采取多种手段加强培训，以达到每年联考通过率不能低于 80% 的要求，并以学校名义加强与相关高等院校联系，为学生的专业成长和生涯发展构建桥梁。

（5）在比赛、竞赛项目方面，配备专人负责校舞蹈队、礼仪队、器乐队、合唱队等，做到有计划、有组织、有落实，确保师资、时间、场地、人员、经费五落实。积极组织学生参加省、市级艺术类比赛，要求各艺术团推出精品节目。

因为对艺术修为的陶冶，2019 年，学校明星艺术班的学生全员参与了献礼中华人民共和国成立 70 周年《我爱你，中国》MV 拍摄，视频在学习强国平台发布，广受好评；疫情期间，舞蹈小分队自发录制暖心视频《谢谢你，我的爱》，为"逆行者"鼓劲加油；班级合唱团受邀参加"流动的时光"——龚琳娜古诗词音乐会，为名家伴唱，与大师同台；学期末的"弦歌逐梦"汇报演出，《江姐》《绣红旗》等红色经典剧目被孩子们搬上舞台……还有许许多多的精彩正在发生。

2. 美术特色教育

明德中学从 2009 年聘请清华大学博士生导师、教授刘人岛先生为明德中学的名誉校长开始，学校美术教育逐渐成为特色领域的一块金字招牌。学校专门设立美术班，针对学生特点和美术特长进行专业培训。

（1）学校成立艺术教育领导小组，定期研究学校艺术教育工作，坚持"特色兴校，走艺术特色的办学之路，让艺术成为学校的一个品牌"的目标，形成校长负责，教育处、教务处分管，教研组具体实施的三级管理网络，齐抓共管，多管齐下，共同打造明德中学美术教育特色品牌。

（2）活动课程开设方面，在湖南省特级教师、美术教研组长刘羽平、裴洪斌等专业教师的带领下，全体老师分工协作，学校开设了美术特长生培训班、动漫学习班等课程，不仅关注特长生培训，也引导学校所有学生关注艺术，提升学生发现美、创造美的审美素质。

（3）在特长生的培养上，从起始年级抓起，制定专门教学计划，定时间，定地点，定教师，定目标。按规定开设高中全部课程外，突出专业课教学，专业教学实行专人负责。专业教学注重"请进来"与"走出去"有机结合，聘请专家、教授指导与授课，与艺术特色学校加强联系，学习成功经验，还在高三下学期集中时间进行强化训练和专业辅导，由家长或学校聘请专业教师单独或分组授课，为继续升学深造做好充分准备。

（4）形成了专业且尽职尽责的美术专业教师队伍。学校倾力进行师资队伍建设，近年来，在美术特级教师刘羽平老师的引领下，美术教师团队群策群力，取得了丰硕的美术教育成果。明德中学美术学科中心现有专业任课教师 5 人，均为年富力强的老师，承担着学校高中美术普修课和专业课的教学任务。

在上述措施的促进下，我校艺术特长生高考成绩斐然，每年都有大量的明德学生被中央美术学院、广州美术学院、清华大学美术学院等全国知名艺术学院录取。明德中学美术特长班蜚声省内外，有"长江以南最强美术班"的美誉，成为无数美术学子竞相追逐的理想殿堂。

综上所述，明德中学在艺术教育这条路上闯出了属于自己的特色。近年来，明德中学在高考升学领域，每年均向中央音乐学院、中国音乐学院、清华大学美术学院、中央美术学院等国内顶尖艺术院校输送大批人才，并涌现出在省内、国内乃至世界舞台大放异彩的一批卓有影响的优秀学子，充分体现了明德中学文化立校、特色办学的育人理念。

（二）美美与共——以课程建设为纲，实现全面辐射

十年来，学校紧密结合实际，目标明确、步骤清晰，坚持以培养学生的思想道德素质为核心、创新精神和实践能力为重点，构建了具有明德中学特色的、适应时代要求的、充满活力的特色课程实施体系；探索适合明德中学发展特点的课程方案，构建有利于学生全面发展、个性张扬和教师队伍专业成长，有利于加快教育质量优化和办出明德中学特色的学校课程体系，并以课程建设为纲，实现全面辐射。

课程建设是学校文化建设的基本载体与平台，明德中学正在实现从知识教育到文化建设的转变，以课程建设为纲，美美与共，全面辐射。国家常规课程、学校活动课程、隐性课程相结合，大小课程、长短课程、课内与课外课程相结合，充分把握课程资源和课程体系，建立个性化、特色化的校本课程体系，形成综合性、立体性、网络化的课程特点，让课程承载"全面＋特长"的学校美育文化建设。

1. 优化常规课程

（1）常规课程的基本原则：解放思想、实事求是的原则；加强学习、思想先行的原则；专家指导、科研引领的原则；以校为本、知行结合的原则；全员互动、协同推进的原则；开拓创新、以人为本的原则。

（2）课程的设置。在普及文化教育的同时，着力办好我校明星艺术班、美术班，严格按要求落实相关音乐、美术的课时。一是本着高端、精品、小班制原则，选准最佳点，研究调整专业课、文化课的课程开设比例；二是加强对学生专业学习的管理，根据学生的成长经历，建立档案，把专业考试融进每期的段考、期考之中；三是打造完备的音乐、美术教育体系，如高中三年开设有素描静物、素描头像、素描半身像、色彩静物、色彩头像、色彩风景、单人速写、场景速写、设计素描、设计色彩、创意图形等专业课程，根据不同学生的年龄阶段做出相应的教学安排，教学目标明确，专业性和兴趣相结合，重视基本功的训练，更是对每个不同的学生进行有针对性的教学，真正为学生将来的发展打下扎实的基本功。

此外，明星艺术班、美术班教育教学与文化班级同步，每周三下午到晚上、周日下午到晚上为专业课程时间，寒暑假安排集训课程时间。

2. 强化活动课程

（1）学校为孩子们量身定制了以"我的艺术人生"为主题的生涯规划系列课程与活动，引领孩子们坚定信念，超越自我，实现自己的艺术人生。比如在高一阶段，组织了家国篇"做中华文化的传承者"活动课，孩子们不仅仅明白了自己的使命，也让家国情怀深深扎根于每一颗心灵；组织了实践篇，让孩子们通过各种舞台的磨砺，真正成为舞台上的王者。

（2）打造"明德百家讲坛"，邀请各类专家或学者来学校给孩子们做讲座。如每年定期邀请湖南师范大学、湖南省艺术职业学院、湖南省歌舞剧团、湖南省花鼓剧团、湖南省杂技团、湖南省群众艺术馆的专家、老师为明星艺术班学生讲学、指导。

（3）学校专门开设音乐、书法、绘画活动课，加强对学生在日常学习生活中的艺术熏陶，提高艺术素养；每天晚自习之前还有 10 分钟书法练习时间，学生集中进行书写练习，既提升了学生书写规范水平，也在书写过程中怡情养性，陶冶情操。

（4）组织学生积极参与社会实践活动，如 2011 年组织明星艺术班师生赴悉尼歌剧院演出，以及亚洲音乐舞蹈艺术节、长沙洋湖湿地公园的专场演出、武冈社会实践活动等都给专业生提供了广阔的舞台。组织美术班赴湘西凤凰、边城，洪江古商城，岳阳张谷英村，江西婺源，安徽屏山等地写生采风，并举办优秀写生作品展。今后也将引导学生更多地参与这些活动，深入社区、服务大众，在活动过程中提升专业素养，促进专业成长。

（5）通过奖励和惊喜的系列活动课程贯穿孩子们快乐的高中学习生活。写一封信，配上抓拍的各种瞬间，精心制成美篇，让孩子们觉得，原来努力的样子才是最美的；拍摄一个视频，让孩子们成为主演、主唱；组织孩子们看一场演出，听一场音乐会，如 2023 年长沙音乐厅的《花样年华》音乐会就有明德中学音乐班学生的身影；通过观摩大师们的演出，打开了孩子们的眼界，也进一步坚定实现自己艺术人生的信念。

3. 开发隐性课程

（1）强化来自明德传承的力量。每学期集训，邀请北京、上海各大知名院校小分队的学姐学长们返校，分享她们艺术人生中的各种酸甜苦辣，或者担任音乐、美术集训的助教老师，在这过程中孩子们耳濡目染，理想与信念进一步沉淀与升华。

（2）世事洞明皆学问，人情练达即文章。组织学生进入社会大课堂，如学校定期组织美术班学生外出研学、采风。在山水之间领略自然之美，领悟中国传统水墨画的丹青技巧；在雕梁画栋之间领略建筑之美，领悟传统与现代建筑设计理念的碰撞。

（3）积极做好家校联动，开展社会实践等隐形课程，形成合力，共同致力于孩子的专业成长。特色班班主任们都会定期家访，从信任出发，带着一颗"父母心"给孩子们做好顶层设计，想家长之所想，忧家长之所忧。每学期结业典礼上，给家长颁发孩子们用心制作的奖状："最暖心付出奖""最具正能量奖""最低调付出奖""最专业付出奖""最默契父母奖"等；每年一次的亲子研学活动、社区实践活动，大家在共处的时间里，不同的家庭教育背景和理念，发生思想的碰撞，彼此取长补短，和孩子一起成长。

三、明德美育硕果累累

明德中学落实"立德树人"的根本任务，改进美育教学，提高学生审美和人文素养。坚持以美育人，面向全体学生，丰富学生审美体验，提高感受美、发现美、鉴赏美、创造美的能力。在"无艺术，不人生"的理念引领下，学校美育在办学成果、办学模式、办学特色、办学辐射、人才培养等方面都取得了一定的成绩，已然成为明德中学一张闪亮的名片，明德美育，硕果累累。

日前，从美国伯克利波士顿音乐学院（The Boston Conservatory at Berklee）传来喜讯，我校 2015 届明星艺术班 K401 班毕业生汪惠钰以优异成绩考入该院，并将获得每年 24000 美元的优秀学生奖学金；我校 2016 届明星艺术班 K425 班毕业生肖荣俊同学作品"楚囚"获第三届大学生经典诗词原创歌曲大赛一等奖，原创作品《烁》在弗朗茨·舒伯特国际音乐大赛中荣获创作金奖。

在实现"全面＋特长"明德范式的道路上，明德教育人上下求索，不断前行，注重学生全面发展，支持学生个性张扬。学校在艺术教育这条路上闯出了属于自己的特色，涌现出"中国好声音"全国亚军郭沁、湖南省企鹅星主播决赛冠军李林谦等一批卓有影响的优秀学子。2022 年，学校《书生的骨头》节目作品获得长沙市中小学生艺术展演中学组戏剧一等奖第一名，《陌上桑》《天空》两个作品获得长沙市中小学生艺术展演中学组声乐一等奖第三名，节目作品一经演出，引起广泛关注。还有长沙市中小学生班级合唱比赛一等奖，长沙市中小学生独唱独奏独舞比赛中 26 名学生获得一等奖。同样是 2022 年，北京冬奥会开幕式盛大举行，明德学子李昀宣成为舞蹈《构建一朵雪花》的参演者之一，手举各参赛国（地区）雪花型引导牌进行表演，灵动的舞蹈与绚烂的光影汇聚在一起，向世界展示中国的魅力，在整个冬奥会期间，有 10 名明德毕业的学子，参加了冬奥会的表演、翻译等各类志愿服务活动，展现了明德学子在更大舞台上的靓丽风采，也昭示着明德美育的累累硕果。

十年来，我们为全国一流艺术院校输送了超过 700 名的优秀学子。2022 年明星艺术班共 35 人全程参加湖南省艺术联考，其中 27 人参加音乐类考试，8 人参加舞蹈类考试，所有参考学生全部过湖南省本科线。其中曹雅琪（器乐）、胡焱埔 2 位学生（器乐）均以 286 的高分夺得音乐类联考全省并列第一名，熊茜曦同学（声乐）以 283 分获音乐类联考全省第 11 名，肖卓雯同学（器乐）以 280 分获音乐类联考全省第 64 名，彭楠同学（舞蹈）以 273 分获舞蹈类联考全省第 44 名。K506 班共 18 人次获得全国前 10 名的好成绩，共领到各大院校合格证 42 张。

2023 届明星艺术班联考，其中器乐类、舞蹈类学生均实现本科上线，其中器乐类 13 人参考，280 分以上 2 人，270 分以上 10 人，平均分 276 分；声乐类 15 人参考，270 分以上 2 人，平均分 265.86 分；舞蹈类 12 人参考，270 分以上 3 人，平均分 263.08 分；K534 班学生 40 人，8 人次获得全国前 10 名的好成绩，共领到各大院校合格证 35 张。

另外，2022 届省联考最高分 268 分，全部实现本科上线。在校考中，共取得校考合格证 40 张，其中清华大学美术学院 3 人、中央美术学院 6 人、中国美术学院 4 人，最终被清华大学录取 1 人、中央美术学院录取 6 人；2023 届省联考 270 分以上 4 人，260 分以上 15 人，250 分以上 32 人，中央美术学院共有 15 位学生美术专业合格，清华大学美术学院有 4 位学生进入复试。我们可以自豪地说我们的美术班是长江以南最强的美术班，我们可以自豪地说我们的"全面＋特长"模式是最好的明德范式。

学校的美术教育经历了长足的发展，在省内独树一帜，名列前茅。美术班自办学以来，有陈乘、李珏芸等 12 人被录入清华大学美术学院，黄钰、邹源等 60 人被录入中央美术学院，雷圣好、朱培菁等 25 人被录入中国美术学院，还有一大批学生被录入全国其他美术学院、艺术院校和同济大学、复旦大学、中国传媒大学、武汉大学、厦门大学、江南大学等全国一流的 985、211 高等院校。

无艺术，不人生。2018 年 9 月 10 日，习近平在全国教育大会上强调："培养德智体美劳全面发展的社会主义建设者和接班人。"美育的作用愈加凸显和不可替代。美是人们在主动性实践与创造中，生命获得自由的表现，能够作用于人的思想和精神，对培养人的感知能力，发展人的情感能力，激发人的想象能力，建构人的智能结构，都有着重要的调节整合作用，能够使人的心理结构获得统一和完整。明德方兴，在不断普及和深化美育的道路上，我们任重而道远。

（编写：教育处、音乐美术学科中心）

第五章　尚劳：无实践，不真知

习近平总书记强调："要在学生中弘扬劳动精神，教育引导学生崇尚劳动、尊重劳动，懂得劳动最光荣、劳动最崇高、劳动最伟大、劳动最美丽的道理，长大后能够辛勤劳动、诚实劳动、创造性劳动。"劳动教育是中国特色社会主义教育制度的重要内容，直接决定社会主义建设者和接班人的劳动精神面貌、劳动价值取向和劳动技能水平。

2020年10月13日，中共中央、国务院印发《深化新时代教育评价改革总体方案》，其中明确强调了劳动教育的地位，并提出要"加强劳动教育评价。实施大中小学劳动教育指导纲要，明确不同学段、不同年级劳动教育的目标要求，引导学生崇尚劳动、尊重劳动。探索建立劳动清单制度，明确学生参加劳动的具体内容和要求，让学生在实践中养成劳动习惯，学会劳动、学会勤俭。加强过程性评价，将参与劳动教育课程学习和实践情况纳入学生综合素质档案"。

一、思想理念

明德中学创始人胡元倓先生曾云："养成中等社会，实立国之本图，惟其事稳而难为。公倡革命，乃流血之举；我为此事，则磨血之人也。"胡元倓等正是以"磨血"的精神来办好明德学堂。近年来，明德人承前人之志，以习近平新时代中国特色社会主义思想为指导，全面贯彻党的教育方针，落实全国教育大会精神，在教育中坚持立德树人，坚持培育和践行社会主义核心价值观，把劳动教育贯穿于家庭、学校、社会各方面，与德育、智育、体育、美育相融合，紧密结合经济社会发展变化和学生生活实际，积极探索具有中国特色的劳动教育模式，创新体制机制，注重教育实效，力求实现知行合一，促进学生形成正确的世界观、人生观、价值观，通过劳动教育，使学生能够理解和形成马克思主义劳动观，牢固树立劳动最光荣、劳动最崇高、劳动最伟大、劳动最美丽的观念；体会劳动创造美好生活，体认劳动不分贵贱，热爱劳动，尊重普通劳动者，培养勤俭、奋斗、创新、奉献的劳动精神；具备满足生存发展需要的基本劳动能力，形成良好劳动习惯。

在劳动教育实践中，明德人精准把握育人导向、严格遵循教育规律、明确体现时代特征、努力强化综合实施、始终坚持因地制宜，针对不同类型学生特点，结合时节与本地特色，设置了一系列劳动教育活动，多渠道拓展实践场所，在保障学生安全的前提下，开展了多层次、多元化的劳动教育活动，充分利用各方面资源，通过亲身参与、身体力行，激发学生劳动的内在需求和动力，提高学生劳动能力，增加劳动技能，增强劳动意识，将"劳动"的种子根植于学生的生命底色之中，使"劳动"之花绽放在学生的人生道路上。

二、具体做法与实践特点

（一）游戏竞赛

为开阔学生视野，让学生在与学校教育不同的生活场景中去实践学习所得，提升学生发展的核心素养，培养青年学子德智体美劳全面发展，践行劳动教育，长沙市明德中学高二年级全体师生组织开展了以"体验农耕文化，传承劳动精神"为主题的研学之旅。2021年5月，明德学子整装以待，出发前往梅田湖开展实践活动。开营仪式开始，授予班级生产队旗，分配生产队。"生产大队"是中国农村十分重要的组织体系，促进了中国农村劳动生产及分配。分配生产大队之后，学生们就开始体验"工分制"的乐趣了：

罗马架炮——如何搭建牢固的炮台？怎么样减少炮弹的损耗？实践出真知，脑力与四肢配合，学生们扎扎实实体验了一场户外的"战争"！

浑水摸鱼——徒手抓鱼，鱼儿环绕身旁，如何出其不意地抓到肥美的鱼儿饱餐一顿，学生们争先恐后，各显神通！

水田插秧——"一粥一饭当思来之不易"，艰苦奋斗的精神我辈当牢记。运用所学知识，想想如何可以使秧苗插得更整齐呢？

闹农耕——滚铁环、推土车、挑箩筐等体验，是农忙时节少年们的回忆，闹农耕使学生们走入劳动教育的深处，体会劳动快乐。稻草DIY也充分展现了学生们的动手能力。

竹筏泅渡——"长风破浪会有时，直挂云帆济沧海"，齐心协力共赴胜利彼岸，更能深刻体会团队协作的重要性。

篝火晚会——停下忙碌的脚步，观赏一场晚会，大家会发现平时不爱说话的学生，也会有多才多艺的一面。不经一番寒彻骨，怎得梅花扑鼻香。

明德中学一向秉承"坚苦真诚"的校训，注重培养学生坚忍刻苦、真实诚恳的优秀品德。为磨炼学生意志、树立学生正确的劳动观和职业观，学校与麓山国际研学合作，探索社会实践拓展活动型课程，丰富学生生活体验，磨炼学生品格意志。2020年11月30日，明德中学高一年级前往浏阳梅田湖研学实践基地开展秋季研学活动。本次研学之旅以"研学农耕文化，领略乡土乡情，体悟劳动丰年"为主题，分为三大课程群——农事劳作、美好生活、劳动创意。梅田湖研学实践基地，属地古港镇梅田湖村，位于长沙市浏阳市东部，是省旅游名村，总面积 154 平方公里，有耕地面积 23282 亩，其中水田 21302 亩。在以田园风光为依托，以劳动教育为主题的松山屋场，研学活动多姿多彩，学生们在经过了专门训练的教官引领下，一起下田干农活，切实体味劳动欢乐；在得到了统一培训的农嫂子指导下，与农家一起煮饭炒菜，共同感受农村生活。

在农事劳作课程板块中，学生们开始了研学的第一堂课——古法刨丝。中国传统工艺是几千年来世代手工艺匠人的智慧结晶，这次学生们一起体验到的是流传千年的"鲁班刨"，动手体验后再品味地道浏阳特色美食"薯丝饭"，浓郁的农耕文化和劳动人民的智慧令人赞叹。第二堂课为牛耕犁地，"春牛春杖，无限春风来海上。便丐春工，染得桃红似肉红。"苏轼笔下的牛耕是在春日的田野上，而在寒意已有些料峭的深秋，我们也得以体验一次乡间牛耕，天地间一人一牛，这是延续了千年的人与自然相处模式，也是一份流传了千年的乡情。第三堂课是夯土劳动。夯土，是中国古代建筑的一种材料，结实、密度大且缝隙较少的压制混合泥块，用作房屋建筑。我们看到的万里长城、故宫、马王堆汉墓、秦始皇陵这些古建筑，它们的地基都是夯土。学生们分组合作，挖土、担土、夯实，体会这项千百年来的建筑技艺。

在美好生活的课程板块中，学生们开始了第四堂课：中餐——浏阳蒸菜。来到浏阳，怎能不品尝浏阳蒸菜呢！起源于明朝，历经 500 多年发展的浏阳蒸菜，是湖南的传统名吃。有很多菜品随意挑选，在蒸制过程中以水渗热、阴阳共济，保留了最纯粹的原味。中午，学生们在农家品尝了最地道的浏阳蒸菜，为下午的劳作补充能量。餐后，学生们还在乡间进行了垃圾分类宣传。

第三板块课程为劳动创意，学生们开启了最为激烈刺激的第五堂课——竹筏竞赛。穿行在溪流浅滩间，竹筏是最轻便最灵活的水上交通工具。经过教官的培训后，学生们在保证安全的前提下开展了一场激烈的竹筏竞速赛——团队协作、手脑结合，只有配合最默契的组合才能最快到达终点。第六堂课与劳作实际紧密结合——撒网捕鱼。洞庭湖畔是我们的家乡，长江中下游纵横密布的水道加上得天独厚的热量条件，使"鱼米之乡"的美名绵延数代。抬手、撒网；撸起裤管，向泥水中的目标扑去……与鱼儿的"追逐战"像是一次久违的儿时打闹，又像是一堂妙趣横生的生物＋体育＋劳技课。第七堂课是稻草艺术，叶圣陶先生的《稻草人》是我们每个人启蒙课本中的必读课文——如今，赶虫赶鸟等已经可以由现代科技代劳，稻草人则演变成了一项传承下来的民间艺术。不同的手法、多样的创意，在文化传承人的带领下，学生们更是发挥自己的想象力和动手能力，创造出一个个活灵活现的可爱人儿！到这里，充满了汗水和笑声的梅田湖研学之旅圆满结束了。

（二）职业体验

为了开阔学生的社会视野，丰富课余生活，实践学习知识，培育对于劳动者的崇敬之情，2021 年 12 月 19 日，明德中学高二年级学生结合当地实际，开展"走进 500 强、感受劳模精神"

社会实践活动。参观之前，学生们在湖湘劳模工匠馆的前坪上开展了团建活动，大家整齐有序地在教官指挥下开展活动，在拓展环节绽放光彩，现场活力四射。紧张刺激的活动让学生们不仅锻炼了交流沟通能力，也增强了团队的凝聚力。在湖湘劳模工匠馆的参观过程中，学生们无不感叹于湖湘大地上劳模工匠的伟大精神，他们的每一个成绩的取得、每一次进步与收获，都付出了巨大的努力。每一位劳模背后都有一段艰辛和执着的奋斗历程，每一位劳模的成长都是一段光辉的奋斗史。其中，学生们被党的二十大代表、湖南华菱湘潭钢铁有限公司技术质量部焊接顾问艾爱国同志的经历深深震撼了，在焊工岗位50多年，为我国攻克焊接技术难关400多个，被评为全国道德模范，荣获"七一勋章"、全国五一劳动奖章、中华技能大奖等。他常看的技术书籍达100多册，做的工作笔记有几十万字。他提炼先进操作法4项，获国家发明专利3项，国家实用新型专利1项。撰写并发表了多篇论文，与他人合作编著《焊接技术及自动化》等书籍。焊接生涯中，艾爱国先后为我国冶金、军工、矿山、机械、电力等行业攻克焊接技术难关400多个，改进焊接工艺100多项，为全国7个省区市的24家企业无偿解答技术难题40多个。"做事情要做到极致、做工人要做到最好。"大国工匠初出茅庐时的铮铮誓言萦绕在学生们的心头，留下的不仅是风采，更是家国使命与卓越精神。在湖湘劳模工匠馆，学生们怀着满腔的兴奋与期待走进了工匠精神体验馆进行下一个项目——手工篆刻。学生们正认真细致地一刀一锉地雕刻着小篆体。大家拿着沉甸甸的青田石，收获了满满的成就感，脸上浮现出阳光动人的笑容。

为弘扬我校"坚苦真诚"校训，向社会奉献明德学子的爱心，学生们当提高实践能力，加强思想建设；关爱老人，为构建和谐友爱的社会奉献自己的力量；服务社会，让更多人领略到志愿活动的意义，让每个志愿者尽到自己的义务，并彰显明德学子优秀品质。2022年寒假，明德中学与"长沙火车南站志愿中心"联合策划了"冬日构和谐，青春暖人心"高铁站志愿服务活动。志愿者们身着全套明德校服，戴志愿帽，全程听从指挥，高效高质地完成了所分配的工作，展现了明德学子卓越的素质品质。活动结束后，K453班的学生表示："当一个志愿者真的很快乐。每个人或多或少都喜欢得到别人的认可，都想体会到自己存在的价值，这两点给人们带来的快乐足以让人们忽视实现这两点给人们带来的痛苦，而志愿者活动就是给了我们一个得到别人认可，展现自我价值的平台。当终于看懂车票的老爷爷向我们竖起大拇指时，我们为自己所尽那点微薄之力能帮助老爷爷感到欣喜；当一位在外打工的大伯拿着手中的车票笑呵呵地对我们说：'我买到票了，谢谢你们'时，我们惊喜于自己这么容易就能给别人带来方便和快乐……现在想来，心里还是甜滋滋的。其实，令我们快乐的除了乘客的笑脸，还有与伙伴相处的愉快，以及伙伴间快乐的回响。"

当学生们亲身经历了火车站志愿服务后，大家越发体会到无论身处在何种岗位上，身上都肩负着一份重要的责任。"为人民服务"是每一位火车站工作者铭记于心的工作准则。这是他们身上的闪光点，同时也是我们这一代青年人所要学习的品质。在不久的将来，面对充满挑战的现实社会，明德学子会谨记，更会努力！

2021年9月30日下午，一辆大巴缓缓驶入湖南省少年儿童图书馆，车上载着长沙明德中学 K538 班 53 名高中生。为了滋养学生对于书香文化的认知，培养学生吃苦耐劳、热爱书籍的品质，我校与湖南省少年儿童图书馆联合开展了劳动实践研学活动，明德学子是"双减"政策实行后，首批来到湖南省少年儿童图书馆开展图书馆实践活动的高中生。活动开始前，学生们观看了本馆阅读宣传片。馆党总支书记、馆长金铁龙在欢迎仪式上，热情欢迎大家的到来，简短地向学生们介绍图书馆的基本情况和图书馆的社会作用，鼓励高中生多参加公益志愿服务劳动，并对他们提出希望："希望同学们通过接触图书馆、了解图书馆，进而热爱图书馆，乃至在你们高考的时候报考图书馆专业，将来从事图书馆工作，当上图书馆的馆长和各类专家！"简短仪式之后，学生们被分配到图书馆借阅服务部二楼、三楼各个借阅室，由各室老师指导他们开展了为期半天的图书馆劳动实践。学生们认真、积极的劳动态度，得到了图书馆工作人员的赞扬。

（三）慈善募捐

为了秉承中学生应当担起的责任与义务，培养勤俭节约的良好品质，同时增强自身的社会认知，在帮助他人的同时，为他人带来一片心灵的绿洲，提高中学生的对外社交能力、自身素养以及丰富认知，培育中学生的正能量和良好的价值观，2022 年 1 月，明德中学志愿团与学雷锋志愿发展中心、芙蓉区德政园社区共同设计筹划"弘扬雷锋精神，续写爱心华章"主题义卖活动，鼓励大家将闲置的物品整理出来免费出售，其义卖基金用于救助先天性智力缺陷儿童，不仅使资源流动起来，发挥它的最大效用，同时还能够帮助他人。爱心义卖活动帮助学生们增强了助人为乐和勤俭节约的意识，弘扬雷锋精神，传递爱心，帮助处于困境中的孩子。

（四）微光善举

"一屋不扫，何以扫天下"，为培养学生的劳动意识，鼓励在家进行相应的家务劳动，在参与中提高劳动能力，养成劳动的习惯，培养具有正确劳动价值观和良好劳动品质的时代新人，2022 年寒假期间，明德中学开展了暖冬系列活动之一——"勤工助学我行动"。学生们拿起拖布、戴上手套、挥动锅铲……一件件小小的家务承载的是满满的成就感，活动中学生们不仅收获了技能，更理解了父母的辛劳，懂得了家庭的责任。

为提升学生的责任担当意识，2022 寒假暖冬系列活动之一——"志愿者服务我践行"对明德学子提出倡议与要求：以个人或家庭为单位在社区开展环保宣传或实践，开展垃圾分类入户宣传和桶边指导志愿服务等活动，鼓励创新。参加活动后应到所居住社区（村）积极进行志愿者登记注册。同时，开展邻里守望志愿服务活动，深入所在社区，以孤寡老人、空巢老人、残障人士为重点做好结对帮扶，主动上门提供打扫卫生、置办年货等服务。开展"情暖童心"志愿服务行动，为孤残儿童、农村留守儿童、城市流动儿童提供生活照顾、学业辅导、亲情陪伴等服务。

三、成果影响

（一）明德的劳动教育培养了学生爱国主义情怀

"人既发扬踔厉矣，则邦国亦以兴起。"家国情怀以中华民族精神为核心，以爱的情感为主调，彰显改革开放的时代强音和民族复兴的伟大梦想，是一种纯洁高尚、浓烈深沉的胸襟情怀和巨大的精神力量。劳动教育，是完成立德树人根本任务的需要，也是彰显劳动价值的需要，更是国家全面建成小康社会、实现伟大中国梦的需要。中国特色社会主义一路风雨砥砺前行，其站起来、富起来到强起来的发展历程无不凝聚着广大劳动者的智慧和汗水、奉献和担当。正是亿万人民群众的团结奋进和劳动创造，才推进了国家进步、才增强了民族自信。"民生在勤，勤则不匮。"站在新的起点上，面对复杂多变国际国内形势的考验，推进中国特色社会主义事业伟大实践，需要引导学生树立正确劳动价值观，弘扬劳动精神，锻造劳动品格，培育劳动情怀，增强劳动技能。在新的时代，"实干兴邦""创造伟大""以劳动托起中国梦"，需要培养德智体美劳全面发展的、高素质的社会主义建设者和接班人。我们必须回应时代的需求，准确把握新时代劳动教育的精神实质和深刻内涵。2022 年春节即将到来时，"崇德向善迎新春　红红火火过大年"阳光假期活动中的"爱国主义教育我感怀"，一项聚焦"习近平总书记湖南调研讲话精神""湖南红色文化""湖湘传统文化底蕴""湖南精神""湖南革命故事"等主题内容，开展以家庭为单位的"学先锋、做先锋""寻先辈足迹""探寻湖湘精神"等主题研讨。爱国的号角乘着春风吹入一个个明德学子的家庭，最淳朴的爱国之情在这里生发，家是最小国，国是千万家！

（二）明德的劳动教育培养了学生责任担当意识

"要做起而行之的行动者，不做坐而论道的清谈客；当攻坚克难的奋斗者，不当怕见风雨的泥菩萨。"习近平总书记勉励的话语声声入耳。"担当"一词成词于宋代，但纵观历史，担当作为一种精神，深深根植于中华优秀传统文化的土壤中，既有"士不可以不弘毅，任重而道远""路漫漫其修远兮，吾将上下而求索"的情怀信念；又有"明知山有虎，偏向虎山行""千磨万击还坚劲，任尔东西南北风"的迎难而上；更有"利于国者爱之，害于国者恶之""苟利国家生死以，岂因祸福避趋之"的敢于斗争……从保家卫国到见义勇为，从救死扶伤到舍己为人，中国这片土地上从来不缺乏敢于担当者。而支撑这些壮举的，是他们心中那份为国为民的家国情怀，那份割不断、扯不开的责任牵挂。责任就要担当。担当不是高大上的词语，不是只有英雄才能担当，每一个平凡人扛起自己的责任，就是担当。社区中辛勤行走的"团徽"、高铁站一个个忙碌的身影、家里稚嫩却热情的小帮手，无论在社会还是家庭，明德学子都敢于担当起自己的使命、承担起自己的责任，有一分力，发一分光！"一代人有一代人的长征，一代人有一代人的担当"，历史的车轮滚滚向前，每一代人都会面对新局面，遇到新挑战，都会承担起新使命，创造出新成绩，我们期待着今日的明德学子，成为明日中国的栋梁，在华夏大地上书写属于他们的历史与篇章！

（三）明德的劳动教育培养了学生吃苦耐劳精神

"君子之处世也，甘恶衣粗食，甘艰苦劳动，斯可以无失矣。"吃苦耐劳是中华民族的传统美德，也是年轻人就应具备的优良品质之一。从现实生活来看，吃苦耐劳精神永远不能丢。作为祖国未来的劳动者，不仅仅要把这一宝贵财富永远记在心上，更要将其落实到自己的工作与学习中。沉下心来，从一个个平凡的岗位上干起；扎扎实实，从一件件琐碎的小事上做起。不畏艰辛，不辞劳苦，坚持下去，必会大受其益。研学旅行实践教育活动虽无"案学之劳神"，学生们却经受了"晒其肌肤、劳其筋骨、痛其心智"的考验，这些考验将转化为成长的动力，让明德学子在以后的人生道路上走得更坚定！从校园里走出来，来到离土地更近的地方，体验我们祖祖辈辈更加熟悉的生活方式，我们更加深切地体会到了为什么劳动光荣，为什么需要勤劳奋斗，对校训"坚苦真诚"也有了更深刻的认识。回到校园生活后，这段短暂却深刻的回忆一定会无比长久地影响着学生们。在学习生活中，明德学子更能持续发扬劳动人民的精神，脚踏实地、用耕耘创造收获！

（四）明德的劳动教育培养了学生勤俭节约品质

"一粥一饭，当思来处不易；半丝半缕，恒念物力维艰。"习近平总书记一直高度重视和提倡"厉行节约、反对浪费"的社会风尚，对切实加强引导和管理，培养学生勤俭节约良好美德等提出明确要求。青少年是祖国的未来，养成勤俭节约的生活习惯，意义绝不只在减少浪费，更重要的是夯实未来社会风气的基础、个人奋斗的基石。"俭则约，约则百善俱兴；侈则肆，肆则百恶俱纵。"铺张浪费、奢靡挥霍，糟蹋的不仅是物质财富，更会侵蚀民族精神大厦，腐蚀社会风气。节约是美德，节约是财富，拒奢尚俭无论对国家还是对个人而言都是不可或缺的价值支柱。"不论我们国家发展到什么水平，不论人民生活改善到什么地步，艰苦奋斗、勤俭节约的思想永远不能丢。"爱心义卖活动帮助学生们增强了助人为乐和勤俭节约的意识，弘扬雷锋精神，传递爱心，帮助处于困境中的孩子。艰苦奋斗、勤俭节约是中华民族的"传家之宝"，不仅在物资匮乏的年代要做到，在生活优渥的时候更加需要坚守。当节俭美德、节约行动获得更为持久的生命力和影响力，我们的生活一定会更加幸福美好，我们的祖国一定会更加繁荣富强。

铭记劳动光芒，书写人生华章。高尔基说："文明的高度始终是同热爱劳动密切联系着的。"劳动教育是明德教育事业中永恒的话题，能够发挥出独有的育人功效，有助于提高学生的劳动技能，为将来学生成为优秀的高素质人才夯实了基础，也成了学生全面发展的有力推手。明德中学通过丰富多彩的活动，形式多样的劳动，让教育不仅发生在课堂里、书本中，更萌芽于教室外、双手中，一场场震撼人心的参观，一次次身体力行的实践，劳动从来不是乏味而痛苦的，明德用游戏竞赛、职业体验、募捐慈善等方式将劳动的感受与快乐的记忆紧紧结合在一起，将家国情怀、责任担当、吃苦耐劳、勤俭节约渗透在学生的一言一行中，今日在劳动的汗水中浸润过的明德学子，将注定成为未来的华夏脊梁。

（编写：团委）

第六章　融合：陪学生遇见更好的自己

一、基本情况

随着新课程改革的深入、新高考制度改革的逐步推进，生涯教育应运而生。

2018 年秋季，学校正式开启了生涯教育课程。在伍卓林副校长的领导和指导下，投入生涯教育的共 8 人，他们是彭祎昀老师、房海老师、张海娥老师、谢颖老师、徐波老师、陈谦文老师、李峰老师和陈立军老师。后来，随着生涯教育的深入人心，越来越多的老师开始喜欢并重视生涯教育，目前，生涯教育团队成员共有 45 人。这 45 位老师，分成 7 个小组，分别是生涯基础课程组、生涯教育与学科融合课程研发组、生涯测评组、学生生涯教育活动组、家长导师生涯讲座活动组、生涯团队成员读书分享活动组、生涯团队公众号制作组，每位老师可以参与多个小组的活动，大家齐心协力，多方发力，生涯教育工作做得风生水起。我们投入时间最多、所花精力最多、更多老师参与的重点项目是生涯教育与学科教学的融合。

二、思想理念

明德中学以《国家中长期教育改革和发展规划纲要（2010—2020 年）》提出的"鼓励职业生涯教育在普通高中内开展"为依据，以《普通高中课程方案》"建立学生发展指导制度，加强对学生的理想、心理、学业、生活、生涯规划等方面的指导"为指导，自 2018 年秋季始，明德中学生涯教育团队结合学校实际，努力探索生涯教育的策略、路径等，科学而系统地开展生涯教育，向学生提供生涯规划教育指导，帮助学生优化选科方案，规划学业与生活，助力学生全面发展，健康成长。

明德中学本着"为孩子的终身发展和幸福奠基"的教育理念，

遵循"发现自我、唤醒潜能、科学规划、助力成长"的生涯规划理念,通过生涯规划指导教育,帮助学生确立当下的奋斗目标和未来的职业理想,力争引导每一位学生努力成长为"明明德,忧天下;知格物,显人文;铸思想,扬个性"的时代英才。

三、具体做法

一个宗旨:让学生遇见更好的自己

每一个人,每一株植物,每一只动物都有一个天生的使命——完成如其所是的自己。玫瑰不会用天堂鸟的形式完成自己,即使天堂鸟是七彩夺目的;大象不会用蜂鸟的形式完成自己,即使蜂鸟是轻盈灵巧的。唐代一位伟大的禅师说:"当一个人是自己的主人,则不管他身居何处,他都忠实于自己而行为。"当一个人能够以自身原本的面目去生活的时候,生命自身的完成就是一种至深的乐趣。伍副校长反复强调,只有让每个学生遵从自己的内心,看到那个如其所是的自己,做自己人生的导演,才能遇见更好的自己。

两大序列:生涯导师队伍建设与学生综合素质培养

随着社会的发展,我国普通高中教育的任务在不断扩大、深化,已经由 20 世纪 50 年代形成的准备升学与准备就业的"双重任务"逐渐发展成为成人做准备(人格教育)、为未来公民做准备(公民教育)、为终身发展做准备、为升学做准备、为就业准备的"五项任务"。要完成这五项任务,需要教师跟上时代的步伐,面向全体学生,既要关注学生阶段性的学业,引领学生适应升学与就业的需要,更要关怀学生的整个人生,着眼于学生的终身发展。需要学生提升综合素养,向内探索自我,能充分认识自我挖掘潜能,最终实现自我;能勇敢探索外部环境,认识社会,服务社会,成长为既关注个人幸福又关心社会福祉的人。

1. 生涯导师队伍建设

生涯教育作为高中教育的重要组成部分,其实施是一项系统工程,需要强有力的师资队伍保障,才能落到实处。

(1)加强培训,积极培养生涯导师。

在伍副校长的努力下,学校多次把专家请进来给老师们进行培训,特别是 2019 年暑假和 2020 年暑假分别进行了两次为期 4 天的生涯导师培训。培训之后,老师们积极学习,主动探索,圆满完成了生涯导师培训的学习任务,先后有近 50 位老师拿到了生涯导师证书。

(2)加强自学,努力提升生涯指导能力。

生涯教育于学校教育是一个新生事物,并没有专职的生涯教师,把专家请进来的机会较少,老师们外出学习的机会也很有限。面对这一困境,伍校长鼓励老师们加强自学,一方面,加大生涯教育团队的教研力度,将生涯教育融入学科教学之中,不断提升老师们的生涯教育理念与教育能力。另一方面,组织老师们开展读书会,伍校长亲自参与读书会,和老师们一道,一本一本地啃,一期一期地读,从生涯教育书籍中汲取营养和智慧,老师们的教育视野得以开阔，教育理念得以提升。

2. 学生综合素质培养

教育部发布的新修订的《普通高中课程方案》及课程标准更关注学生素养的培养及各学科核心素养目标的达成。中国学生发展核心素养框架也提出，学生应具备能够适应终身发展和社会发展需要的必备品格和关键能力。生涯规划教育的三大内容——自我探索（兴趣、个性、价值观、能力等）、外部探索（职业、大学、专业、家庭等）和能力培养（自我管理能力、生涯决策能力、人际交往能力等），对学生综合素质的培养起着至关重要的作用。学校主抓这三大内容，指导学生学会健康、学会学习、学会做人、学会生活，学生在未来取向、积极主动品质、学习幸福感、生涯成熟度等方面有了很大的提高。

三维发力：全面推进生涯教育

生涯教育作为一个系统工程，需要家庭、学校、老师都认识到其重要性并积极地行动起来。为此，明德中学从推进教育伊始，就从教师指导、学生主导、家长协导等三个维度发力，帮助学生全方位地深入了解自我、认识世界、关注未来，为成就自我服务社会做准备。

1. 教师——生涯规划的指导者

教师做学生生涯规划的指导者，关注学生的人生目标和理想，关注他们的兴趣、性格、能力背后的个体情绪、生命潜力和人生的多元选择，关注他们的责任与担当所折射的价值观，关注学生的家庭环境和社会环境对学生的影响等，从梦想、兴趣、能力、性格、价值观、家庭与家族、专业与职业引导学生认识自我、认识世界，从而发展自我、成就自我。

从生涯教育的基本课程入手，指导进行内外探索；从生涯教育与学科教学的融合入手，在自己所教学科的内容中深入挖掘与生涯教育紧密相关内容，让学生感受到学科所学在现实生活中的运用，体会到学科所学对自己将来职业取向、志业定位的帮助，于站在未来看现在、站在社会需要与服务社会的角度来增强学习的动力。

2. 家长——生涯规划的协导者

学生在学习之余，如能接触到更多的专业、职业、志业、精神追求、理想使命等方面的内容，他们的学习目标将更清晰，学习上也会更有动力和激情。每个学年的开学初，在伍副校长的组织下，我们都会成立高一年级家长导师团队，选择有一定生涯教育背景和能力的家长并为其颁发生涯导师证书。各班的家长生涯导师利用班会课时间、社会实践活动时间，给学生进行生涯指导，或在班主任的协助下，走进工厂、企业、实验室等，深入体验不一样的生产、生活与工作。同时，学校也会面向高一年级全体学生，每半个月安排一次家长导师讲座，每次哪位家长讲，讲什么内容，亮点在哪，适合哪些学生等，提前出海报，张贴在校园里。不管是高一、高二还是高三的学生，只要对这一内容感兴趣，都可以前来聆听学习。

3. 学生——自我生涯的首席执行官

教师指导也好，家长协导也好，都只是引导学生科学合理地规划人生，最终的选择还是要靠学生自己来定。生涯规划的主体是学生，学生要认识到生涯规划的重要性，并能在了解自己的兴趣、能力、性格、价值观等的基础上，在对家庭、专业、职业有所探索之后，做自己生涯的首席执行官。

为此，学生除了学习生涯教育的基本课程，聆听教师、家长的讲座，深入工厂、企业体验交流，高中阶段，他们还需做两件事：一是书写"我的生涯规划"，二是"职业生涯人物访谈"。前者引导学生认真思考人生，并对自己的人生做出规划。后者引导学生走进社会大课堂，与职场人物深度交流，在深度访谈中发现自我，明确目标，坚定信心，将自己对未来的期待，落实为具体的人生目标，从而科学合理地规划自己高中学业和未来人生，朝着自己的目标努力奋斗。

四大课程：护航学生健康成长

经过几年的摸索，明德中学形成了四大生涯教育课程。

1. 生涯教育基础课程：传授生涯知识，学习内外探索

生涯教育以发展人为第一要义，因而生涯教育课程体系的建构必然应遵循人身心发展规律与教育的客观认知规律。学校以生涯知识、生涯决策技能、生涯元认知作为核心内容，架构起生涯教育基础课程体系。生涯知识包括自我知识和环境知识，帮助学生树立生涯意识，为选科定向；生涯决策技能是在职业体验进行选科、专业和职业的决策；生涯元认知是指学业规划和生涯规划，在自我的生涯规划演讲和生涯职业人物访谈中学习规划学业、规划人生。指导学生以知厚蕴、以知化行，充分认识自我、认识专业、认识职业，具备初步的生涯意识与生涯决策能力，为今后自身生涯发展与科学规划奠定第一块基石。

2. 生涯融合课程：清晰学习目标，扩大生涯视野

尽管生涯规划教育可以多方面推进，但有着师资的缺乏和课时安排的困难。而生涯教育与学科教学的融合对明德中学来说，是一个更为合适的选择，这不仅可以缓解学校和课程教师的压力，而且与学生未来的选考科目也直接关联，容易激发学生的兴趣。主管教学的伍副校长敏锐地看到了这一点，学校把生涯教育与学科融合课程做成了一个最务实与全面渗透生涯教育的有效课程。学校先后开发了生涯先导课、生涯章头课，生涯完整课、生涯片段课等多种生涯教育与学科教学渗透的课型，在与学科教学渗透的过程中，老师们特别重视学科价值观的引导，从模范人物的学习入手，奠基生涯方向的意志品质。同时，积极整合融入生涯教育的学科教育内容。结合学科课程内容与教材知识体系，从自我探索、环境探究、职业要素等整合学科中丰富的专业知识与职业信息，挖掘学科内容中的生涯教育内容，在学科活动中体现生涯教育的理念，在学科知识学习与学科能力提高中增强生涯规划意识。

3. 综合实践课程：推动生涯体验，加强社会实践

《普通高中课程方案（2017 年版）》指出，普通高中教育的任务是促进学生全面而有个性的发展，为学生适应社会生活、高等教育和职业发展做准备，为学生的终身发展奠定基础。

教育部于 2017 年 9 月在《中小学综合实践活动课程指导纲要》中指出：职业体验指学生在实际工作岗位上或模拟情境中见习、实习，体认职业角色的过程，如军训、学工、学农等，它注重让学生获得对职业生活的真切理解，发现自己的专长，培养职业兴趣，形成正确的劳动观念和人生志向，提升生涯规划能力。在副校长的领导和策划下，由学校统筹规划与实施，将职业体验作为综合实践活动的重要方式。引导学生通过职业体验，培养职业兴趣，规划职业生涯。在课程设计中，建立了学科融合职业体验课程、班级融合职业体验课程、社会互动职业体验课程等综合实践活动课程。学科融合的职业体验课程是结合学科的研究性学习和项目化学习等引导学生参与职业体验；班级活动中的职业体验课程，是由班主任组织安排的社会实践活动，形成了灵活多样的职业体验活动；家庭、社会、学校互动的职业体验课程，是指充分发挥家长的资源优势，建立志愿服务式职业体验、校企互动式职业体验等多元立体的课程资源。这样的职业体验课程架起了学科与职业生涯的桥梁、架起了学科核心素养与综合实践素养的桥梁、架起了生涯教育与综合实践课程的桥梁，推动了学生的生涯体验，加强了学生的社会实践，避免了学生的高分低能，促进了学生综合素养的提升。

4. 自主学习课程：加强自主管理，促进学业进步

《基础教育课程改革纲要（试行）》在论及基础教育课程改革的具体目标时指出："改变课程实施过于强调接受学习、死记硬背、机械的现状，倡导学生主动参与、乐于探究、勤于动手，培养学生搜集和处理信息的能力、获取新知识的能力、分析和解决问题的能力以及交流与合作的能力。"学生是学习的主人，自主学习就是以学生作为学习的主体，通过学生独立的分析、探索、实践、质疑、创造等方法来实现学习目标。因此，学校把自主学习能力的培养作为生涯教育的一个重要内容。从自觉、自主、自律、自省等四个维度建构自主学习课程体系：学习动机、学习方法、学习管理、学习元认知。以班会课为载体，通过习惯养成教育、学习竞争活动、创作梦想蓝图等活动，让学生在实践与体验中加强自主管理，促进学业进步。副校长特别重视自主学习课程，他主动参与自主学习的每一次活动，并亲自授课，把他所积累的宝贵的自主学习的经验传授给老师和学生，给师生做了很好的示范引领作用。

主要成果

几年耕耘下来，生涯团队也有了一些成果。

就生涯团队而言，生涯团队有了自己的校本课程和省级课题。

2021 年 10 月，《明德中学生涯教育实践与探索》一书由东方出版社正式出版，这是生涯团队全体老师凝心聚力反复实践探索的智慧的结晶。该成果荣获 2020 年度湖南省校园文化建设一等奖、2021 年度长沙市教育成果二等奖，荣获 2022 年度湖南省友谊教育科研成果三等奖。

2022 年 6 月，团队成功申报了湖南省教育科研课题"生涯教育与学科教学融合的课例研究"。

就个人而言，有很多老师的生涯教育融合课例、生涯论文等发表或获奖。

（1）彭祎昀，尤彦平：2021 年 11 月，《电解原理的应用——电解氯化钠溶液》发表于《中国多媒体与网络教学学报》（下旬刊）。

（2）李敏：2022 年 8 月，《时政热点：促思政生涯融合，架立德树人桥梁》发表于《新课程导学》。

（3）向秋梅：2022 年 8 月，《化腐朽为神奇——金属腐蚀与防护》发表于《中国多媒体与网络教学学报》（下旬刊）；向秋梅，胡天雪，尤彦平：2023 年 2 月，课例《化学追光之旅》获得湖南省中小学在线集体备课大赛一等奖，并发表于《中国多媒体与网络教学学报》。

（4）刘坤：2023 年 1 月，《走近人工智能——Python 之 Open cv 人脸识别技术探秘》获长沙市科技教育优秀案例评选二等奖。

（5）范萍：2019 年，"《我的艺术人生》生涯班会课"获湖南省在线集体备课大赛一等奖；2019 年，《三生教育理念融入高中班级管理的策略研究》发表于《教学管理与教育研究》；2020 年，《高中艺术班学生管理中的问题及策略》发表于《中国校外教育》；2021 年，《如何加强高中艺术班学生的生涯指导》获中国陶行知研究会师范教育专业科研论文二等奖。

（6）孙玲艳：2021 年 12 月，《高中生物与生涯规划融合初探——人类遗传病生涯融合课》获湖南省教育学会论文一等奖。

（7）陈立军：2022 年 5 月，《生涯之学即应变之学》发表于《新班主任》；2022 年 7 月，《"死亡教育"三步曲》发表于《新班主任》。

五年来，明德中学生涯教育着眼学生的终身发展，高位指导学生开展学业规划、生涯规划，促进学生健康成长，引导每一个学生遇见更好的自己，随着生涯教育的进一步推进，我们将更好地关注学生的成长与发展，为每一位明德学子成长为"明明德，忧天下；知格物，显人文；铸思想，扬个性"的时代英才而努力！

（编写：陈立军）

第七章　名师：湖湘气韵，半出明德

　　清华大学校长梅贻琦曾说："所谓大学者，非谓有大楼之谓也，有大师之谓也。"事实上，不仅大学需要大师，中学也一样需要大师、需要名师。"高质量教师是高质量教育发展的中坚力量。"所谓名校者，有名师之谓也。真正的名校，不只是拥有个别名师，而是拥有名师引领下的不断发展壮大的名师群体。

　　作为百廿载名校，明德中学底蕴深厚，注重学科发展和教师培养，提升教师专业素养。近十年来，教师发表论文及其他各类文章 800 余篇，多名教师出版专著，并承担多项省级课题、国家级课题，在省内首屈一指。涌现了语文学科中心、英语学科中心等在省内外颇有影响的特色学科。形成名师群落，多名教师获评正高级教师、特级教师，刘林祥、王胜楚、蒋雁鸣、陈立军、郭文静、何灵芝等名师承担了省市级名校长工作室、首席名师工作室，在名师团队的引领下，教师成长迅速，形成了梯队合理、名师辈出、俊采星驰的明德教师团队。

　　值得一提的是，明德中学不仅是全省唯一在语文、数学、英语三大学科同时拥有部级、省级和市级名师工作室的高中学校，同时也是长沙市自设立名师工作室以来语数英三大学科同时拥有两大学科名师工作室的唯一一所高中学校，而且还涌现出了一大批中青年骨干教师，在明德教育集团甚至在省市教育界都有一定的知名度与影响力。

一、传承明德文化，提升思想认知

（一）大家辈出，薪火相传

　　明德中学创办于 1903 年，是湖南最早的新式中学堂。作为具有 120 年历史的名校，明德中学教师队伍中名家辈出、薪火相传。

　　明德当时是私立学校，师资和经费都很艰难。胡元倓校长在各地办明德大学、明德中学，历经艰难，他自己有一番感慨：

"凡办（大）学，必须欲养成教员，而为教育者，必须无政治野心，且有以教育事为终身事业者，学校方有办法。弟屡次办专门学校辍于中途，皆因回国人才借学校为过路成自己名誉，对学校无继持之热心也。"因此，他喜欢聘用对明德有深厚感情的明德学生回母校任教。他的理论是，明德培养了你，你不能忘本；明德的学生对明德是有感情的，服务起来会用心去做。因此，感召于胡元倓的办学精神，一批明德校友放弃高薪、高位，突破重重阻力，回到明德，甚至扎根明德，如柳杨谷、胡庶华、胡迈、黄子通、谢祖尧、钱无咎、钱歌川、刘永济、邬干于、傅任敢、何泾渭、俞劲、吴相湘、任邦柱、劳启祥、曾约农等，数不胜数。谢祖尧从东京高师毕业回国，范源濂本已介绍他到成都高师去教书，却被胡元倓从中拉过来，还责备范源濂不扶植桑梓教育；又说谢祖尧忘本，不到母校服务。他在立遗嘱选明德校长接班人时，就有这方面的明确要求，"嗣后校长皆须由董事内选"，"嗣后校长非本校学生及本校得力教员，兼有劳绩于本校者，不得与选。"在他几稿遗嘱中提到的校长继任人选胡迈、刘永济、谢祖尧等均是明德毕业的学生。

胡元倓先生磨血育人，开湘省教坛之一代风气。明德既立，接着陈润霖办楚怡、周震麟办修业、朱剑凡办周南、禹之谟创惟一，省城长沙一系列的学校如雨后春笋般地冒了出来，随之也涌现出了一大批像胡元倓这样走教育救国道路、矢志办学的教育家。事实上，明德不仅开风气之先，而且本身也培养了大量的教育家和名师。他们以胡元倓为榜样，怀揣着教育救国的伟大理想，创立或者主办着一所所的学校，也实现了自己的人生价值，成就了自己教育家的身份。在这些成为校长、教育家的明德校友中，尤以彭国钧、胡庶华、张孝骞、方克刚等在湖南教育界颇具影响力。

明德中学、明德大学早期就有黄兴、苏曼殊、章士钊、马寅初等名家来校担任教师。20世纪20年代之后，明德中学教师群落蔚为大观，如著名音乐家黎锦晖、著名词学大师刘永济、著名植物学家辛树帜、开国诗人吴芳吉、逻辑大师金岳霖、著名历史学家周谷城、罗元鲲、刘朴、著名教育家胡庶华、王凤喈、傅任敢、著名文学家翻译家钱歌川等，还有李肖聃、何衢、周世钊、外籍教师克雷夫人等一批杰出的名师。30年代，明德的教师队伍基本成熟而且相对稳定，如袁鹤皋、郭德垂、曹赞华、杨笔钧等，他们学历较高、学识渊博、教学经验丰富，而且绝大多数始终耕耘在教育第一线，成为当时明德一支相对稳定的中坚师资力量，后来成为中国科学院院士的廖山涛等人也曾在明德任教。中华人民共和国成立后，许多明德名师进入大学担任教授，但也有很多名师继续留在明德，为明德服务。卓越的师资，成为明德中学的传统与特色。

（二）教师发展，追求卓越

百年大计，教育为本；教育大计，教师为本。习近平总书记指出："一个人遇到好老师是人生的幸运，一个学校拥有好老师是学校的光荣，一个民族源源不断涌现出一批又一批好老师则是民族的希望。"《中共中央 国务院关于全面深化新时代教师队伍建设改革的意见》中明确指出："到2035年，教师综合素质、专业化水平和创新能力大幅提升，培养造就数以百万计的骨干教师、数以十万计的卓越教师、数以万计的教育家型教师。"这表明，教师的专业发展不仅是教师个人成长的需求，更是国家赋予教师的时代责任和历史使命。联合国教科文组织的报告《教育——财富蕴藏其中》中指出："我们无论怎样强调教师质量在学校教育中的重要性，都不会过分。"的确，学校教育的目标与任务只有在教师组织从事的教育教学或活动的中介作用之下才能得以实现和落实。德国哲学家雅斯贝尔斯在《什么是教育》中提到："教育的本质意味着一棵树摇动另一棵树，一朵云推动另一朵云，一个灵魂唤醒另一个灵魂。"从学生发展的角度来看，也需要教师不断成长，以自己生命的精彩促进学生的生命精彩。

苏霍姆林斯基曾说："无论就其本身的逻辑、哲学基础，还是就其创造性来说，教师的劳动都不可能不带有研究的因素。这首先是因为，我们所教育的每一个作为个体的人，他就是一个充满思想、情感和兴趣的很特殊的、独一无二的世界……教育的复杂性引导老师们进行创造性的研究，借以丰富教师集体的精神生活，使每个教师都能确立起作为善于思考的和具有创造精神的个体自尊感。"只有通过深入、广泛的阅读、思考、实践和研究，尤其是注目于专业的研究和提升，才能真正深入把握教育教学规律，把握学科教学的规律，在教学过程中落实学科核心素养的培育，让教师不仅成为本学科的专家，而且还能跳出学科教学的局限，不仅研究"教"，更能研究"育"，要以更广博的视角、更高远的站位、更沉静的内心去钻研教育最本质的内涵，成为真正的教育者，在工作中获得充实的意义，成就自我的幸福人生。

（三）百廿名校，引领三湘

一所学校在教育领域的引领力，主要体现在名师（名校长）的专业引领力、影响力。明德中学作为具有 120 年办学历史的三湘名校，要想在教育发展、教育变革的大潮中始终走在前列，就必须有一批自己的名师、名校长，才能提升学校的核心竞争力、品牌影响力。学校于 2014 年制定的《明德中学教师发展五年规划》指出："加强教师队伍建设是明德发展的客观要求。高品质教育是明德永恒的追求，要成为省内一流，全国知名的品牌学校，就必须拥有一支素质精良，结构合理，充满生机与活力的教师队伍。从明德目前发展趋势看，我们正在由规模发展逐步转入内涵发展，品牌树立，由大校走向强校。这就要求我们进行精品教育，要求我们有优质的师资队伍，要选拔和培养出一批真正的名师，这也将是一个学校走向成熟的标志。"

明德中学高度重视名师群体的培育，视之为学校内涵发展的核心战略。一是组建明德教育集团名师联盟，2019 年 4 月，长沙市明德教育集团名师联盟成立大会在明达中学举行，会上为首批六个名师工作室进行了授牌。明德教育集团名师联盟的首批六个名师工作室分别为：蒋雁鸣语文名师工作室、郭文静数学名师工作室、何灵芝英语名师工作室、李红英地理名师工作室、陈立军德育名师工作室、柳建红生涯规划名师工作室。二是积极申报国家级、省市级名校长、名师工作室，有长沙市刘林祥名校长工作室、湖南省新时代基础教育王胜楚名校长工作室、长沙市陈立军德育（班主任）特色工作室、长沙市蒋雁鸣中学语文名师工作室、教育部"名师导航"湖南省陈立军语文工作室、湖南省郭文静高中数学名师网络工作室、长沙市英语首席名师何灵芝名师工作室。

二、完善培养机制，提升专业品质

（一）完善选拔考核，加大支持力度

十年来，学校制定教师发展五年规划、三年行动计划等，组建明德教育集团名师联盟、明德教育分享团等，突出名师的选拔与培养。制定《明德教育集团名师管理办法》完善名师评选标准和评选程序，使其更具科学性、合理性和公平性。科研应扎根于课堂，并为课堂教学服务，评价的标准应避免"唯学术"倾向，科研成果只作为从属性的条件。在考核评价的过程中，重视教师常规的课堂教学能力和教学效果。好老师应以习近平总书记对教师提出的"四有"要求（即有理想信念、有道德情操、有扎实学识、有仁爱之心）为标准，评价教师在专业知识学习以及参与同事、学生家长、专业团体相关的专业活动的表现。

同时，对名师的选拔与考核，既要有定量标准，也要有定性标准。名师的培养与成长评价，不仅通过职称晋升、荣誉获得、论文与专著等量化指标去衡量，更应立足于其教育主张、教育情怀、专业素养、人格特征等内在因素的评价。既要考查教师的专业知识和实践知识是否增加，又要考查教师的职业情感和工作热情是否得到增强，还要考核其职业成长内驱力是否被激活。只有这样，才能避免功利化的价值取向。其次，对名师的考核不宜局限于其个人成绩。为了发挥名师的示范、引领、辐射作用，对名师的考核应更多地侧重他们对年轻教师的专业引领和培养作用，侧重于考核他们与同事、家长以及其他专业团体的联系和互动。在这一趋势下，各名师工作室都完善与强化了对工作室成员的聘用与考核。

十年来，为适应新的教育发展形势，在省市各级主管部门和学校领导的大力支持下，在各处室和老师们的配合下，学校在已有的基础上，进行了一系列大刀阔斧且卓有成效的改革和创新，系统建构了学校教育科研与教师发展新体系：学校制定了《明德中学校本课题管理办法》《明德中学优秀教研组评选办法》《明德教育集团名师工作室考核办法》等文件，优化对名师及其团队的资金支持、硬件支持，同时，联系各类学术机构和学术刊物，为名师团队的外出学习、交流探讨、名家讲座、课题研究、论文发表等，提供更多实质性的支持。

在组织方式上，成立明德中学学术委员会，改组升级教研组为学科中心，为打造强大学科奠定组织基础；成立明德教育集团名师联盟，为教师搭建更高规格的发展平台；通过实施教师专业阅读工程、定期举行学科研讨会、高效开展名师工作室活动、修改职称量化评分方案、颁布教研奖励方案等多项措施，建立起了由学习培训机制、研究交流机制、评价激励机制组成的学校教育科研与教师发展的完整体系，为教师专业发展营造了良好的学术氛围并提供全方位的制度保障。学校教育科研成果丰硕，名师引领效应显著，教育教学质量稳步提升。

（二）阅读夯实根基，书香提升涵养

阅读是提升教师素养、夯实教师专业根基的必由之路。明德中学的各个省市名校长、名师工作室，都特别注重工作室内部的阅读氛围的营造，通过丰富多彩的方式，激发工作室成员与学员的阅读兴趣，强化阅读交流与分享。

如长沙市刘林祥名校长工作室，强调与书相伴，润养身心。每年，工作室都会为学员们精心挑选必读书目，组织开展"悦读润心"读书活动。名校长、学员、秘书处成员均参与其中，大家共读好书、做批注、写心得，还积极参加读书征文活动，在阅读中提升学识素养、理论修养。不少学员在必读书目之外，还注重自修学习，据不完全统计，三年来，全体成员自主阅读教育专著、党史论著等共计近400册。湖南省新时代基础教育王胜楚名校长工作室，则提出工作室成员要加强对教育理论、教育专著的学习和研究，围绕工作室确立的研究主题，每位成员、学员每学期必须深入研读2本以上教育专著，要通过交流研讨、读书沙龙、名著解读等，不断提高自己的教育认识，每学年在校内开展2次以上教育或管理展示活动，三年内在工作室组织的区县市活动中进行一次管理经验交流，每年撰写至少1篇教学或管理工作反思。

在名师工作室中，长沙市首席语文名师蒋雁鸣名师工作室从成立开始，通过读书、写作、学习等提升学员专业素养、教育智慧和思想境界。工作室每个学期都要为成员推荐阅读书目，订购书籍，为每位学员推荐、配置20多本专业书籍，有必读的、也有选读的，有大家共读的、也有自己单读的，并开展读书交流活动，在不断吸纳精神营养中加速了专业发展。为了鼓励成员的成长进步，工作室名师督促鼓励大家记录下自己成长的足迹，六年来工作室成员撰写了大量的读书笔记，有教育随笔、课件案例、教学设计等。长沙市英语首席名师何灵芝名师工作室鼓励老师们带着问题疯狂阅读，如海盗一样搜寻，如翠鸟一样敏捷。每个年度计划中，都有共读书目：《新课程标准》《中国高考评价体系及说明》《教师成长力——专业素养发展图谱》《觉者为师——好教师成长之新境》《走向实证——给教师的教科研建议》《如何阅读一本书》《思维导图》《让教师学会提问》《中小学外语教学》《中小学英语教学与研究》《典范英语》等。每个寒暑假布置阅读任务，开展线上悦读分享会。在啃读经典中获得智慧，让阅读之光照亮成长之路，这些书籍既是启发、鼓舞团队成员的"启明星"和"加油站"，又是指导公开课、赛课的"百宝箱"和教科书。通过阅读，保持大的格局和视野，持续不断地滋养生命，积累学术的厚度。

（三）立足时代前沿，引领专业潮流

明德中学的七大名校长、名师工作室，无一不是立足时代前沿，紧密关注教育界改革的动向，结合教育领域的热点与难点话题，展开实践研究，引领专业潮流。

长沙市刘林祥名校长工作室确立了"心忧天下，明德树人"的主题研究方向。工作室深入挖掘、发挥湖湘文化对当代湖南教育发展的积极意义，各成员学校分别从明德树人与办学思想、学校治理，德育、智育、体育、美育等多方面开展模块研究和实践。工作室挂牌之初，便下发了《长沙市刘林祥校长工作室章程》《长沙市刘林祥校长工作室制度》讨论稿以及《刘林祥校长工作室学员意见征集表》等，广泛征求学员意见、了解学员成长需求。在综合各方意见、建议的基础上，完成了定稿。各名校长身体力行，示范引领。三位名校长来自不同学段，各有特点、各有所长。都能充分发挥自身优势，依托各自资源，给予学员们办学示范。每次集体研修，三人也都会与学员们充分交流并作指导。

湖南省新时代基础教育王胜楚名校长工作室致力于打造课题探索共同体。以课题促探索，聚焦工作室"明德树人，五育融合：三新背景下的学校现代治理与文化建设"的省级规划课题，以校长的办学实践为主线，立足学校悠久的办学传统，聚焦"明德树人，五育融合"，探索"三新"背景下的学校现代治理与文化建设，力求为"五育融合"的教育探索提供新的经验、新的思考、新的模式。在实践层面，致力于打造教育实践共同体。汇聚工作室导师、名校长和骨干校长的力量，聚焦核心问题，将工作与研究结合起来，充分发挥名校长的引领作用和工作室成员间的协作精神，培养一批学校管理带头人，提升校长的领导力，带动、辐射区域内校长队伍建设和专业成长，促进学员学校的发展。

长沙市陈立军德育（班主任）特色工作室以立德树人为指导，以教育部中小学班主任标准为指针，以促进班主任专业发展为目标，以"让班级成为润泽师生心灵的家园"为基本宗旨，以"中学班主任语言暴力消减路径研究"为载体，充分发挥名师的引领作用，发挥工作室成员之间团结合作的精神，有效推动班主任的专业成长和学校可持续发展。工作室组建伊始，就订立了基本章程。首先确立了基本宗旨：让班级成为润泽师生心灵的家园。工作室成员深信，只有班主任是幸福的，每天的工作是愉快的，才能真正润泽学生的心灵。其次要求班主任自树品牌：每位班主任三到五年树立自我班级管理品牌。三年工作室的历练，要达成两个序列：一是创建班主任自我专业成长序列，二是创建所带班级的文化建设序列。然后强调了工作室的三大建设：建设个人专业成长档案，建设课题研究团队，建设工作室网络平台。最后强调老师们要有四个重视：重视协同合作，重视阅读写作，重视实践反思，重视创新发展。唯其如此，才能真正提升自我的综合素质，才能达到自我专业能力和水平的有效提升。

长沙市蒋雁鸣中学语文名师工作室以"打造一支既能指导引领，又能实践示范，并能发挥辐射作用的教学科研型名师团队"为工作目标，通过阅读经典，深入探索整本书阅读教学的大课题，实现启迪智慧、提升素养、涵养生命的美好愿景。工作室成员通过协作来实现同伴互助，共同成长，活动丰富多元，利用课题牵动、名师带动、问题驱动来促进工作室发展，实现主题活动特色化、名师培养目标化、成员队伍优秀化、教学质量优质化、团队精神合作化。湖南省陈立军语文工作室本着"和而不同，精益求精"的基本精神，以"基于过程写作的高中语文写作教学实践研究"为研究课题，以"深度指导、全程关注"为基本理念，以"小组合作、清单写作"为主要抓手，以"过程写作法的本土化"为切入点，以"思辨性思维的养成"为聚焦点，立足于新课标、新教材、新高考，探索写作教学的新策略、新路径，努力提升学生的写作素养。

湖南省郭文静高中数学名师网络工作室以习近平新时代"四有好老师""四个引路人"和数学学科课程标准为根本宗旨，坚守正确的政治方向。坚持德育为先、全面发展、面向全体、知行合一的基本要求和理念，强化师德教育和教学基本功，不断提高教师育德、课堂教学和学生秩序指导等能力。逐步打造"会育人、善运用、懂技术、能创新"的信息技术与数学学科教学深度融合团队，打造在全省乃至全国基础教育领域有成就、有影响的名师和名师团队，致力开创信息时代"互联网＋教育"的新模式和新生态。构建一批内容丰富、贴近课堂的优质教育资源，共建共享服务于全省的数学教师和学生。

长沙市何灵芝中学英语名师工作室关注中外文明互鉴的重大命题，关注人类命运共同体。秉承"阅读经典启迪智慧，思考实践挥洒青春"的工作室愿景，聚焦"厚植传统文化、深蕴西方思维"和"信息技术与英语学科融合"两大主题，对中外文化保持好奇和觉察，探究中西方文化交流和互鉴。通过专题理论研究、示范课讲座、微信公众号建设、课例呈现、维度评课、反思提升、成果汇总出版等形式，工作室"尺码相同"的人齐心勠力，专业知识和技能与教育教学教研能力都得到了显著的提高。工作室制定缜密可行的工作室年度规划和活动计划，对教研、科研、培训等活动进行制度化的安排，严格实施"主题学习制""互助分享制""课题引领制""年终考核制"和"档案管理制"，规范工作室内部的运营机制。用英语讲中国故事，传承弘扬中华优秀文化，向世界发出中国声音。

（四）聚焦教育实践，提升教学质量

教育教学的研究核心在实践。明德中学的中小学名校长、名师工作室以实践探索为核心，力求为解决教育热点与难点问题提供实践的方法乃至模式。

长沙市刘林祥名校长工作室在注重引导学员躬身实践，并以到学员校、实践基地实地研修的方式，组织大家在考察与交流中提升。三年来，因为疫情反复的原因，工作室的活动计划经常被打乱，但仍坚持组织了实地研修活动10次。活动中，东道主们分别对各自的办学特色进行了展示，也提出了办学中的困惑供大家一起探讨；交流座谈会上，还有计划地安排了其他学员以"PPT＋讲述"的方式，分享各学校的办学特色成果及个人在工作室及工作岗位上的成长成就。这样的躬耕，让大家充分感受了长沙教育的百花齐放，深受启迪。明德教育集团丰厚的文化底蕴、多样的名师群落、丰富的课程资源等，都是工作室可依托的宝贵财富。三年来，工作室先后组织学员在明德中学、明德华兴、明德天心、明德启南等学校观摩学习，还定期组织教育论坛，明德各分校校长、各处室主任坐而论道、分享经验，辐射教育智慧；依托集团内丰富的各省、市学科名师工作室资源，工作室还组织了多样的送教、送培活动，让优质的一线教育教学资源造福更多师生。

湖南省新时代基础教育王胜楚名校长工作室以"知行合一，共同发展"为指向，具体落实"六个一"：一是建设一个平台。为工作室成员搭好一个平台，指导和帮助各类学员在工作周期内达到培养目标，通过在师德建设、教育管理、教育科研等多种方式的示范、引领和指导，提高学员校长的业务水平，助其成长为具有新时代教育思想和专业素养的优秀

校长。二是主持一项课题。本工作室立足于学校自身的历史底蕴和文化体系，聚焦"明德树人，五育融合"，探索"三新"背景下的学校现代治理与文化建设，按计划完成工作室主持人王胜楚主持的省规划课题"明德树人，五育融合：三新背景下的学校现代治理与文化建设"。三是承担一项培训任务。每年承担市县青年骨干校长工作坊研修任务，组织市县青年骨干教师开展培训。四是实施一项教育帮扶。在全省乡村振兴重点帮扶县建立名校长工作站，定期定点带领工作室成员开展教育帮扶。五是产出一批数字资源。名校长工作室的教育教学研究成果应以论文、专著、讲座、案例、校长论坛、交流分享会、调研报告等形式在省、市范围内推广和示范。同时，带领工作室成员整合一批优质数字化学习资源。六是完成一份专业发展报告。培训周期届满时，每位成员形成总结性的专业发展报告。

　　长沙市陈立军德育（班主任）特色工作室主题明确，行动也有方向。有一年计划，让研究步步为营；还有每次活动的安排与设计，让思考切实落地。所谓既仰望星空，又脚踏实地。一是点面结合，面上开花，点上深入。班主任工作是琐碎的，全方位的，老师们有困惑提出来，如果具有普遍性，就此展开研讨，力求解决方方面面的班主任工作中的现实问题。此外，更多的时间是以课题为基本点深入展开研究，从调查问卷的设计，到调研问题的优化，从非暴力沟通理论的学习到分组进行实践探索，从来自教育实践的教育叙事到故事的分享问题的解决，既注意理论的学习，又注重实践的探索。二是优化细节，形成闭环。活动目标定位具有适切性，活动设计思路清晰、重点突出而富有个性，活动内容具有挑战性，重难点把握得当，活动过程具有游戏性和创造性，并与目标相匹配。在工作室的要求下，老师们都认真进行班级活动设计，活动主题突出，环环相扣，前后关联，纵向贯穿。

　　长沙市蒋雁鸣中学语文名师工作室在充分调研的基础上，选取最需要解决的教学关键问题进行专题研讨，通过研课、磨课、评课、议课等形式集中突破，每一次活动紧紧围绕"整本书阅读"和"语文核心素养"的主题，深入研究《乡土中国》《红楼梦》《水浒传》《简爱》《艾青诗选》等经典的教学重点、难点、疑点问题。工作室依据新课标的要求，结合专家的研究提炼出适合整本书阅读教学的三种课型：指导课、研讨课、活动课。工作室始终聚焦课堂，通过研课、磨课、评课、议课等形式分享彼此宝贵的教学经验和先进的教学理念，夯实教学基本功，激发成员的自身潜力。课题研究，培养科研能力。教而不研则浅，研而不教则空，教研与教学紧密相连才有助于提升教育教学质量。围绕课题，工作室成员在自己的教学实践中注重积累，不断探索学科资源建设与开发。工作室在实战摸索的过程中提炼出了整本经典"五步"推进、"四读"联通的方法和策略。"五步"推进：学生阅读采取初读感悟——细读质疑——精读赏析——深读研究——广读提升。"四读"联通，即学生"真"读、教师"深"读、任务驱动"促"读、课上课下"联"读。这些做法及其实践成果，在学界产生了巨大影响。

　　教育部"名师导航"湖南省陈立军语文工作室以过程写作的本土化为切入点进行高中语文写作教学研究，是基于国内当前写作教学的困境和国外先进教学理念的学习，以期对当前的写作教学有所裨益，聚焦学生怎样写的问题。用过程写作法完成一个写作学习任务，一般需要三到四个课时，也就有了几种课堂实践形态：①构思训练课（预写作阶段的指导）：

引导学生打开思路，激发学生已有的生活体验和背景知识。②起草训练课（预写作阶段的指导）：关注学生的思想、素材的选择、篇章结构的规划，注重培养学生审题立意、梳理思路、列写作清单的习惯。③修改训练课（写作修改阶段的指导）：培养学生对照写作清单的修改意识和能力。④写作评改课（写作修改阶段的指导）：引导学生自评自改互评互改，形成评改作文的能力。为了让过程写作法与新教材的编排有机整合，构建读写共生的磁场，实现"读写结合、以读促写"，工作室做了三点强调：一是老师们要有结构性思维的意识，寻求读与写的契合点，架设读与写的桥梁；二是将单元的写作任务类型进行分类；三是提炼写作清单指导学生进行写作和评改。过程写作法注重发挥教材作为"范例、资源、支架"等多方面功能，重视"以读促写、以写促读、读写共生"等多种读写关系，切实落实"单元学习任务"和"学习提示"的要求。也鼓励教师创造性地开展教材要求以外的其他"读写结合"活动，让学生的自主学习真实地发生，促进学生语文核心素养的综合发展。

湖南省郭文静高中数学名师网络工作室以构建"互联网＋"数学教师成长共同体为主要目标，建设学习型组织，开展常态化的线下和线上相结合的教研活动，推动新型教学资源开发与应用，充分发挥网络优势，通过名师引领，促进数学教师在教学实践、教育科研、资源开发、融合创新等方面快速成长。一是共建共享优质教育资源。工作室在湖南智慧教育平台（www.hnedu.cn）空间栏目设立"名师网络工作室"专栏，搭建线上省名师工作室平台，设置个性化栏目、发布上传教学资源、开展数学话题讨论以及线上教研活动。二是深耕课堂，开展教学研究。工作室2022年度开展了15次线下与线上相结合模式的数学教研活动，其中融研课、磨课、上课、评课于一体的教研活动有9次。着力研究新课程标准、新教材、新高考，研究大单元教学，着力打造出新授课、习题课、试卷讲评课、复习课等四种课型的模式课。三是专家指导、名师引领，促进教师专业发展。工作室成立一年来，聘请工作室顾问、辅导员、专家指导工作室教研活动，并为工作室成员做专题讲座6场次，进行观念引领和学科指导，逐步打造"会育人、善运用、懂技术、能创新"的信息技术与学科教学深度融合团队。

长沙市英语首席名师何灵芝名师工作室提供了丰富多彩的面对面交流和网络平台交流的机会。新课标的培养目标——在厚植爱国情怀、加强品德修养等方面下功夫，新教材40个单元中，有15个单元涉及中外传统文化，新高考也加大了对传统文化的考查，为此工作室申报了两个课题"基于核心素养的中学英语主题阅读的实践研究"和"立德树人背景下中学英语渗透传统文化的路径研究"，工作室老师们研讨课、论文等都有了方向，加上专业的阅读，就像插上了腾飞的翅膀，焕发了新的生机和活力。在三年期间，共通过举办了6次线上悦读分享会，23次线下集体研修活动，首席名师及外请专家开展14场主题讲座，名师团队开展了9场主题讲座，每次活动出现了提前抢座的盛况，共同引领来自各个学校的英语学科精英进行专业的互动交流，促进了彼此专业上的相互成就，给予彼此以强大的精神支撑。在名师和工作室同伴的带动下，觉醒自身专业发展，驱动主体成长；成员之间得以分享各自的知识与经验，多角度、多层次的讨论，碰撞出思维的火花，这样无私透明、优势互补的交流互动，有效推动了教师反思总结，促进教师快速成长。

（五）强化帮扶共享，体现责任担当

强化优质教育资源共享，帮扶薄弱地区、薄弱学校发展，推动教育均衡发展，是一所百年名校应有的责任，也是一个名校长、名师工作室应有的担当。

长沙市刘林祥名校长工作室积极推动教育帮扶。时任校长刘林祥所在的明德中学、陈迪夫所在的明德华兴，以《长沙市与龙山县开展学校结对帮扶推进教育扶贫实施方案》文件精神为指导，多次组织开展"送培龙山"教育教学交流活动、资助活动等；因贡献突出，明德中学荣获"湖南省扶贫帮困先进单位"称号。胡建郭校长任职长沙市特殊教育学校时，率领学校教师不断挑战专业高地，将长沙特校丰富的资源和研究成果，辐射到全省甚至全国各地：每年承担国培项目，并对芷江、溆浦、平江、西藏、新疆等地精准扶贫；研制全国首套培智学校课程成果《培智义务教育课程纲要》《培智义务教育课程评估手册》《培智义务教育课程评估手操作指南》，在教育部国培项目等20余个项目中推广，全国已有350余所学校投入使用。

湖南省新时代基础教育王胜楚名校长工作室每年承担市县青年骨干校长工作坊研修任务，组织市县青年骨干教师开展培训，并实施一项教育帮扶，在全省乡村振兴重点帮扶县建立名校长工作站，定期定点带领工作室成员开展教育帮扶。

长沙市蒋雁鸣中学语文名师工作室实行导师引领制，带动学员快速成长，引领学员积极参与校级、市级、省级、国家级的教育教学改革及各项研训活动，并积极与县、乡镇中学对接，将名师工作室的工作与省、市、县活动有机地融合，在活动中充分发挥了示范、辐射作用。教育部"名师导航"湖南省陈立军语文工作室广泛加强与省内外工作室的合作交流，积极组织成员参加教育部国培计划云南怒江教育帮扶等活动，马臻、潘林利两位老师被教育部考核为优秀，获得教育部发函表彰，并获云南省怒江傈僳族自治州"荣誉市民"称号，他们的帮扶事迹还获得《新湖南》等省级媒体的报道。

湖南省郭文静高中数学名师网络工作室通过"以赛促研"的方式促使工作室成员潜心教育教学研究，及时提炼研修成果，促进团队成员快速成长，培养更多名师。工作室成立一年来，到长沙县二中等薄弱学校开展送教学、送科研、送培训等活动5次，促进薄弱学校教育优质均衡发展。长沙市英语首席名师何灵芝名师工作室曾送教送研至宁乡市花明楼中学、宁乡市实验中学、唯美中学、宁乡十三中、宁远县湘南学校等，并与望城一中、浏阳三中名师工作站联合教研，开展多方共赢互利、区域联合教研活动，全面发挥长沙市中学英语名师工作室引领、辐射与示范的作用。

三、引领教师发展，工作成果丰硕

2013—2023年，明德中学涌现的七大省市级名校长、名师工作室，始终以引领专业发展、

服务长沙教育与湖湘教育为己任，心怀使命、躬身实践，取得了丰硕的成果。

长沙市刘林祥校长工作室在2020年精心组织了"心忧天下，明德树人"主题征文，名校长团队成员及学员均上交了稿件，最终评定特别奖2个，特等奖3个，一等奖8个，二等奖3个，并对每位成员的稿件提出修改建议；各学员还立足学校实际，紧扣主题开展相关课题研究，截至2022年年底已结题或立项的课题共计20个。三年来，工作室个人获市级以上奖励50余项，所在单位获市、区（县）级以上荣誉共计270余项；19位成员中有12人岗位调整，在更高更广的平台上锻炼、发展。

长沙市陈立军德育（班主任）特色工作室成功申报到教育部重点课题"中学班主任语言暴力消减路径研究"，并顺利结题。在工作室全体老师的努力下，工作室出版了两本书《生命的盐》《让心灵微笑》；工作室的老师们在各大报纸杂志上发表和获奖的作品有150多篇；工作室名师团队成员湖南师大附中的黄雅芩老师出版了专著《为了独一无二的你：高中班主任教育手记》，发表作品近20篇；工作室涌现了一批优秀的学员，他们在各学校都成为骨干班主任，明德麓谷学校的廖美华老师2018年成为高新区班主任工作室主持人。主持人陈立军老师也得到了长足的进步与成长。这些年，她以班主任工作内容为题材发表和获奖的作品有50余篇，其中，《非暴力沟通：增进师生间理解与尊重》发表于国家级核心期刊《中小学管理》，同时出版了个人的专著《俯身与学生对话》，在省内外的讲座有40多场，产生了良好的影响。通过课题研究，老师们消减了不和谐的语言暴力，提升了沟通技巧，有助于学生的健康成长。

长沙市蒋雁鸣中学语文名师工作室成果极为突出，六年来首席名师和名师对外讲座200多次、对外授课60次。首席名师蒋雁鸣在国家级大讲堂执教《宝玉的烦恼》《黛玉和她的闺蜜》《开篇探密钥红楼有大观》等示范课。工作室每个成员都参加了"整本书阅读与核心素养"的课题研究，三年来工作室成员在国家级、省级刊物上发表近200篇论文。其中人大复印资料全文转载4篇，国家级核心期刊30篇。工作室人员主持、参与的课题研究有68项，其中名师、学员主持的课题有14项。蒋雁鸣老师参与的湖南省教科院课题"守正创新·整合融通：中学语文阅读教学改革实践探索"获湖南省基础教育成果奖（特等奖）。此外，工作室出版了《整本书阅读教与学》《〈红楼梦〉阅读策略及教学案例分析》两本专著，出版了"四维阅读"系列阅读指导丛书有《呐喊彷徨》《朱自清散文》《乡土中国》《老人与海》《莫泊桑短篇小说选》《欧亨利短篇小说选》《茶馆》等。在长沙市卓越教师评选中，工作室涌现出一大批优秀的教育教学工作者，第一届13人榜上有名，其中学科带头人3人；优秀骨干教师5人；优秀教学能手5人。2019年5月，蒋雁鸣老师被评为湖南省首届芙蓉教学名师奖。第二届17人榜上有名，其中学科带头人3人；优秀骨干教师5人；优秀教学能手9人。其中第一届卓越教师考核有4人为优秀。六年两届，工作室精诚合作、锐意进取，工作室的工作得到教育领导和同行的肯定，两次被评为长沙市"人保杯"优秀名师工作室。

教育部"名师导航"湖南省陈立军语文工作室编著了《高中语文过程写作实用教程》（必修）、《高中语文过程写作实用教程》（选择性必修）、《高中语文过程写作实用手册》（必修）、

《高中语文过程写作实用手册》（选择性必修）等四本书，在《中学语文教学参考》《读写月报》等报刊上发表文章 80 余篇，中文核心期刊《中学语文教学参考》于 2021 年 5 月对工作室进行了推介，《湖南教育》在 2021 年 4 月以 14 个版面对工作室的课题研究进行了专题报道。2021 年官方的工作室结束后，民间的这一组织一直在继续研究，老师们拧成一股绳继续就过程写作从思维层面进行深入探讨研究，这样的民间组织所进行的思考探讨也喜提成果——2022 年 10 月，工作室又由东方出版社正式出版了《用思维之剑打造作文品质——高三作文突破》。2022 年暑假，在教育部的要求和湖南省教育厅的组织下，国家中小学智慧教育平台开通了陈立军网络语文工作室。工作室将资源进行了归类设计，分别设计了"单元写作教学课件""单元写作教学视频""单元写作教学设计""单元写作教学素材""高考作文备考指南"等栏目，内容包括统编版高中语文所有必修和选择性必修的单元写作教学及高考写作教学指导等。

　　湖南省郭文静高中数学名师网络工作室仅 2022 年就有 18 人次获得各市、州、县级各项荣誉。郭文静老师荣获长沙市魅力教师提名奖；杨永茂荣获吉首市"优秀教师"；长沙市雷锋中学黄武老师、长沙市麓山滨江实验学校谭艺茜老师荣获长沙市教育系统"青年岗位能手"称号等。2022 年工作室成员在数学期刊上共发表论文 15 篇，在湖南省、各市州的各类教学比赛中多人次获奖。如长沙市明德中学罗希老师、隆回一中廖凯妮老师荣获 2022 年湖南省基础教育精品课大赛二等奖、市一等奖；湖南省 2022 年中小学在线集体备课大赛中有 5 支团队获得一、二等奖；同时，有 4 位工作室成员作为课题主持人进行了课题开题；有多位成员在各级各类教研活动中做讲座、上公开课或示范课。

　　长沙市英语首席名师何灵芝名师工作室在三年期间，共举办了 6 次线上悦读分享会，23 次线下集体研修活动，首席名师及外请专家开展 14 场主题讲座，名师团队开展了 9 场主题讲座，共同引领来自各个学校的英语学科精英进行专业的互动交流。工作室立项的两个课题均以优秀结题，团队参与课题研究 26 人次，省级一等奖以上或者发表论文 37 篇，工作室已经录制了贝壳网主办的《中考冲刺课程》20 节以及湖南省教师发展中心组织的《核心素养示范课及专家点评》15 节精美课例，主编了公开出版的中学英语学科编著 3 本《读英文名著，促英文读写》《高考英语中的传统文化》《超能课堂》，省级一等奖及以上、赛课以上 14 项，市级以上讲座分享 34 场，区级以上教育局嘉奖 14 人次。

　　"登高使人心旷，临流使人意远。"教师是立教之本、兴教之源，承担着让每个孩子健康成长、办好人民满意教育的重任。十年来，明德中学涌现了一批在长沙市乃至湖南省都卓有影响的名校长、名师，在他们的登高望远、示范引领下，学校形成了一支师德高尚、理念先进、业务精湛、结构合理的高素质专业化教师队伍，为传承百廿明德文脉、再谱时代华章奠定了坚实的基础。

（编写：马臻）

第八章 集团：明德树人，天下为公

为推进长沙义务教育的均衡发展、普及优质教育，在长沙市委、市政府的领导和市教育局的指导下，明德教育集团经历了兴起、扩大、融合等不同发展阶段，通过创建、托管、合作与帮扶等多种形式，取得了丰硕的办学成果，促进了教育优质均衡发展，扩大了明德教育的影响力。明德教育集团自创建始，就以蓬勃的生命力为特征迅速发展，至今已形成了明德华兴、明德麓谷、明德天心、明德洞井、明德启南、明德美琪、明德望城、明德雨花实验、明德蓝月谷、明德华兴智谷等集团学校，集团现有学生 22355 人，涵盖了小学、初中、高中全学段。

一、明德教育集团的发展历程

（一）兴起阶段

征途回望千山远，前路放眼万木春。2008 年，明德中学由于学校发展的需要，积极响应湖南省、长沙市政府号召，配合长沙市融城、扩城需求，为解决老百姓子弟上学难、上好学校更难的迫切要求，学校拓址新建天心区书香路校区，占地 150 亩、建筑面积 90000 平方米。学校一校两址、南北呼应。2008 年，为整合教育资源，明德中学老校区由公办改为国有民办，创办明德达材中学，由明德中学派谭韵政同志担任校长、曹建新同志担任副校长。2011 年，应长沙市高新区政府需求，经市教育局批准同意，在高新技术产业开发区创办明德麓谷学校，该校为九年一贯制义务教育学校，明德中学派出原总务主任陈迪夫同志担任校长，汤移星同志担任副校长。2012 年，明德老校区由民办恢复为公办初中，定名为明德华兴中学，由明德中学原教务主任周树明同志担任校长，教务处副主任许韶歆同志担任副校长，明德达材中学搬至长沙县黄兴镇继续办学。自此开启明德教育集团发展之路。

（二）扩大阶段

蓝图绘就卷已开，江海乘风启新程。2011 年，南迁后的明德教育质量飞速发展，一跃成为长沙教育乃至湖南教育的"五朵金花"，集团化办学规模不断扩大，办学方式灵活多样。

委托管理公办学校方式：如 2011 年应天心区政府请求，经市教育局批准，天心区政府将原来的 42 中委托明德中学管理，学校改名明德天心中学，双方遵循"政府管理，托管办学，优势互补，互惠共赢"的原则，实行校长负责制，开创接管薄弱学校模式。明德中学派原教务主任李启洪同志担任校长，伍航、陈忠文同志担任副校长。2012 年 6 月，应雨花区政府请求，经市教育局批准，明德中学接管雨花区洞井中学，更名为明德洞井中学，学校派原教务处主任匡拥军同志任校长，陈余勇、颜俊、曾桂秋同志为副校长。2014 年，明德中学又接管雨花区原长沙市第三十七中学，更名为明德雨花实验学校，学校派李运宏同志担任副校长。2016 年，天心区政府又将暮云中学交给明德中学委托管理，改名为明德启南。明德派出办公室原主任乐炼同志担任校长，张良存、李黎明同志担任副校长。2020 年，受望城区人民政府委托，明德中学托管了明德美琪、明德望城两所新学校，两所学校皆为公办九年制义务教育学校。学校派伍航同志担任明德美琪学校校长、蔡周政同志担任副校长；乐炼同志由明德启南转任明德望城校长，陈雄伟同志担任副校长。同时，原教务主任刘周军同志担任明德启南校长。2021 年，由宁乡经开区管委会、宁乡市教育局和明德中学合作办学，创办宁乡市明德蓝月谷学校，学校派出了黄乐同志担任校长、吴建华同志担任副校长。2023 年，与湖南湘江新区合作办学，创办明德华兴智谷学校，派学校办公室主任康菲同志兼任校长、蔡周政同志担任副校长。

外地联合办学方式：2010 年元月，与海南省儋州市第一中学进行联合办学，派原教科室主任兼校长助理张建斌同志担任执行校长，达才中学副校长曹建新同志、年级组长汪群老师担任副校长，将其发展成了海南省一级甲等学校。2013 年合作办学中止。2012 年 12 月，学校在贵州省铜仁市联合创办明德衡民中学，派原教务主任吴胜军同志担任执行校长，余波、梁建文同志担任副校长。2018 年合作办学终止。2014 年，明德中学响应长沙市政府要求，积极援助湘西龙山县教育，创办龙山思源实验学校，学校派伍航同志担任执行校长，曾桂秋、李黎明同志担任副校长。2016 年 8 月合作办学终止。2017 年 7 月，明德中学在永州市宁远县联合创办明德湘南学校，该民办学校为小学至高中 12 年制一贯制教育学校，派原教育主任黄乐同志担任执行校长，张建设、谭振华同志担任副校长，后相继委派杨智勇、蔡周政、汪群、汤移星、冉银莎、陈忠文、夏琴等同志担任副校长。2020 年 10 月合作办学终止。

对口帮扶方式：2018 年 11 月，为贯彻市教育局有关文件精神，充分发挥明德中学的示范引领作用，提高望城区大众垸片区的教育水平和质量，应望城区教育局的请求，本着"名师帮带，优生代培，教研互动，支教服务，优势互补，资源共享"的宗旨，经双方商定结成教育教学帮扶关系，对望城六中、乔口中学、靖港中学进行帮扶。另外自 2015 年起，学校对口帮扶龙山县第二中学。2023 年新增对口帮扶怀化市第二中学、涟源市芙蓉中学、浏阳市第四中学。

2012 年，由于集团发展工作需要，学校成立集团管理办公室，统一协调本部与分校的教育教研和教职工活动。2016 年秋，明德教育集团正式挂牌成立，刘林祥同志兼任集团总校长，明德开始了集团化发展的新航程。

（三）融合阶段

又踏层峰辟新天，更扬云帆立潮头。当前，新一轮的教育改革推动教育形势出现新的局面和气象。2020 年开始，根据政策的要求，公办学校与民办脱钩，学校开始全面整改，分别与明德衡民中学、明德湘南、明达中学等学校终止合作办学合同。同时，对集团内的学校进行深度融合发展，促进教育质量的提升。目前明德教育集团当前共有 10 所分校：明德华兴中学（市属完全中学）、明德天心中学（初中）、明德麓谷学校（九年一贯制）、明德启南中学（初中）、明德洞井中学（初中）、明德美琪学校（九年一贯制）、明德望城学校（九年一贯制）、明德蓝月谷学校（九年一贯制）、明德雨花实验中学（完全中学）、明德华兴智谷学校（九年一贯制）。对口帮扶学校有望城区第六中学、龙山县第二中学、怀化市第二中学、娄底涟源市芙蓉中学、浏阳市第四中学等。

近十年来，明德教育集团的砥砺前行，拼搏奋斗，整体教育教学质量进一步提高，社会声誉和办学影响进一步扩大，集团办学规模也进一步扩大，集团校以明德本部为核心、为龙头，各校独立发展，自成特色，各校继续秉承"坚苦真诚"的校训，发扬"磨血育人"的传统精神，推进了集团发展。路虽远，行则将至；事虽难，做则必成。未来，全体明德人必将遵循"明德树人"之核心理念，抱团发展，真抓实干，赓续明德教育的新篇章。

附件 1：明德教育集团分校创建时间轴

创建时间	学校名称
2011 年	明德麓谷学校
	明德天心中学
	明德儋州一中
2012 年	明德华兴中学
	明德洞井中学
	明德衡民中学
2014 年	明德雨花实验中学
2015 年	明达中学
2016 年	明德启南中学
2017 年	明德湘南学校
2018 年	明德望城六中
2020 年	明德美琪学校
	明德望城学校
2021 年	明德蓝月谷学校
2023 年	明德华兴智谷学校

附件 2：现有明德教育集团派驻分校领导一览表

学校名称	现任领导
明德华兴中学	党委书记：陈迪夫　副校长：阳淼
明德天心中学	校长：卢朝为　副校长：冉银莎、徐冉
明德麓谷学校	校长：何建平　副校长：龚乐妮
明德启南中学	校长：刘周军　副校长：李黎明
明德洞井中学	党委书记：蒋灿强　副校长：张洪
明德美琪学校	校长：伍航
明德望城学校	校长：乐炼　副校长：陈雄伟
明德蓝月谷学校	校长：张良存　副校长：吴建华
明德华兴智谷学校	校长：康菲　副校长：蔡周政
明德雨花实验中学	副校长：李运宏

二、明德教育集团的实践探索

（一）明德教育集团的成因探析

1. 党和政府的政策支持

长沙市最早开始集团化办学的实践源于 21 世纪初，一方面随着城市增容、人口急剧增多，需新办许多中小学来解决上学难的问题。另一方面，是社会对优质学校的渴盼越来越强烈，帮扶一些薄弱学校，以满足"上好学"的愿望。长沙市教育局从鼓励尝试到逐步规范引领，于 2020 年印发《关于进一步优化基础教育集团化办学的指导意见》（长教通〔2020〕97 号）文件，文件明确以习近平新时代中国特色社会主义思想和党的十九大精神为指引，全面贯彻党的教育方针，创新基础教育办学模式和管理体制机制，总结集团化办学经验，优化集团化办学管理，激发和强化名优学校的示范、辐射和引领作用，城乡一体，科学推进，带动基础教育优质均衡发展，让每个孩子享有更加公平、更高质量的教育，满足老百姓对优质教育资源的需求。文件明确了完善集团化办学体制机制、优化集团化办学发展生态、提升区域教育服务水平的目标任务。

2. 明德办学品质的彰显

明德中学的综合实力不仅体现在学校的五张名片上，主要是社会对明德的办学思想、学校管理、敬业精神、育人效果等方面有高度的认同，这是学校形成集团化办学的根本原因。在集团化办学之初，2008 年 6 月，首先创办的民办学校长沙市明达中学（因政策原因，2015 年独立办学，2020 年脱离集团序列），现已成为长沙民办教育的一张名片——民校中的名校。目前在校学生 6870 人，其中小学生 505 人、初中生 1538 人、高中生 2294 人、高复生 2533 人（不含专业考生），专任教师 603 人的办学规模。2011 年，集团内第一所委托管理的学校——明德麓谷学校，是原长沙高新区九年一贯制公办学校，学校创办之初以"明德树人"为核心理念，确立了"办高品质教育，育'和善新美'少年，成一流品牌学校"的办学目标，经过十二载奋发图强，结出累累硕果。学校先后获得了教育部足球特色学校、教育部国培计划优秀基地学校、综合实践活动课程国家级成果推广应用示范校、湖南戏曲进校园特色学校、湖南省网络联校项目示范校、湖南省跆拳道项目试点学校、长沙市文明标兵单位等荣誉，现成为优质公办初中学校。

集团内第一所市直公办学校，是2012年在明德老校区成立的明德华兴中学，学校传承了明德中学深厚的办学底蕴，秉承百年明德"坚苦真诚"的校训，发扬"磨血育人"的精神，以"德育为首、教学为主、科研引领、注重特色"为办学思路，进一步确立了"育华兴少年，成生命气象，办一所温暖的学校"的教育理念。"无体育，不明德"的理念在学校落地生根，初中男子篮球队获得全国冠军，传承"泰安球王"，是长沙公认的初中名校。

正是因为明德中学办学成绩以及所创集团分校的优异成绩，引来长沙各区县及省内外学校主动寻求合作。集团分校不但先后在长沙市天心区、雨花区、岳麓区、望城区、原高新区、宁乡市等地创办，外省合作办学者也慕名而来，如2011年与海南省儋州市第一中学合作办学，经过一个周期的合作办学，取得了很大的办学成绩。2012年在贵州铜仁市创办明德衡民中学，把一所偏远地区的少数民族为主的民办学校办得风生水起，成为铜仁地区的一张教育名片。省内如2014年，明德中学响应长沙市政府的要求，积极援助湘西龙山县支教，办起了龙山思源实验学校。2017年7月，明德中学应邀在永州市宁远县办起了一所从小学到高中的12年一贯制教育的民办学校——明德湘南学校。

3. 学校领导的正确决策

回顾历史，寻找发展规律并不难，难点在于后人很难代入当时决策者们的思维中去。创办集团分校并非只有利，也存在诸多弊端，随着外派干部与教师的增加，势必对本部的干部与教师培养提出挑战。现明德中学党委书记、集团总校长刘林祥回忆说，从2014年到2023年将近十年时间里，学校先后扩增明德雨花实验中学、明德启南、明德湘南、明德美琪、明德望城、明德宁乡蓝月谷、明德华兴智谷、明德金鹰（2024办学）等，对口帮扶明德望城六中、浏阳市四中、涟源芙蓉学校、怀化市一中等学校。随着集团规模的扩大，每年开学人事安排非常艰难，干部队伍培养也任务艰巨，但每次就是否创办集团分校做决策时，刘书记总是以四点理由说服自己及班子成员。

一是体现百年名校的教育担当。无论委托管理还是对口帮扶，为每一所集团分校都需要巨大付出，要选派合适干部担任分校管理，要调查研究分校所存在的主要问题，要付出精力理顺管理机制，要合理化解主要矛盾，要统筹师资培养，要输出课程资源，要确保学校安全等，每一项工作都需要明德本部的管理团队付出时间、精力及财力。如果不是站在推动教育事业发展的全局，体现明德中学的社会担当，是很难持续付出的。

二是彰显明德品牌的路径。在学校办学的历史进程中，随着社会的变化发展，每一个阶段或时期，学校发展有新的使命。对于如何突显学校办学品牌，学校在坚持"明德树人"这一个根本任务之外，一定要与时俱进，和时代同频共振，寻找新的途径和策略来扩大学校的社会影响。进入 21 世纪以来，随着集团化办学的深入发展，集团分校的数量与质量代表着学校的办学水平。明德在集团化办学过程中，通过文化理念、管理机制、课程建设的输出，达到了扩大学校影响以及共同促进发展的目的。

三是优化生源结构的需求。随着学校集团化发展规模的扩大，集团内生源数量也在扩大，生源质量也在提升。尤其是被托管的原薄弱学校，经过明德中学的品牌注入，更新发展理念，提升管理效能，在短时间内取得了良好的办学口碑，选择微机派位进校的人数迅速增多，生源质量得到很大提升。随着集团校数量的增加，使集团初中及小学人数增多，不但能保证高中学生的来源，也相应提升了生源质量。另外在改善生源结构的同时，也合理增加了学校的经济收入。在合作办学过程中，当地政府或企业要付给明德中学品牌费，即合作办学经费。所有费用缴纳给市财政非税收入，再统一调剂使用，可用来弥补学校公办经费。

4. 外派干部的有力执行

执行力是一所学校竞争力的核心，学校有效运行的保证，是把学校办学理念、发展规划转化为学校发展、教师专业成长的基础。

十余年来，明德外派干部勠力同心、奋勇进取、敢于创新，体现出强大的执行力。一是真抓实干，勇于实践探索，提升教育教学质量。如明德华兴中学在先后派出的周树明、李启洪、许韶歆、陈迪夫等中层干部带领下，注重内涵发展，构建了精细、科学、高效的管理模式，成绩斐然。二是守正创新，因地制宜，善于打造适合本校的学校文化。如明德天心中学在先后派出的李启洪、伍航、陈忠文、蒋铁祥、杨智勇、阳淼、匡拥军、夏琴、卢朝为、冉银莎、徐冉等中层干部带领下，通过文化立校、特色办学，引入"三生"课堂理念，打造"幸福生长"课程，改进流程管理等措施，学校特色鲜明，影响广泛。三是坚苦真诚、勇毅前行，具有无私的奉献精神。乐炼、伍航、杨智勇、吴胜军等十余名同志，克服家庭困难，曾长年在海南、贵州、龙山、永州等地办学，面对新的环境、新的挑战，发扬明德精神，共克时艰，奋勇前行，获得了当地领导、同仁和家长的广泛好评。

（二）明德教育集团的构建范式

1. 集团办学的基本范式

在集团化办学的过程中，也是逐步探索发展与成熟的过程。组织层面的构建范式是，创办兴起阶段，还没有统一规划，2012 年经长沙市教育局统一协调，长沙市委组织部批准同意，学校内设机构中设立合作办学科，增加一名正科级中层干部编制。学校中层干部中先后有康菲、黄乐、曾桂秋、蒋铁祥担任主任，对集团的日常工作进行管理协调。校级层面于 2016 年设立集团总校长，由明德中学校长兼任，领导集团工作。2022 年 8 月，学校执行《中小学校党组织领导的校长负责制》的改革，集团总校长由学校党委书记刘林祥兼任。由集团总校长牵头组织每月召开一次集团校长办公会，研究和部署集团内的重大问题，每学期集团内组织一次同学段的联考联评，每年度组织一次分校校长的绩效评价。

外部形态的构建范式是，各分校统一挂"长沙市明德中学教育集团"牌，学校名称命名为"明德××学校（中学）"，校服统一基本样式，但LOGO可以自己设计和命名，高中学段的学校可以设置"明德班""黄兴班"。管理方式的构建范式是，一般遵循"政府主管，托管办学，优势互补，互惠共赢"的原则，即分校办学主体是当地政府，固定资产（含土地、房屋、设施设备等）归对方所有，明德中学派出2～3名干部担任学校校长或党委书记、分管教学或德育副校长，对分校进行行政管理、教师业务培训与考核、学校文化建设、课程建设等工作。教师与干部根据实际情况可以进行委托培养、跟岗培训、支教帮扶等。

2. 合作办学的主要方式

因集团分校的性质不同，合作办学一般有三种方式：委托管理、对口帮扶和联合办学，其中联合办学指与民办学校的合作方式，因政策规范的要求，公办学校不允许与民办学校进行合作办学，自2020年开始执行，已全面脱离。具体每种办学的范式如下：

（1）委托管理的范式。

一般是经长沙市教育局批准同意，与当地政府签订协议，对当地薄弱学校或新建的义务教育阶段学校，进行行政管理、文化融合、课程构建、师资培养与评价的方式。管理机制以明德天心为例，大体相同，略有不同。附明德天心的管理体制如下：

1. 双方合作遵循"政府主管，托管办学，优势互补，互惠共赢"的原则。托管办学期间根据政策要求办学，学校享有办学自主权。

2. 明德天心中学的固定资产（含土地、房屋、设施设备等）归甲方所有。

3. 明德天心中学的党政领导班子原则上职数按5人配置，由甲方委派2人（党委书记或校长1人，财务后勤副校长1人），乙方委派3人（执行校长或党委书记1人，教学副校长、德育副校长各1人）。乙方派到明德天心中学的管理人员及教师的人事隶属关系原则保持不变，教师工资福利待遇由甲方按相关政策予以保证。

4. 明德天心中学的所有在职在编教师均纳入天心区教育系统绩效考核与管理体系，区教育局委托明德天心中学对教师进行考核与管理。

5. 明德天心中学的教师编制由甲方按省、市有关标准和程序核定。学校在编教师招聘，由明德天心中学根据预计的开班规模、学生人数等情况拟定年度招考计划，经甲方按有关程序报批后，由甲方统一组织实施，具体办法在尊重学校办学自主权的基础上另行制定。在有现实需求时，明德天心中学有权自行招聘临聘教师，按照甲方相关要求在指定经费中开支。

（2）对口帮扶的范式。

为促进城乡教育质量均衡发展，扩大优质资源覆盖面，进一步促进教育教学质量的提升和实现可持续发展，在当地政府的批准下，报长沙市教育局备案，双方自愿结成教育帮扶发展协会。对口帮扶相对松散，不派管理干部，没有品牌建设费。主要以资源共享、课程共建的一种合作方式。附以涟源市芙蓉学校为例的帮扶模式：

成立帮扶管理机构

1.成立结对帮扶发展协会,协会会长由甲方代表担任,副会长由乙方代表担任。甲方充分发挥资源优势,承担引领作用,乙方积极主动作为,落实帮扶措施。

2.经双方协商,从 2023 年下学期开始,在乙方加挂"长沙市明德教育集团涟源实验学校"的校牌。

3.合作共建"涟源市芙蓉学校明德班",由甲方派教育专家、名师指导乙方"明德班"的教育教学活动。

开展帮扶交流活动

1.每学期至少召开 1 次学校校长、协会领导班子联席会议,双方学校的教育、教学、教研、安全、后勤、团队等相关管理人员每学期到帮扶学校研讨交流相关工作各 2 次（4 次 / 年）。

2.甲方每学年派出教学能手或骨干教师到乙方指导教学教研活动,乙方派出骨干教师到甲方跟岗学习。在政策支持和学校条件允许的情况下,甲方派出教师到乙方支教。

3.每学年由甲方牵头共同组织 2 次教学质量检测,及时交流、分析检测结果,研究改进教学措施。

4.每学年初由甲方牵头,共同制定学校文化共建年度实施方案,建立学校文化建设和特色建设互助互学机制,共同促进文化建设和特色建设。

5.每学年联合组织有教师、学生参加的校际联谊活动、文体活动、团队活动、社团活动或综合实践活动。每学年联合组织学生素养竞赛或展示活动（如学科素养竞赛、音乐竞赛、体育竞赛、演讲比赛、辩论赛、书画展览等）。承办单位由协会商定。各学校举办的艺术节、科技节、体育节、读书节等活动,双方互派师生学习、观摩与交流。

（3）联合办学的范式。

联合办学一般指与民办学校的合作办学,民办学校成立董事会,明德中学派出管理团队负责日常教育教学的管理等工作。民办学校负责我方派出干部的工资,并支付学校一定的品牌建设费。附以明德湘南学校为例的办学范式:

办学体制

明德湘南学校为私有民办性质,甲方成立董事会,乙方派出执行校长组成管理团队帮扶办学,学校管理实行董事会领导下的校长负责制,董事会协调、监督学校宏观发展方向与办学过程。校长在董事会领导与监督下全面开展学校工作。

乙方权利与义务:

1. 乙方派出执行校长全面负责学校管理工作，同时派出优秀的管理团队和优秀的教师管理、引领学校的教育教学工作。有权组建校务委员会，在校务委员会的领导下选聘学校的中层干部、聘任学校的教师。

乙方负责提供先进的办学理念、特色办学成果、成熟的教育教学管理模式，双方充分依托乙方优质教育管理资源构成真正意义上的教育共同体，实现教育教学资源的共享，更快地带动学校健康持续发展。

2. 享有对学校的管理自主权，全面负责学校的招生、教育、教学、后勤等各项管理工作。

3. 负责实现各学段入学率和升学率逐年提升，通过 3 年的努力，将学校办成县内一流，具有一定影响力的学校。通过 6 年的努力，达到湖南省民办教育中上水平，树立湖南省民办教育品牌，成为湖南省民办教育的一面旗帜。

（三）明德教育集团的行动策略

1. 文化融合，以精神理念为统领

推动集团校内部的全面发展，首先需要在理念上取得高度认同。明德中学有深厚的人文底蕴和先进的办学理念，集团分校在如何确定本校的发展方向、管理的思想认识、学校的核心理念，以及师生的价值诉求上与明德中学的核心文化和办学思想达到了深度融合，提高集团校的凝聚力，为学校管理、协作、发展、提升提供基础性保障。尽管每所学校核心理念的呈现方式、落实方式、转化成果不一样，但核心价值追求是一致的。即明德教育集团以"文化立校，特色办学"为总的指导思想，传承"坚苦真诚"的校训和"磨血育人"的精神，坚决落实"明德树人"的办学追求等是高度自觉的。

如明德洞井中学自 2012 年和明德中学合作办学以来，将明德的"坚苦真诚"与龙文化精神相结合，形成了"坚苦真诚，龙马精神"的校训，形成的龙文化让全体师生凝聚成为一股绳，并植根师生心底。明德天心中学树立的"明德树人，幸福生长"文化理念，通过物质文化、理念文化、管理文化、课堂文化、课程文化、社团文化等多维度的文化滋养学生的文化气质，让学生不仅得到知识的传授，更感受到文化的熏陶。如明德美琪学校作为一所 2020 年创办的新学校，遵照集团"文化立校，特色发展"的指导思想，结合自身实际打造了学校的核心文化——"美"文化。确立了"享受美好教育，奠基美丽人生"的办学理念，把"让每个孩子像树一样成长"作为育人目标，传承明德中学的校训"坚苦真诚"，在此基础上形成"身心齐美"的校风，"明德修身，行美致远"的师风，"美言美行，美识美德"的学风。

2. 思想融合，以党群建设作培育

党建引领方面，在习近平新时代中国特色社会主义思想指导下，明德中学党委将思想政治建设、党风廉政建设贯穿于集团工作全过程、各方面，重点支持集团各校的班子建设和"党建＋"教育教学项目建设，为集团各校加快发展提供了强大动力和组织保障。

思想政治建设方面，深入学习贯彻党的二十大精神，开展党史学习教育和学习贯彻习近平新时代中国特色社会主义思想主题教育。2022 年下半年以来，明德中学党委书记刘林祥深入集团分校举办"学习二十大，奋进新征程"专题讲座 10 余次，市教育系统二十大宣讲团核心成员、明德中学党政办公室主任康菲在多所集团分校以思政课形式进行宣讲。

党风廉政建设方面，为落实全面从严治党，积极推进清廉学校建设，明德中学党委与集团外派干部签订廉洁从政承诺书近 400 份，有效压实了廉洁责任；常态化开展廉政谈话和警示教育，在每个月例行的集团校务会上，明德中学党委书记刘林祥、纪委书记范如玲多次举办党风廉政建设专题讲座。在集团分校的班子建设方面，明德中学党委坚持任人唯贤、人岗相适，逐步落实中小学党组织领导的校长负责制，进一步完善了《明德中学党委中心组学习制度》《外派干部绩效考核管理办法》等制度，以中心组学习的形式对外派干部开展意识形态工作等方面的专题培训。2023 年上半年，明德中学党委书记刘林祥为集团全体干部作了《关于中小学校实行党组织领导的校长负责制的实践与思考》的辅导报告。雨花区明德洞井中学在集团分校中率先落实中小学党组织领导的校长负责制，同时积极探索实践路径，形成党政合力。

"党建 +"教育教学项目建设方面，实施党建带团建、带队建、带关建，将集团分校的共青团、少先队、关工委工作推上了新台阶。明德中学团委获评 2020 年"全国五四红旗团委"，其主办的集团"同在明德"学生社会实践活动年年出新，成了品牌活动。明德中学党委书记刘林祥多次到天心区明德启南中学校外劳动教育基地"至善农场"现场调研，指导"党建 + 劳动教育"的项目建设，该基地现已成为天心区关工委实践基地、天心区教育系统党建品牌。"党建 + 工会活动"方面，自集团成立至今，为了进一步凝聚集团的竞争力和向心力，每年期末合作办学科联合工会组织集团内教职工活动。集团活动从 2013 年开始以教职工男子篮球赛为主，2017 年底组织了集团大型教职工文娱节目比赛。从 2022 年起，考虑到女教师也应多参与到集团活动，篮球比赛改为男女混合的气排球比赛。每次集团活动，全体参赛队员充分发扬"无体育、不明德，无运动、不青春"之体育精神，奋力拼搏，争先创优。活动参与面广，活动氛围好、效果好。如明德望城六中通过参加明德集团的篮球赛、集团迎新晚会等活动，增强学校教师队伍的凝聚力。

3. 机制融合，以完善管理强体制

明德中学作为一所有 120 年历史的湖湘名校，学校有严格系统的管理机制，学校各项工作在管理机制的调控下有效运行。在集团化办学过程中，学校通过外派干部和跟岗培训的方式，将明德中学的管理机制拓展输出，让分校能够共享管理经验，借鉴、吸纳、融合集团本部高效的管理，并结合学校实际，制定符合校情的运行机制。

首先，集团定期召开集团校长会，建立起集团内重大事项研讨机制，充分保障集团化办学决策的科学性、民主性和严谨性。

其次，各分校结合实际情况将集团本部的管理机制与本校实情相融合，并创新发展，取得了很好的实际效果。例如明德洞井通过派出干部全方位管理，并不遗余力地将明德集团本部的管理精髓浸润到明德洞井中学，形成高素质且高效的办学管理模式。如明德蓝月谷学校，既有新学校的各种磨合，也有老旧学校的办学惯性。原来的城郊九年制学校虽有着悠久的办学历史，但也留下了许多的不符合现代学校理念的陈规旧俗，学校将明德的办学管理模式和学校实际相结合，在尊重历史和现实的前提下，对学校的治理架构、管理模式、奖惩制度、服务标准等方面进行了全方位的确定，实行学部负责制，实现学校科学管理。

明德启南中学为致力于提升教学质量，借鉴明德中学"三生"课堂的模式，结合自身的教情、学情，倡导在"三生"课堂（生命化、生活化、生态化）理念指导下，明确了以"七步走"（导、讲、问、议、练、评、记）问题解决式教学为中心，构建"七环"（研、备、教、批、辅、考、评）至善教学管理体系，形成了具有明德启南特色的课堂教学模式。明德望城作为新办学校，汲取百年明德深厚的文化底蕴，遵循"明德树人"的核心理念，以"展现每个人的精彩"为育人目标，鼓励孩子个性张扬。充分利用明德集团传统四大节日之文明节、体育节、艺术节、科技读书节等节会活动，开展育人活动，活动丰富多彩，展现每个人的精彩，德育活动迅速形成了特色。

4. 专业融合，以教学联盟搭平台

专业融合发展是明德教育集团的核心赋能，集团各校的发展由"单引擎"变"多引擎"，全面实现研究、指导、培训、资源开发、质量管理等综合功能。明德教育集团的各种教研教学活动，主要以教学联盟的方式推进，高中教学联盟以本部为牵头单位，初中教学联盟以明德华兴中学为牵头单位。在盟主单位的牵头组织下，集团各校达成了优势互补、资源共享、课程共建，为长沙教育的优质均衡发展构建了较为成熟的发展模式，也有效促进了长沙教育的品质发展。如明德望城六中加入了集团高中"至善"联盟，多次参加明德集团的高三联考，组织高三备课组长参加了明德中学冲刺30天高三备考工作，并进行了深度交流学习；明德中学组织高三全体备课组长送教望城六中并与望城六中高三教师进行师徒结对，明德中学高三语文、数学、英语、物理、地理等学科骨干教师分别到望城六中给高三学生进行了知识梳理，取得了良好效果。

紧跟教育发展形势，教学联盟每学期均会组织1～2次主题论坛或教育教学交流活动。如2021年7月，中共中央办公厅、国务院办公厅联合印发了《关于进一步减轻义务教育阶段学生作业负担和校外培训负担的意见》，联盟各校即以"'双减'政策下的作业布置与课堂提质"为主题，成功举办论坛活动；同时，联盟还组织各校立足学校实际，积极探索"课后服务"组织模式，充分挖掘特色、亮点，形成可借鉴的经验后进行研讨交流。2022年初，义务教育课程方案和课程标准在各中小学正式启用，教学联盟积极响应，组织全体教师学课标、研课标，并于2023年在明德天心中学成功举办"我说'新课标'"论坛活动。

在师资培育方面，明德教育集团非常重视教师队伍的建设，也善于依托集团优质资源，将"教师培训与交流"常态化、优质化。如定期组织"教学开放日"活动，分校组织队伍前往观摩学习；每年上半年中考前夕，各分校会牵头承担至少一个学科的备考研讨。例如明德华兴中学，2021年创办高中后，将明德中学的四个学科名师工作室，在明德华兴中学设立工作点，每年聘请明德中学学科备课组长担任学科指导老师，承办了明德教育集团的联席教研活动。2022明德华兴组织集团分校共同参与"人工智能时代立足学科素养提升的跨学科设计"主题培训，引领集团初中骨干教师拓眼界、新理念、提技能。

在教学评价方面，集团始终坚持"以评促改，以评促建，以评促发展"，着力于评价体系的不断优化。一是优化评价标准，基于近几年中考数据，构建明德教育集团初中"学业水平发展状况"评价维度、评价等第及参考系数等。二是优化评价工具，由各校遴选、推荐思想品质高、专业素养强的老师，组建学科命题组，命题组成员集中命题，确保测评工具高质高效。三是优化评价结果应用，以"长沙市中学教育质量综合评价结果应用"实验区、实验校建设为契机，以"学业水平发展状况"提升为侧重点，组织各校初三备课组相互学习、借鉴交流，共同提升。

5. 素养融合，以德育活动为载体

长沙市明德教育集团德育联盟于2016年成立，由明德中学等11所学校构成的含小学、初中、高中三个完整学段的大型德育共同体。德育联盟以百年明德的"坚苦真诚"校训为精神引领，充分发挥各校区德育资源优势，全力构建以提升德育队伍核心素养为基点，以开设特色德育课程（活动）为途径，从而打造凸显各校文化特色的德育体系，形成明德教育集团"和而不同"的德育文化气象，以推动明德集团德育的高质量发展，打造品质德育的明德范式。明德教育集团德育联盟下设领导小组与工作小组，由长沙市明德教育集团总校明德中学的全体领导班子担任领导小组成员。现由明德中学德育副校长陈溪担任工作组组长，统筹管理德育联盟的全面工作，其余各校分管德育的副校长、教育处主任或团委书记则分别担任工作小组副组长及组员，负责管理与执行各校的德育工作。

德育联盟还设有盟主单位，由长沙市明德天心中学担任德育联盟盟主学校，主要负责主办或承办集团内大型德育会议及德育活动，以及规划明德教育集团全年的德育工作。目前德育联盟主要重点开展"六个一"工作：即共读一本书、组织一次集体考察、举办一次班会设计大赛、组织一次学生干部成长论坛、组织一次教师德育论坛、出版一期《铭德》专刊等。目前，明德教育集团的德育联盟依旧在发展中不断地改革、创新与转型。2022年下半年，集团德育联盟进行了结构化重组，基于集团盟校现状分别成立了小学、初中、高中三个德育工作研究会，分别以明德麓谷学校、明德天心中学、明德中学为德育研究基地，针对不同学段进行精准德育探究与研讨，并规划出2022—2023年集团德育工作整体思路及工作重点。2022年下半年，集团德育联盟主要以打造高质量德育教师队伍为目的，以"自我教育提质增效"为主题内容，开展了线上、线下研讨会，并举办明德教育集团班主任核心素养大赛（各盟校均已完成初赛）。2023年3月38日，集团德育联盟组织了"明德教育集团2023年度班主任素养大赛暨明德教育集团德育研究会基地校授牌仪式"，标志着明德教育集团德育联盟工作的全新启航，集团德育工作将在新的模式中，不断探究与创新，为集团德育工作的明德范式、长沙教育的品质范式贡献明德力量。

德育活动以"同在明德·青春面对面"最富有特色和影响。明德教育集团"同在明德"

暑期社会实践活动是从 2014 年开始的一项传统项目，由明德中学校团委策划、牵头组织，明德教育集团各集团校师生共同参与，旨在促进学生素质全面发展，引导学生健康成长和成才。2014—2017 这四年，在贵州铜仁的明德衡民中学开展；2018—2019 这两年，在永州宁远明德湘南学校开展。研学活动课程设置精彩纷呈，如心理体验、英语风采、DI 创造、贵州风情、艺术分享、文化漫谈、"同是明德人，共圆明德梦"演讲比赛等。"同在明德"研学活动不仅培育了学生的创新精神、协作精神、实践能力和社会交往能力，也进一步培养了明德学子的爱校情感，促进明德教育集团各校区学生友好交流，共同进步，为其终身发展与幸福奠基。发扬明德人的精神，同在明德，同一片天，同一份情！

另外集团所有班主任、德育工作者一起阅读同一本书，撰写读书心得，编辑《铭德》专刊，举办德育论坛进行读书分享。组织集团各校德育管理人员、优秀德育名师及班主任代表赴市外或省外参加全国德育年会、班会课专题研讨等学习活动。举办的班会设计大赛，热点设定大赛主题，各校区推选优秀班会课设计教案 1 ~ 2 份，进行现场比拼，最终确认奖项。组织教师德育论坛，论坛板块具体分为：读书分享、考察汇报、工作交流、专家报告等方面内容，鼓励承办单位大胆创新，将论坛办得有新意，有深度。

三、明德教育集团的办学成效

明德华兴中学：育华兴少年，成生命气象，办一所温暖的学校

明德华兴中学成立于 2012 年 7 月，坐落于明德学堂原址，系明德中学北校区，是长沙市教育局直属优质公办完全中学。因 1904 年民主革命家黄兴等人在校内成立华兴会，故而得名，寓"振兴中华"之意。学校现有 41 个初中教学班，13 个高中教学班，在校学生 2400 多人，教师 200 余人。

学校传承明德学堂深厚的办学底蕴，秉承百年明德"坚苦真诚"的校训，发扬"磨血育人"的精神，以"德育为首、教学为主、科研引领、注重特色"为办学思路，确立了"育华兴少年，成生命气象，办一所温暖的学校"的教育理念。

学校坚持文化立校，特色办学，依托百年历史文化底蕴全力建设书香校园，是全国唯一一所初中入选 2019 年国家语言文字推广基地。学校以"一点两链三圈"为总体目标，以"量力而行，分步推进；因势利导，强化应用"为基本思路，积极探索智慧校园建设，获评长沙市首批未来学校创建校、智慧课堂应用先进单位、长沙市首批中小学网络教研联盟基础教育学科教研基地。

学校探索"一体六化"的智慧德育策略，"以学生为主体"，实现"德育队伍专业化、德育目标层次化、德育内容课程化、德育形式多样化、德育评价科学化、德育路径网络化"。逐步推进体艺 2+1，以篮球专业队为龙头，带动其他专业和群众体艺发展。男子篮球队曾荣获中国初中篮球联赛全国总决赛冠军。啦啦操、跆拳道、田径等项目在全国、省市级比赛

中均斩获佳绩，夺得冠军。

建校以来，学校先后被评为教育部网络学习空间应用普及活动优秀学校、全省中小学校基层党建"五化"示范点、全国体育工作示范学校、全国青少年校园篮球特色校、湖南省先进基层党组织、全省中小学基层党建示范点、湖南省文明校园、湖南省体育传统项目学校、湖南省安全教育示范校、长沙市书香校园等荣誉，连续5年获市教育局绩效考核优秀等次、党风廉政工作目标考核优秀单位。学校影响日益扩大，明德华兴品牌特色逐渐形成。

明德麓谷学校：办高品质教育，育"和善新美"少年，成一流品牌学校

明德麓谷学校创办于2011年，是原长沙高新区与长沙市明德中学合作举办的九年一贯制公办学校。学校现有在校学生4100多人，教师259人，拥有91个教学班。

学校传承百年明德历史文化，以"明德树人"为核心理念，确立了"办高品质教育，育'和善新美'少年，成一流品牌学校"的办学目标，形成了学生全面发展、教师专业发展、学校特色发展、校联体协同发展的高质量发展态势。

学校坚持五育并举，奠基每一个孩子的幸福人生。通过德育活动立德，依据"五育融合·生命气象"德育工作思路，以"传承红色基因，做爱国爱党的接班人；弘扬传统美德，做文明守礼的好少年；培养责任意识，做心有大爱的小公民"三大主题活动为抓手，培养和善新美好少年。通过"三生"课堂增智，全力打造"三生"+"五有"高效优质课堂。教师"善教"：善于活化资源，善于活用教材，善于活用教法；学生"利学"：学生学会学习，善于学习。通过阳光运动健体，激发师生喜欢运动、善于锻炼、乐于健体的积极性，提升师生的身心素质。通过文化艺术育美，培养学生高雅的艺术情操和体验美、欣赏美、创造美的艺术能力。通过综合实践培劳，以建设综合实践成果应用示范校为契机，科学设计系统的劳动教育体系，引导学生掌握必备劳动技能，养成劳动习惯，培育劳动精神。

学校先后荣获教育部足球特色学校、教育部国培计划优秀基地学校、综合实践活动课程国家级成果推广应用示范校、湖南戏曲进校园特色学校、湖南省语言文字规范化示范校、湖南省跆拳道项目试点学校、长沙市文明标兵单位、长沙市体育工作优秀集体、长沙市安全文明校园、长沙市基础教育学科教研基地、长沙市首批中小学网络教研联盟"魅力麓谷思政共同体"网络教研联盟等荣誉。

明德天心中学：办有温度的教育，成就幸福的师生

明德天心中学建校于1960年，与明德中学合作办学十二年，目前为天心区合作办学最久、规模最大、办学成绩最斐然的优质初级中学。学校现有61个教学班，在读学生约3000人，教职工近300人。

学校秉承百年明德"坚苦真诚"之校训，笃信"磨血育人"之教风，以"为孩子的终身发展与幸福奠基"为办学理念，以"明德树人"为办学核心，以"办有温度的教育，成就幸福的师生"为办学追求，以"教通古今、学贯中西、人文天心、放眼世界"为办学方略，确立了"树明德之人"的育人目标。

学校以"德"文化立校，力求办一所有温度、有幸福感的校园。学校以学生"幸福生长"课程为生长点，以"幸福树"为意象搭建课程架构，着重打造德育特色课程、生涯规划课程、语文悦读课程、强基拓展课程、艺体社团课程和劳动课程。通过教师五大成长课程体系——青蓝课程、荷露课程、源水课程、格致课程、书香课程为教师专业成长赋能增值。学校跆拳道基地是湖南省初中学校最先进、最齐全的基地，连续4年被教育部中体协评为"五星级会员单位"项目，获评湖南省跆拳道项目试点学校。校跆拳道队在全国省市级比赛中共获得国家级奖牌334枚。篮球队曾多次夺得天心区中小学生篮球赛冠军、入选中国初中篮球联赛湖南赛区四强。击剑队代表学校参加各级比赛多次荣获冠军。戏曲节目获湖南省艺术展演一等奖，全国互联网少儿才艺大赛总决赛冠军，并受邀参加美国纽约"芝加哥"艺术节的表演。

学校先后荣获全国未来教育行动计划示范学校、全国武术段位制试点学校、全国足球特色学校、全国篮球特色学校、教育部中华优秀传统文化传承基地、湖南省首批非物质（花鼓戏）文化遗产传承学校、湖南省文明校园、湖南省基础教育成果奖二等奖、长沙市经典诵读特色学校、长沙市优秀书香校园、长沙市中学教育质量综合评价结果应用实验校、长沙市绿色学校、长沙市首批基础教育学科课程建设基地等荣誉称号。

明德洞井中学：坚苦真诚，龙马精神

明德洞井中学创办于1942年，前身为桃谷完小，后于1966年更名为古潭中学，1997年更名为雨花区洞井中学，2012年加入明德教育集团，正式更名为长沙市雨花区明德洞井中学。学校现有32个教学班级，教职工122人，在校学生1500余人。

自联合办学以来，明德中学为明德洞井中学量身打造"文化立校，特色办学"的发展新思路。学校秉承"坚苦真诚，龙马精神"的校训，坚守"为孩子的终身发展和幸福奠基"的办学理念，树立"团结进取，求实创新"的校风，"平等民主，严谨求精"的教风、"乐学善思，明辨笃行"的学风，致力打造龙文化特色学校。围绕"龙之根、龙之魂、龙之舞、龙之品"营造校园环境，开展特色活动，构建校本课程，打造文化高地。"坚苦真诚，龙马精神"已成为学校师生根植心底的校训。学校利用环境涵养，让"龙"之文化浸染校园每一个角落；通过文化熏陶，让"龙"之精神根植于师生内心；通过运动锤炼，让"龙"之精髓成为师生的精神脊梁。学校进行系列教育教学改革，"三生四有课堂，五化生命德育"已成为闪亮名片。

十年来，明德洞井中学依托合作办学摘掉了农村中学的帽子，焕然一新，成了一所城区中学。学校荣获雨花区绩效考核一等奖，教学质量综合测评"从入口看出口"获长沙市二等奖。学校凭借龙文化特色在国、省、市、区各类大型龙舞锦标赛中摘金夺银。此外，

学校荣获雨花区中小学生校园足球联赛初中女子组区第一名、全省劳动教育专题会优秀展示奖、中小学教师培训实践基地校、长沙市绿色学校、长沙市文明校园、长沙市群众体育工作先进单位、长沙市语言文字规范化示范学校等荣誉。

明德雨花实验中学：一切服务于学生的发展

明德雨花实验中学创办于1984年，原名长沙市第三十七中学，2015年与长沙市明德中学合作办学，更名为长沙市明德雨花实验中学。学校现有49个教学班，其中初中班32个、高中班16个，在校学生2269人，教师207人。

学校传承明德中学"坚苦真诚"精神，以"一切服务于学生的发展"为办学理念，以"用生命润泽生命以成长服务成长"为生命教育核心，提倡"和谐、追求、探索、奋发"之校训。学校坚持"五育并举"，走智慧教育合作共赢之路，贯彻"四有五星"生命课堂理念，让学生在生活中学习，在学习中学会生存。学校注重开展"五大建设"，通过"思想建设"强化政治思想，凝聚奋进合力；通过"专业建设"聚焦专业科研，建强师资队伍；通过"课程建设"突出五育融合，落实三全育人；通过"服务建设"深耕校园文化，提升办学品位；通过"特色建设"围绕特色亮点，提升品牌美誉。

近年来，学校荣获全国生命教育百佳学校，湖南省"文明卫生单位"，全国青少年校园足球特色学校，长沙市文明校园，中学教育质量评价公办高中历史方向学业水平和综合素质增值评价全市第六，公办初中学业水平和综合素质增值评价全市第二、雨花区中高考质量优秀奖等多项荣誉。明德雨花实验中学家长学校办学特色被中央电视台、中国教育报、湖南日报等多家媒体报道，荣获市区"优秀家长学校"。

明德启南中学：至善教育，爱己及人

明德启南中学，原名暮云中学，前身为南托中学，创办于1976年。2016年由明德中学委托管理，更名为"长沙市天心区明德启南中学"。学校现有教学班级37个，在校生1704人，专任教师143人。

明德启南中学秉承百年明德"坚苦真诚"的校训，以"求真务实，崇善尚美"为校风，以"严爱相济，磨血育人"之教风，以"勤问善思，明辨笃行"为学风，以"善文化"为办学核心，以"明德树人，为孩子的终身发展与幸福奠基"为办学理念，以"做至善至美的阳光少年"为学校的育人目标，以"办一所文化底蕴深厚的优质窗口学校"为办学目标，构建起"四维三层两翼"的至善教育体系，包括至善理念、至善教学、至善德育、至善校园四个维度，理念文化、行为文化、环境文化三个层面，至善课程、至善治理两个羽翼。学校倡导视善、语善、行善、扬善，坚持开展"日行一善"公益服务活动，形成了"至善教育，爱己及人"的办学特色。

学校探索课堂教学改革，倡导在"三生"课堂（生命化、生活化、生态化）理念指导下，

以"七步走"（导、讲、问、议、练、评、记）问题解决式教学为中心，构建"七环"（研、备、教、批、辅、考、评）至善教学管理体系。学校依托至善农场因地制宜地进行劳动教育，获得广泛关注。至善农场成为天心区关心下一代劳动教育实践基地，天心区新时代文明实践基地。学校获评天心区及长沙市劳动与实践教育试点学校。此外，学校还是湖南省科技体育模型活动基地、湖南省体育模型运动协会会员单位，湖南省首批国家级"校园航空飞行营地"。

学校获评"建设更高水准全国文明城市工作先进集体"、湖南省"十三五"教育科研重点课题成果一等奖、长沙市"文明校园"、长沙市教育系统"五四红旗团委"、长沙市基础教育成果一等奖，连年荣获市、区"教育质量综合评价考核奖"。

明德美琪学校：享受美好教育，奠基美丽人生

明德美琪学校是由望城区人民政府投资兴建，委托长沙市明德中学管理的九年一贯制学校。学校目前共有 49 个教学班级，其中小学班 37 个，初中班 12 个，教师 139 人，学生 2273 人。

学校传承明德中学"坚苦真诚"的校训，在此基础上形成"身心齐美"的校风，"明德修身，行美致远"的师风，"美言美行，美识美德"的学风，以"美"文化为校园核心文化，确立了"享受美好教育，奠基美丽人生"的办学理念，培育美的土壤，营造美的环境，呈现美的课堂，用美的语言塑造美的心灵，用美的教育奠基美的人生。

学校坚持特色办学，不断丰富"美文化"的内涵，用美好的理念引领人、用美好的文化陶冶人、用美好的德育涵养人、用美好的教学培育人、用美好的愿景激励人，在校园文化特色、教学、德育、艺体特色各个方面全面探索，努力践行美好教育。

办学两年半以来，全体师生共同努力、奋勇前行，成绩斐然，硕果累累。荣获湖南省建设工程"芙蓉奖"、市级平安校园、市级绿色校园、望城区"绩效考核一等奖单位"、望城区大课间视频比赛、合唱比赛一等奖。今后，全体美琪人将继续秉承明德教育信仰，充盈教育情怀，点燃教育激情，提升教育水平，以高要求、高品质、高境界之姿态奔赴美好教育的新未来。

明德望城学校：展现每个人的精彩

明德望城学校是望城区人民政府投资建设，湖南湘江新区管辖，委托明德中学管理的一所九年一贯制公办学校，学校现有教学班级 43 个，学生 1932 人，教师 113 人。

学校秉承明德中学"磨血育人"的办学精神，汲取百年明德深厚的文化底蕴，遵循"明德树人"的核心理念，以"展现每个人的精彩"为育人目标，鼓励孩子个性张扬，使每个孩子都能积极乐观、自信昂扬，大胆创新、勇于实践，发挥优势、体现特长，快乐学习、健康成长为新时代好少年。

学校大力打造"真"文化，鼓励老师们真诚做人、真心做事、真情育人，以"坚苦真诚"

传统校训来培育新时代好少年，立志办一所"教师幸福、学生快乐、家长满意、社会认可"的一流学校。学校全面贯彻"以人为本"的理念，尊重教师，关爱学生，积极营造绿色、自然、放松、愉悦的氛围，努力沉淀"明德树人"的文化内涵，充分彰显"修身齐家治国平天下"的家国情怀。

学校强化党建引领，涵养师德师风；加强工会服务，提高职业幸福；坚持立德树人，引领师生发展；推进队伍建设，助力专业成长；夯实五育并举，促进家校沟通；构建课程体系，打造精彩课程；强化科研管理，提高研究质量；加强信息管理，建设智慧校园。

自办学以来，学校先后荣获望城区、湘江新区教育工作年度绩效考核二等奖、望城区公益网络教学名师风采大赛"优秀组织奖"、望城区小学数学研赛一等奖、望城区小学信息技术教师技能比武一等奖、湘江新区教师基本功大赛一等奖、湖南省在线集体备课大赛一等奖等多项荣誉。

宁乡市明德蓝月谷学校：培养放眼看世界的沩楚少年

宁乡市明德蓝月谷学校创建于 2021 年，是由宁乡经开区管委会、宁乡市教育局和明德中学合作办校的九年一贯制、寄宿制公办学校。学校目前开设教学班 59 个，学生人数 2506人，教职工 230 人。

明德蓝月谷学校承载宁乡千年文脉和明德百年历史的融合使命，将宁乡与明德的文化有机结合。学校关注学生的终身发展，关注个体需求，以"自主"能力培养为教育的落脚点，强化"内驱力"的激发，为学生可持续发展奠定基础。

学校通过创新顶层设计，构建学校办学理念和管理文化，学校以"做放眼看世界的沩楚少年"为育人目标，以"磨血育人"为教风，以"善思、笃行、自主、创新"为学风，形成了明德蓝月谷学校的办学理念体系。学校狠抓教学质量，塑造教学特色和质量意识；立足学生主体，打造学校德育文化和发展平台；服务全校师生，保障学校日常运营和持续发展；倡导人文关怀，提升教师幸福指数和学校认同。

学校荣获宁乡市素质教育综合质量优秀单位质量奖之初中系列提高奖、特色奖之养成教育特色奖，宁乡市平安建设工作先进单位、内部审计工作先进单位、意识形态和宣传工作先进单位、党风廉政建设先进单位、校本研修先进单位、科技工作先进单位、体艺工作先进单位、普职分流工作先进单位等荣誉称号。

明德华兴智谷学校：明德树人，五育融合；立足湖湘，放眼世界

明德华兴智谷学校位于学士街道琨玉路与翰林路交汇处，是湘江新区在智谷片区建设的一所校园环境优美、师资力量雄厚的九年一贯制学府。学校占地面积 50420 平方米，总建筑面积约 61686.88 平方米，规划办学 66 个教学班级，其中小学 48 个班、初中 18 个班。学校秉承明德中学 120 年的文化血脉，以"坚苦真诚"为校训，倡导"磨血育人"的办学精神，

以"明德树人，五育融合；立足湖湘，放眼世界"为办学理念，致力于让每一个孩子幸福成长。学校全面汲取明德中学集团化办学的成功经验，依托湘江新区教育局共同组建一支专业突出、敢于创新的名师队伍。学校成立明德中学名师工作室明德华兴智谷工作站，传承明德办学文化，实行"硬核"五统一：统一办学理念，统一管理标准，统一教学资源，统一师资培训，统一考核评价。学校共享明德教育集团初中课程中心、小学课程中心教育教学资源，聚焦学生的核心素养的提升。

长沙市望城区第六中学：先成人，后成才，做最好的自己

长沙市望城区第六中学创办于 1912 年，历史悠久，底蕴深厚，于 2018 年 9 月与长沙市明德中学签订联合办学协议，携手跨入联合办学的全新时代。

学校深入学习明德中学的历史文化精神，以"砺志、笃学、荣校、报国"为校训，践行"规范办学、精致办学、特色办学、认真办学"的办学思路，倡导"先成人，后成才，做最好的自己"的育人理念。学校充分利用明德教育集团的教育品牌资源，开展务实的合作与交流，走"教育内涵式发展"道路，以"全面提高教育教学质量"为中心，教育教学质量和办学水平快速提升。2021 年创办国防教育班，成为长沙市公立学校的首创。2022 年 3 月，湖南日报第 10 版刊发《传承红色基因，开展国防教育，培育时代新人》一文，对国防班进行了专门报道。

学校先后获得长沙市平安校园、长沙市文明校园、长沙市五四红旗团委、长沙市区两型示范校、长沙市花园式单位、望城区教育系统学习型单位、望城十大"最美校园"、望城区国防教育先进单位、望城区教师阅读优秀组织单位等荣誉称号，五年内三次被评为望城区教育系统绩效考核一等奖。

长沙市明达中学：人文明德、山水达材

长沙市明达中学是由长沙市教育局批准成立、传承长沙市明德中学百年办学文化的民办学校，2008 年创办于明德中学老校区（现长沙市明德华兴中学），原名长沙市达材中学。2022 年按照民办教育分类经营政策要求，分立为长沙市明达高级中学（高中、高复）和长沙县明达学校（小学、初中），财务、人员各自独立，日常管理实施统一管理。目前全校在校学生 6870 人，其中小学生 505 人、初中生 1538 人、高中生 2294 人、高复生 2533 人（不含专业考生），专任教师 603 人。

学校秉承明德中学"坚苦真诚"的校训和"磨血育人"的办学精神，倡导"笃实无我"之校风，践行"敬业乐群"之教风，以提供"合适的教育"为追求，弘扬"人文明德、山水达材"的办学文化，以"明德树人、达理格物"为理念，打造"多元致用、人文自主"的课程文化，弘扬"养浩然之气、成宏远之象"的德育文化、"有张有弛、行云流水"的管理文化以及"敬业乐群、情义担当"的师风，致力于培养明辨致用的新时代人才。

学校通过特色办学，发展学生个性，促进学生身心全面发展。学校致力于生涯规划教

育实践和研究，生涯规划教育进课表，对不同年级进行针对性、多元性、递进性授课，开发一套完整的生涯通识课程，开展一系列生涯教育活动，形成具有明达特色、家校共建的校内外生涯教育体系。学校承担省教育科学"十三五"规划课题"中学生涯教育实践研究"，研究成果《中学生涯规划教育的明达模式》获得基础教育教学成果长沙市一等奖和湖南省二等奖。

学校荣获省教育系统先进基层党组织、长沙市"党建＋教学实践"先进党组织、长沙市文明校园、长沙市优质诚信服务示范校、长沙市标准化学校食堂等荣誉称号，学校男子足球队获得全省校园足球赛（高中组）冠军；连续十一年在市教育局组织的民办学校的年度评估中获评优秀等级。

（编写：王胜楚、马臻、蒋铁祥、傅海勤）

叙事篇 明德教育的生命气象

第一章　教师岁月：大江流日夜，慷慨歌未央

梦想：意义的巢穴

⊙ 陈立军

> 看似虚空的梦想，是人生意义的巢穴。
>
> ——题记

高一第一学期，我们有三次专题讨论梦想。

在第一次"超越自我，逐梦未来"的主题班会后，大部分学生的梦想似乎开始发芽，也有小部分学生感觉还很迷茫，有文字为证："我还很迷茫，有点善忘，害怕过几天热情消退，在重压下得过且过，空耗时光。"

于是就有了由 501 寝室的女生策划、谭毓芳主持的班会"行者"。谭毓芳从郭敬明小说中的左岸讲到右岸讲到第三条岸后，她说："人越长大，越觉得那些所谓梦想的东西，会被岁月打上一个个标签，被喜欢，被追求，被讨厌，被放弃，然后，被忘记……尽管如此，我还是希望，有一天，我回头看我的成长，所见都是我的闪耀年华。"

在学习马丁·路德金的《我有一个梦想》时，自然又带出了梦想话题，说到了许多名人伟人的梦想，又一次启发孩子们对梦想的思考。

（一）那些令你我嘴角上扬的梦想

孩子们关于梦想的表达哪些会令你我嘴角上扬？

片段一：如果说我有什么大的梦想或不甘平凡的地方，大概就是我希望能为了中国的未来实实在在地贡献一点自己的力量。我曾听不同年龄阶段，不同社

会身份的人讽刺中国政府，说人民的生活过得多么悲惨，但外交部部长王毅先生的一句话击中了我的心扉：几十年的时间，中国从一个一穷二白的国家变成了世界第二大经济体，祖国的发展与人民生活水平的提高在国际上都是有目共睹，你又有什么依据对党和国家表示强烈的不满呢？你又为这个国家做了什么呢？

……也许有人会说我太单纯，我对中国社会的认识还太肤浅，但我愿保住这一份对社会的单纯，对祖国的满腔热忱，对不平凡的梦想的追求……（扬扬）

片段二：有人说："梦想有了还不够，要尽力，但不需不顾一切。梦想嘛，不一定要实现。"我不以为然。如果在憧憬梦想时我们是这样的心态，那么，我敢说梦想很可能只是空想。在我看来，既然是梦想，就要刻在脑海之中，下定决心一定要去实现它。不以"业火焚身"，何以涅槃重生！特别是那些大大的梦想，一定是经历莫大的痛苦、失望甚至绝望，才知道梦想成真时生命是多么芬芳，生活是多么美好。（曦曦）

片段三：在学习压力下，我不知有多久没有背着吉他站在话筒前，站在队友身旁，随着那熟悉的伴奏发自内心地唱一回了。……我应该一点点地揭掉那张阻碍我视线的面具，它虽然是那样美丽，但它终会使我看不清方向。再多艰难险阻都不能使我左右摇摆，因为：小小的我，有大大的梦。（欣然）

扬扬的梦想很不平凡，甚至可以说很伟大。"00后"的孩子能有这个气魄与胸怀，能有这份笃定的信念，我由衷地点赞！

曦曦斩钉截铁的话语，道出了他者在梦想面前的犹豫与难以取舍；欣然从自身出发，也表达了他在逐梦路上的摇摆。犹豫也好，摇摆也罢，孩子们内心燃烧着梦想，但他们需要鼓励与支持。

所以，我对他们说，大胆地去追梦吧。哪怕是一颗鸡蛋，也要做一颗顽强的鸡蛋，即使路途再坎坷，也不停止向前；即使蛋壳沾了污垢有些破损，也仍保有最初的蛋黄和蛋清。做一个执着的追梦人，不一定非得"业火焚身"，但得有血泪浇灌。

愿每一个小小的你，有勇气追求大大的梦。

（二）每个孩子都得背负梦想吗？

孩子们接受了多次理想教育，也熟悉了许多名人伟人的理想，如果他们仍然坚持说，我没有梦想，你怎么想？

我们不必懊恼，先请听孩子们说。

昭丹这样说：

我没有梦想。现在的我对梦想有些厌恶，这点厌恶来源于恐惧，还有与梦想间隔着的刀山火海。

我没有梦想，是因为我不够小。没了把地球当成后花园的勇气，少了那时的不知天高地厚。就像那句话"你赤手空拳来到人间，为找那片海不顾一切"。我找不到那片海，在雪天，海和天都是一样的颜色。所以梦也像天压着我的臂膀。因为太多，成为累赘，丢弃后才发现，那张找海的地图也被忘在雪地，所以，我忘却。

又如锦华所言：

我没有梦想，从始至终，我不敢有梦想，害怕为之努力太累，害怕走不到终点太痛，害怕他们锋利的眼神伤我太深。有人说，年轻人就该拼一把。可我也在向前走，我也曾满头大汗，我也曾气喘吁吁，只是没有负上梦想的枷锁，自由一点罢了。

还有奕草的话：

梦想如果是让你在自己的一隅天地里作茧自缚一样地苦苦挣扎，还不如现实点来得真实可靠。在伸手五指黑的虚空里销声匿迹，还不如世俗一点，跌个跟头，摔个鼻青脸肿，撞破几颗牙齿，懂点生活的真谛。那些用手触碰得到的，总比拥有梦想的人整天自怨自艾更舒服，更令人感动。

那些梦，那些想放在心底就好。

读着这三个孩子的梦想感言，心里有着百感。其一感就是在多次做了理想教育之后，为什么他们还如此执着于自己没有梦想呢？在与孩子们深入交流后，就理解并接受了他们的"无梦"。

昭丹说我没有梦想，其实并不是真的没有。在可追逐的事物太多面前，在还未准备好之前，他不想奢谈梦想，不想要建基于平庸之上的"虚伪"理想。在昭丹看来，梦想不是强迫人奋进的枷锁，也不是人在彷徨时拼命寻找的稻草，真正的梦想应该在血泊中诞生，在勃发的生命中孕育，被满是老茧的双手捧住……当有一天他觉得有资格谈论梦想、拥抱梦想时，他的整个身体，整个视野，整个世界里，将全都是梦想。

而锦华害怕的是，梦想会剥夺他的自由；奕草担心的是，没能赢得梦想，却已输掉现实。我理解他们的顾虑，明白他们的担心，并不想强求他们拥有梦想，我只想说，要不要有梦想，是你们自己的事，你们自在就好。但不管现世是否安稳，岁月是否美好，都请永远热爱生活，就和今天一样。

（三）你们当初剪下了我的翅膀，现在却要我飞翔

苏格拉底说"人类的幸福和欢乐在于奋斗，而最有价值的是为理想而奋斗"。对每一个人而言，在小的时候，每个小小的我，都有着大大的梦想的。长大后，更可能的情况是，大大的我，不见了大大的梦想，梦想走向了虚空。

原因也许有很多，但飞翔的翅膀被剪掉了，可能是最重要的原因之一。

星璇说：

梦想对我来说，不过是一个梦。

当我对母亲说，我长大想当一名幼儿园老师时，换来的是母亲眼中的失望。那我送你读书有什么用？——母亲的一句话，便让我将这一想法埋葬于心底，用沉重的枷锁锁住了它。

而现在，当弟弟对我说他长大要当一名环游世界的探险家时，我所给予的，也是否定——对于不现实的梦想否定。或许正是一次次的否定，才让我们觉得梦想是遥不可及的。然后如同万千人一样，将那被否定的梦想埋葬在了心底。

靖雯说：

我梦想当一名建筑师，但父亲说，你，一个女孩搞什么建筑？我说，我想让艺术通过建筑的方式表现出来，镜宫，升天教堂，卢浮宫，多美啊！

父亲说，别做梦了，现在哪有那些？你看你外公的建筑，哪个好看了？我刚想反驳，他说："我女儿好有个性。"于是，没有了然后。

当孩子的梦想太低，就否定说不值得追求；当孩子的梦想太高，又觉得孩子够不着。梦想或低或高的定位，也只是成年人的一厢情愿。孩子敢做梦，就敢去圆梦，也许终有一天也就圆了梦，活出了他们自己想要的人生。大人坚如巨石的话语从高空砸下时，砸断了孩子梦想的双翅，也可能毁了孩子的一生。

"当你在注视深渊时，深渊也在注视你。"如这所说，当你在否定别人的梦想时，你的梦想也在被否定。前一代人不断否定后一代（后辈）的梦想，自由的天空也就少了梦想的翅膀飞翔。

那么，那些飞翔的翅膀是怎样练就的？

有一个远在天边的故事：

美国沃帕科内塔小镇，一位妈妈正在厨房里洗碗，她听到十岁的儿子在后院里蹦跳玩耍的声音，便对他喊道："亲爱的，你在干吗呢？"儿子说："妈妈，我要跳到月球上去！"这位妈妈没有给"胡思乱想"的儿子泼冷水，而是说："好，不要忘记回家哟！"30年后，这个小孩成为第一个登上月球的人，他就是美国著名宇航员阿姆斯特朗。

也有一个近在眼前的故事：

大街上，有个小男孩吵着要买棉花糖。妈妈指着他手里的小糖人，说："刚买的孙悟空还没吃呢，怎么还要？"小男孩不听，赖在原地，非要买棉花糖不可。妈妈没办法，只好同意了。小男孩终于拿到了棉花糖，开心地对小糖人说："大圣你看，你的筋斗云来了！"

小小的阿姆斯特朗也许只是随口一说，但得到了妈妈的莫大鼓励；小男孩是实实在在想要，他也得到了满足，他满足的不是一颗棉花糖，而是他的筋斗云。

其实每个孩子都有自己的筋斗云，父母和老师请别做他们的五指山。

（四）虚空的梦想，意义的巢穴

中国人常讲安身立命，一个人来到这个世界上，总得为自己找到安身之处立命之所。安身是为了身体，立命是为了灵魂。而灵魂往往关涉梦想。看似虚空的梦想，是人生意义的巢穴，是人之所以为人的意义和价值的栖居地。

鲁米有一首《核桃》小诗，其中有这样一段：

> 池塘很深。一个口渴之人爬上
> 池塘边的核桃树
> 把核桃一颗一颗扔进
> 美丽的池中。他仔细聆听
> 核桃落水的声音，看它们
> 泛起水泡。一个理智的人建议：
> "你会后悔你的举动。你离池水
> 太远。当你下树捡核桃时
> 池水早就把它们带走。"
> 这个人答道："我来这里，并不是
> 为了核桃，我想要的是
> 核桃落水时，它们发出的音乐。"

一个口渴之人爬上核桃树，所要并非核桃，而是核桃落水时发出的音乐。生活要有那么一点时间留给虚空，留给匪夷所思，留给异想天开。在这个少有人关注灵魂关注梦想的时代，我们不但要喂饱身体，更多的时候，我们要记得喂饱灵魂。

以己养养鸟，非以鸟养养鸟
——记本学期第二次家长会

⊙ 彭代红

本学期新接手一个纯文的班级，这个班的孩子思维活跃，爱看书、爱辩论，有较好的文科思维。但是，因为还是高二年级的学生，对社会、对生活知之不多，缺乏阅历，所以，有时候辩论就变成了高谈阔论，漫无边际，甚至还会出现口不择言的情况。为了"拨乱反正"，我花了很长时间跟孩子们沟通交流，利用我自己的政治课课堂经常跟孩子们分享故事、案例，让孩子们在耳濡目染中受到熏陶。我经常跟孩子们讲的一句话就是：我允许，并且很欣赏你有思想，但不允许你无知！经过长时间的努力，有一定的效果，不过也有一些"顽固分子"，这些孩子的思想工作要做通不是那么容易。于是，利用开家长会的机会，希望借助家长的合力，大家一起努力和孩子们一起共同成长。

要争取家长的支持，首先得让家长知道孩子的问题，而且要让家长从思想上重视孩子的问题，所以，家长会就要"洗脑"，要"调频"了。我在开家长会之前，先跟家长分享了一个寓言故事：

寓言故事

以己养养鸟也，非以鸟养养鸟

【原文】
颜渊东之齐，孔子有忧色。子贡下席而问曰："小子敢问，回东之齐，夫子有忧色，何邪？"

孔子曰："善哉汝问！昔者管子有言，丘甚善之，曰：'褚小者不可以怀大，绠短者不可以汲深'。夫若是者，以为命有所成而形有所适也，夫不可损益。吾恐回与齐侯言尧舜黄帝之道，而重以燧人神农之言。彼将内求于己而不得，不得则惑，人惑则死。

"且女独不闻邪？昔者海鸟止于鲁郊，鲁侯御而觞之于庙，奏九韶以为乐，具太牢以为膳。鸟乃眩视忧悲，不敢食一脔，不敢饮一杯，三日而死。此以己养养鸟也，非以鸟养养鸟也。夫以鸟养养鸟者，宜栖之深林，游之坛陆，浮之江湖，食之鳅鲦，随行列而止，委蛇而处。彼唯人言之恶闻，奚以夫譊譊为乎！咸池九韶之乐，张之洞庭之野，鸟闻之而飞，兽闻之而走，鱼闻之而下入，人卒闻之，相与还而观之。鱼处水而生，人处水而死，彼必相与异，其好恶故异也。故先圣不一其能，不同其事。名止于实，义设于适，是之谓条达而福持。"

——庄子外篇《至乐》

首先，把故事跟家长们做了个简单解读。然后，我跟家长们说：鸟有多个种类，有麻雀，也有老鹰。如果把麻雀当老鹰养，那会废了麻雀的；如果把老鹰当麻雀养，也会毁了老鹰。请家长们静心问一问自己:您的孩子,您觉着他(她)是麻雀,还是老鹰呢?每个孩子的潜能资质还是有区别的,我们不能盲目地一厢情愿地要求孩子。

我们的家长在做自己小孩的工作时,很容易犯"以己养养鸟,非以鸟养养鸟"的错误,总是喜欢拿小孩和自己比,有的家长认为:小孩学习很辛苦,从早到晚很累很辛苦。有的家长认为:小孩只要学习好,其他的都不重要,忽视小孩的品德、担当、格局等的培养。于是,根据自己班上的情况,我跟家长们做了以下分享。

第一,要真心诚意地认识到:学习是件快乐的事情。

有人说:人的命运就像打牌,发牌的是上帝,出牌的却是你自己。是把一手好牌打烂,还是把一手烂牌打好,全在于我们家长是否用心、是否悟道。老子《道德经》中说:"为无为,事无事,味无味。"我们要在看似"没有味道"的东西中品尝出味道,那才是真的悟"道"了。

家长们可能有过打麻将的经历,或者看见过打麻将的人,几个小时不吃不喝,打牌打得酣畅淋漓,有人逼吗?没有。为什么玩得这么痴情、这么投入呢?因为喜欢!如果我们的孩子钻研学习方面的问题,也有家长打麻将的那股激情,一定会是天天向上的。家长不要觉着学习无趣、学习辛苦,那是"以己养养鸟"的心态。我们要"以鸟养养鸟",我们的孩子是学生,对于学生而言,学习就应该是本分。学习一定不是件痛苦的事情,学习是件快乐的事情;如果孩子感受不到快乐,我们的任务是要引导孩子"味无味",在无味中体会有味的快乐。我跟家长们分享了一个我政治课课堂的故事:

比如,本学期在快接触"哲学科学"这门课程的时候,就有孩子跟我说:"彭老师,我妈妈说哲学好难、好枯燥的,完全学不懂。"有孩子说:"我爸爸说哲学好容易的,背一下就可以了。"为了纠正家长们传达给孩子们的错误信息,我第一节上哲学课的时候,就给孩子们放了一段视频。2018年北京大学哲学系的学生的毕业纪念叫做"哲学有点甜"。孩子们看得非常开心,原来哲学可以这么有趣,"哲学教会我如何生活"。然后,我就跟孩子们说:"学习哲学是件很快乐的事情,今天我跟大家讲一讲哲学命题和哲学家的故事。"孩子们听得非常开心。然后,我说:"从下节课开始,希望同学积极参与,我们以四人小组为单位,开展一个哲学达人评选小组活动。等学完哲学之后,我们也拍一个我们自己的视频,名字叫做哲学有点'嗨'!孩子们觉着怎么样?"孩子们非常高兴,一个个跃跃欲试,一周之后,这

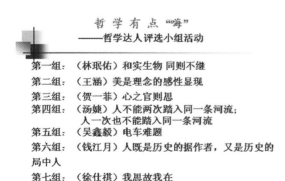

哲学有点"嗨"
——哲学达人评选小组活动

第一组:(林珉佑)和实生物 同则不继
第二组:(王涵)美是理念的感性显现
第三组:(贺一菲)心之官则思
第四组:(汤婕)人不能两次踏入同一条河流;
人一次也不能踏入同一条河流
第五组:(吴鑫毅)电车难题
第六组:(钱江月)人既是历史的据作者,又是历史的
局中人
第七组:(徐仕祺)我思故我在
第八组:(夏婷婷)超人与砂砾(浅谈尼采的超人思想)

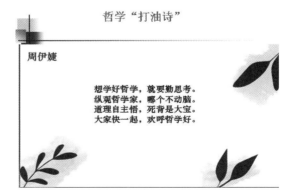

哲学"打油诗"

周伊婕

想学好哲学,就要勤思考。
纵观哲学家,哪个不动脑。
道理自主悟,死背是大宝。
大家快一起,欢呼哲学好。

个学期的课前五分钟全排满了。从孩子们分享的哲学命题和哲学家的故事来看，孩子们的思维真的是我们想象不到的高度。于是，我给家长们展示出了部分学生的命题分享，尤其是周伊婕同学写的哲学打油诗，更是让家长们看得赞不绝口，纷纷拿出手机拍下了灯片。

家长会后，有的家长眼里含着泪光跟我说：彭老师，今天家长会真的很受启发，要以鸟养养鸟，以前我们总是跟孩子说，我们以前怎么样，孩子一听就反感，还顶嘴说："我要我觉得，不要你觉得。"今天家长会颇有启发，看样子做家长真是一门学问。

第二，应教会孩子：谦虚谨慎＋担当与情怀＋格局与视野。

谦虚谨慎篇

我展示了两个课外生活的场景。

> 场景一：
> 生：老师，我这次就是政治没考好。
> 师：你要是能考好，天理不容！（因为不听课、不做作业）
> 师：你是我的崽吗？
> 生：不是。
> 师：那就好！

然后我跟家长解读这段对话。学生要传达的信息就是：我这次就是政治没考好，怪不得我；其实不算政治我还是考得好的。我要传达给孩子的信息就是：谁的错误谁买单，不管哪一科没考好，都是没考好！我认为你没考好不是政治不好，是你的态度不好！

> 场景二：
> 生：彭老师，学什么马克思主义，马克思主义都是错的。
> 师：哪些是错的？
> 生：《资本论》是垃圾！
> 师：你看过几个版本的《资本论》？看了几遍？
> （孩子无语，其实孩子没看、没研究。）
> 师：孩子，我觉着我比你强。
> 生：为什么？
> 师：你喜欢西方文化，我喜欢中国古代文化，但是，我懂得欣赏你，觉着你很
> 不错，但是，你懂得欣赏我吗？
> （孩子再次无语。）

于是，我跟家长们分享我在课堂上展示过的一张幻灯片，然后分享了《道德经》中的一篇文章。

分享 1：寓言故事："怪题"。

分享 2：《道德经》第七十一章。

寓言故事

怪 题

古希腊有个青年人自认为自己比大哲学家苏格拉底（公元前469年—公元前399年）还聪明。有一天，苏格拉底问他一个问题："世间是先有蛋还是先有鸡？"

青年人不假思索地回答："鸡是从蛋中孵出来的，自然是先有蛋啦！"

"蛋是鸡下的，没有鸡，蛋从哪里来？"

青年人想了想说："那还是先有鸡了。"

"你刚才已经说过，鸡是由蛋孵出来的。没有蛋，鸡从哪儿来？"

青年人抱怨说："你怎么提出这样一个怪问题呢？现在我也问你一个问题。"

"请提吧。"

"你说是先有蛋还是先有鸡？"

苏格拉底老老实实地回答："我不知道。"

青年人笑了："这样看来，你和我其实差不多啊！"

苏格拉底说："不，你是以不知为知，我是以不知为不知。以不知为知非知，以不知为不知非不知矣！"

知不知，尚矣；
不知知，病也。
圣人不病，以其病病。
夫唯病病，是以不病。
——《道德经》第七十一章

纯文的孩子思维活跃，喜欢思考、喜欢辩论，这是很好的文科思维和人文品质。古希腊哲学家亚里士多德曾说："吾爱吾师，吾更爱真理。"敢质疑、爱发问这是追求真理的前提。但是，我们不光是有"嘴皮子"，我们更要有"脑瓜子"，要有智慧。要"知不知"，而不能"不知知"，谦虚谨慎始终是我们成就事业和学问的先决条件。

担当与情怀篇

我们从进入明德中学的那一天起，就注定我们都是明德人了，一定要教会孩子有明德情结，荣辱与共。新的高考已经开始，2021 年高考能否考好，直接关系着明德中学未来若干年的发展。新的高考对我们学校是机遇还是挑战，取决于我们这一届的学生怎么做，尤其是我们纯文的孩子如何表现。人为什么都有肩膀，肩膀是干什么用的？是担担子的，我们要教会孩子有责任感、有担当精神。

孩子成绩不理想，你不要首先想着补课。你给他讲这个题、那个题，其实他根本就不要听老师讲。孩子缺的是担当、情怀，他根本没想法、没真正想考好。每个孩子的潜力空间都是很大的，上次考试前，我召开了部分孩子的家长会，就是跟家长、孩子们讲的情怀、担当，这次考试咱们进步非常明显。当孩子觉着班级需要他、学校需要他、国家需要他的时候，他会有无限潜能发挥的。

分享清华大学、北京大学校长的讲话：

坚守良知
（清华大学前校长陈吉宁在 2013 年夏季研究生毕业典礼暨学位授予仪式上的讲话）

涵育家国情怀　投身伟大时代
（北京大学校长郝平在 2019 年本科生开学典礼上的讲话）

坚守良知
——在2013年夏季研究生毕业典礼暨学位授予仪式上的讲话
（2013年7月16日）

图为陈吉宁校长在研究生毕业典礼上讲话

坚守良知，不需要你有过人的才华，不需要你有远大的志向，也不需要你有超凡脱俗、不同凡响的能力，它是你做人做事的基本准则。越是受过良好教育的人，越是有抱负有能力的人，越是应该自觉主动、矢志不渝地捍卫良知。这是你作为社会公民的基本责任，这也是你的生活和生命的意义所在。

坚守良知
——在2013年夏季研究生毕业典礼暨学位授予仪式上的讲话
（2013年7月16日）

图为陈吉宁校长在研究生毕业典礼上讲话

同学们，今天你们告别清华，带上了知识、能力和师生情、同窗谊，更带着学校赋予你们的精神品格和社会良知。在你们朝气蓬勃追寻梦想、积极主动服务公众的过程中，对于你们而言，最重要的不只是做什么，而是为社会坚守什么。

各位同学，你们肩负着实现中国梦的光荣使命。坚守良知，是学校对你们的基本要求，也是社会对你们的热切期待。我盼望着，当你们多年后重回清华园，带回来的不只是出色的业绩，更有你们坚守良知的故事，母校将因此而倍感骄傲和自豪。

涵育家国情怀 投身伟大时代
北京大学2019年大一新生开学典礼校长讲话全文

第一，志存高远，报效祖国。

"志不立，天下无可成之事。"为实现中华民族伟大复兴中国梦而奋斗，是大家难得的人生际遇。有了为国求学的志向，有了报国奉献的理想，人生的境界和价值将会完全不同。

在同学们收到的录取通知书中，有一封樊锦诗校友写给大家的信。在信中，她写道："国家的需要，就是我们的志愿。"就是怀着这样一种信念，毕业后，她毅然前往大西北的戈壁沙漠，为守护敦煌付出了一生的心血，成为"敦煌的女儿"。

第三，脚踏实地，知行合一。

学习不仅是读"有字之书"，还要读"无字之书"，注重人生经验与社会阅历的积累。在"读万卷书"的同时，更要"行万里路"。

著名的社会学家、人类学家、北大教授费孝通先生，长期深入中国农村，开展细致入微的田野调查，完成了《江村经济》《乡土中国》等著作。他曾对学生说："去看，去听，去了解。沉下去，成为农民；走出来，再成为研究者。"直到90岁高龄，他每年仍有将近一半的时间奔走于中国大地。这种扎根中国大地做研究的精神，始终值得我们学习。

同学们，希望你们既要有"书卷气"，又要有"泥土气"，学以致用，知行合一，在实践中坚定理想，磨练意志，增长才干。

当有孩子直接跟我说："彭老师，我就不爱国，这个国家有什么好？我将来肯定要出国的。"当我听到这句话的时候，心像是被扎了一样疼。我很严肃地跟孩子说："孩子，你不爱这个国家，老师一定不会爱你！不仅我不爱你，我相信世界上没有哪一个国家愿意接纳一个不爱国的人做公民。美国的所谓'黑名单'上记录的是什么人，一定不是一个爱国公民。"当孩子觉着国家不好，就"不爱国"的时候，孩子的责任和担当在哪里？我们老师和家长的责任又在哪里？当一个孩子对国家、家庭、学校、班级没有责任和担当的时候，您觉得孩子会有多高的学习积极性吗？

在家长会上，我很认真地给家长布置任务，平时放假的时候，一定要让孩子出去走走，看看农村、逛逛超市、有条件的走出国门去瞧一瞧。孩子不仅要读"有字书"，一定还要读"无字书"；不仅要有"书卷气"，还要有"泥土气"。要让孩子亲自去经历去感受，咱们的国家、咱们的学校、咱们的班级有多么好！

格局与视野篇

首先我跟家长们分享了一篇文章，题目叫做《阅读让我找到更好的自己》，是中央电视台著名的节目主持人白岩松讲自己的故事。

"我印象太深，那是1986年的一个春天，我刚刚走进大学校园半年，来到了北京王府井新华书店，在那儿我找到一本《朦胧诗选》，当我打开书，扑面而来的是两句话：卑鄙是卑鄙者的通行证，高尚是高尚者的墓志铭。当我读到这本书里那么多诗之后，我才从草原上来的年轻人变成了真正意义上的北京人，从一个中学生变成了一个大学生，从一个中国人变成了开始思考中国各种各样问题的有责任感的，并且开始拥有自己独立思维方式的中国人。"

"读书读久了，你总会信一些什么，信一些什么就有了敬，有了畏，因为我认为信仰最重要的是"敬畏"二字。有了敬，有了畏，知道什么是最好的我要去做，知道什么是不好的我不能逾越它。"

"不应限制孩子读闲书的热情。讲大道理没用，要言传身教。父母是孩子最早最好的老师，你怎么去推广阅读，首先得自己看书。"

接着，我借用《庄子》中的文章，跟家长们分享了两个观点：你的格局，决定了你的思维方式；一个人的视野，决定你未来的高度。在分享庄子的故事中，让家长们感受到中华文化的魅力，感悟到做家长的责任和担当。

你的格局，决定你的思维方式

【原文】惠子谓庄子曰："魏王贻我大瓠之种，我树之成，而实五石。以盛水浆，其坚不能自举也。剖之以为瓢，则瓠落无所容。非不呺然大也，吾为其无用而掊之。"庄子曰："夫子固拙于用大矣！……今子有五石之瓠，何不虑以为大樽，而浮于江湖，而忧其瓠落无所容？则夫子犹有蓬之心也夫！"
——《庄子·逍遥游》

一个人的视野，决定你未来的高度

【原文】秋水时至，百川灌河；泾流之大，两涘渚崖之间，不辩牛马。于是焉河伯欣然自喜，以天下之美为尽在己。顺流而东行，至于北海，东面而视，不见水端。于是焉河伯始旋其面目，望洋向若而叹曰："野语有之曰，'闻道百，以为莫己若'者，我之谓也。且夫我尝闻少仲尼之闻而轻伯夷之义者，始吾弗信；今我睹子之难穷也，吾非至于子之门则殆矣，吾长见笑于大方之家。"
——庄子内篇《逍遥游》

我经常跟孩子们说：我是一个很奇葩的班主任，很喜欢开家长会。每次开完家长会，我就又开始准备下一次的家长会素材了。下一次家长会的主题是什么，谁命题呢？当然是在座的每一位！（孩子们也非常高兴给老师出题。）

因为我很清楚，我和孩子们联系的一个很重要的桥梁就是——家长。我跟家长们说：相聚就是缘分，我和家长们相聚那是一份非常特殊的缘分，大家都是为了生命中最重要的人——家长们的孩子、老师的学生。通过家长会，希望家长们和我一起每天每时观看、关注的同一个频道——453 频道！

每一次的家长会，都会是一次心灵的碰撞和洗礼，都是为了我们的孩子！

2019 年 12 月 25 日

换座风波

⊙ 屈哲

> 我们首要问题应该是"孩子需要什么？"……紧
> 接着就是"我们怎样满足孩子的这些需求？"
>
> ——艾尔菲·科恩

因为工作关系，我成了高二分科后新成立的班级最后一名报到的成员——当我从美国孔子学院工作岗位调回时，新班级已经成形近一个月。班上学生彼此之间的熟悉程度超过对我这个班主任。而匆匆赶回后，班长告诉我眼下同学们想做的事情就是让我这个班主任"做主"给他们换个位子。

对于新班主任还是老班主任来说，在形成常规之前，换座位都不是简单的任务。新学期伊始的座位编排、轮换规则对于班级管理、班风建设都起到非常重要的作用。特别是高中阶段学生自习时间增多。当自习课堂无老师监督时，如何利用座次将自觉性相对薄弱的学生"分隔"开来保障整体学习氛围，也是令人颇为头疼的事情。更不要说每次座次表公布出来时班上引起的"轰动"以及随之而来的换座"请求"。除此之外，这是我"执掌"班级以来的第一个全班性任务，大家对我这个吃过两年"洋饭"的班主任可是好奇得紧。嘴上虽然没好意思说，心里都想知道我的班级管理风格。新"官"上任三把火，这火如何能烧得旺起来，而不是烧到了自己，我必须慎重做出决定。

随机分配，初战告捷

课堂上教师对每一位学生的注意力应力求均等，不区别对待。但是不可否认在一个教室中确实有所谓"好座位"和"差座位"之分。"好"的标准是离讲台、黑板相对近，处于中间地带，离老师的距离恰到好处——不至于近到紧张，也不至于远到令人放松。而"差座位"或是出于班级后排，或靠两侧墙壁，距离老师相对远一些，情绪上放松的可能性也大大增加。作为一名强调"公平和权利"的班主任，我的风格是，在班级管理中要尽力尊重每一位学生的权利，维护每一位学生权益。因此在我面前有两条路走：一是根据身高排座位，二是定期随机排位。思考一番后，我决定在第二种方法的基础上进行微调——随机排位能够保证在足够长的周期内大家坐到"好"座位。微调则是指将个头高大的学生稍往后调。因为如果前排坐的学生过于高大，可能挡到后排学生的视线。为了保证随机排位的公正性，我特意在网上下载了一个排位小软件，导入班级花名册排位后导出，再根据结果进行一些调动。这样不到二十分钟，一个班级的座次表就编排完毕了。相比以前绞尽脑汁一个人安排位置，这样的任务已经轻松多了。

为保证座次随机的公平性，我决定每半个月换座一次。这一规定执行起来虽然麻烦一些，但是能够稳定所有学生的情绪。从第一次换座的情况来看，整体上学生对此制度还是满意的。第一次"出手"便能搞定，我也很满意。

"一招"不慎，满盘皆输

任何一个制度如果不根据实际情况加以修改，其中存在的漏洞会随着时间的推移慢慢显露出来。每次换座鼠标轻轻一点再作些许调整的轻松让我有些小得意。每一次学生因为非特殊情况调换座位的申请也被我严词拒绝。但两个月后的第四次换座前夕，我始料未及的麻烦来了。

换座当天排完座位的初稿，我给班长说等我回来排座位，将初稿留在桌面就去参加班主任会议了。会议结束比预想要晚，回到班上一看，我傻了眼——全班学生已经换好座位了。我赶紧问学生什么情况。原来热心的班长看见我没按时回来，从我办公室拿走了座次表直接通知学生换座了。可问题在于那只是初稿，还有一些学生提出的申请我没有来得及考虑和调整。不论如何，这次换座确实太仓促了。学生反应会好吗？我有一丝不好的预感。

我的预感是正确的。见我出现，本来不太平静的班级更加躁动起来。不少学生向我抱怨座位安排不合理，部分学生询问为何申请没有被考虑，还有些学生虽然没有吭声，眼里也分明写着不解或失望。一时之间，班级教室成了茶壶，学生的不满成了沸腾的水蒸气向外宣泄着，而我这个"茶壶盖"似乎已经罩不住了。

此刻稳定学生情绪已经是当务之急。然而此时棘手的情况是，由于初稿中并未完全考虑到学生的视力等问题，部分学生的需求依然无法满足。如果座次表还未公布，我依然可以自由调整。现在的处境是我任何后续的座位调换都是在众目睽睽之下，该换谁？怎么换？每一个选择都很艰难。

我抬手示意大家安静，然后向大家解释了此次误会发生的原因，并向大家道歉。同时指出虽然仍然有一些问题，但是座位已经换完，重新调换必然引起其他学生的不适。希望班上同学能够克服困难，两周后重新换座。听得班主任这么说，学生的不满略有缓和。部分学生虽然能看出来心里仍在嘀咕，嘴上还是没说什么了。

我正要松一口气，以为这一关暂时过去了时，班上坐在前排角落的一位女生 A 同学怯生生举起了手，说："老师，对不起。我的眼睛有些散光，坐在角落实在看不清。我可以申请换到靠中间一点的座位吗？"

我看着这位女生，神情尴尬。大概是意识到又将我拉回了窘境，女生不好意思地一低头，吐了下舌头。虽然她的要求是合理的，眼下这种情况我实在也找不到什么好办法。我抬头看着班上，问道："各位同学，A 同学因为眼睛问题无法坐前排角落位置，有哪位同学愿意发扬风格与她换位子吗？"然而问题抛下后，并没有人响应，往日积极和谐的班级氛围今天显得有些压抑。看样子这次"不成熟"的换位子让学生产生的情绪一时半会儿难以消除了。我正在想该如何处理眼前这个问题时，另一个角落的男生 B 同学举了手。不同于 A 同学，他的不满就比较明显了："老师，过去四次换座位我已经有三次坐在最后排或者角落了。您说的座位随机分配，但为什么我的位子老是在后面呢？"我看着眼前这个一米八五的大男生，想起前不久他曾找到我委婉提出几次坐的位置都不太好，希望可以稍微往前挪一挪。说来也怪，排座软件好像在故意开玩笑，每次的排座都给他放在靠后的位置。出于公平原则当时我答应下来。可谁知道这次的误会让人如此措手不及呢？而很显然，我的"息事宁人"的态度让他觉得老师没有遵守诺言，自身权益受到了损害，也无怪乎他有情绪了。糟糕的是，B 同学的发言像打开了阀门，刚刚安静下来的学生又开始议论纷纷。"为什么我老是坐在第二组？""为什么我总在他的后面？"一个个问题又如连珠炮般轰来。

我还没来得及进一步解释，C 同学举手了。C 同学平时话不多，但是看得出很有自己的想法，我示意大家听她发言，暗中希望她能够提出一点建议，至少能缓和一下目前的情况。不想她站起来后说："老师，我觉得我们班的换座位制度并不好。我们初中时老师是根据每次月考的成绩排位，成绩好的同学先选，这样能够激发同学们的学习激情。我觉得我们班也可以这样做。"我显然没有料到她这样的回答。但是看班上同学的反映，有不少人都在点头，说明这样的想法是有市场的。类似的建议以前就有学生向我提过，这当然和我所强调的"公平与权利"理念是不一致的，我也并没有纳入考虑范围。但是显然在这个微妙的时刻，C 同学的话让不少学生重新把目光投回了这种制度。

窘迫的我已经快无法招架了。我请全班安静自习，留下一句"一定尽快给大家一个满意的答复"后退出了教室。

以退为进，柳暗花明

这一次狼狈的"撤退"让我心情沉重。一方面，这次换座风波一旦无法处理好，我与学生之间形成的裂痕可能需要很长时间才能弥补。而另一方面，自己坚持并且认为正确的"随机公平"制度并没有如想象中一般被大家认可。若是真如 C 同学一般推行成绩排位，那离我的班级管理理念可就是南辕北辙了。我们真要以成绩来定义学生的"优"与"劣"吗？而这样的差距应该反映在座位选择上吗？这对每一个学生真的公平吗？答案显然是否定的。可是如何能让已经不太服气的学生明白这个道理呢？我思考了很久，想到了一个办法。

第二天自习课，我微笑着走进教室。学生们也从昨天的情绪中脱离出来，气氛不再压抑。我通知全班学生，按月考成绩排座。这下轮到他们吃惊了，连提出建议的 C 同学都有些不敢置信班主任居然这么爽快地就答应了她的要求。我没有停顿，说明了严格按月考成绩排名依次选座，不许更改的原则。很快，班级所有学生都做出了选择。我拿着新的座次表，环视了班上的学生，说："同学们，你们知道老师在美国任教，印象最深的是什么吗？"

学生回答不知道。

我继续说："我印象最深的，是每一次去餐馆用餐时，离门口最近的车位永远是残疾人车位。公共场所的洗手间总有一个是为残疾人准备的。而看一看我们生活的城市，回想一下你每天经过的地方，楼梯扶手、洗手间、人行路盲道，有多少不是流于形式而是真心为残疾人士设计的？"

学生开始了思考。

"的确，我们国家在飞速发展，如今我们的总体经济实力已经不逊于世界上的大多数国家。但是说到关心弱势群体同时尊重他们的权利，我们还差得很远。"

不少学生已经意识到我要讲什么了。我看着学生的反应，继续道："相信很多人已经猜到我接下来会讲什么。不错，有同学提出我们可以根据成绩排座位。我并不否认这样一定程度上会激发部分同学的学习热情，但是我们不能忽视掉另外一部分同学权利。我承认班上同学的学习成绩不尽相同，但是我反对以'成绩不佳'而剥夺那些同学应有的权益，这对他们不公平。人之所以能成为百兽之灵，其中一个重要原因就是人类懂得怜悯和帮助弱小，让群体中处于劣势的个体能够在刀耕火种的时代对抗恶劣自然，而不是一味残酷地遵循'物竞天择，适者生存'的法则。今天在选座中有优势的同学，"我停了一下，扫视了全班，"老师要肯定你的努力和付出，但是我并不为你高兴。因为这次你的获利可能让你陷入误区——那便是优秀者理应获得更多权益。一旦你从内心认同这种制度，你周围的人也是如此，当有一天你失去了优势时，你会发现你无法得到关心和帮助——正如你不曾给处于劣势中的人关心和帮助一样——而你无法保证在生活的各个方面都能独占鳌头的，对吧？"

听了我这番话后，一些人若有所思，一些人低下了头，另一些人眼睛里闪烁出了泪水。

我知道他们已经听进心里了，只差最后一步。

"我今天和大家说这些，是想让大家明白这个道理。我不希望我们的班级是个只认成绩的冷酷世界，当然我知道即使大家选择按成绩排座也不至如此，我希望我们是一个心中有爱的温暖集体。但是今天，"我又顿了一下，唤起所有学生的注意力，"我并不想用班主任的威严压过大家。我一直注重班级的公平和在座各位的权利。在换座位的问题上，老师做得并不够好，我再次向大家道歉。同时，最终的选择，是你的权利。我们将以投票的形式决定最后座位的编排。如果大家依然同意我的编排，我鼓励大家为已经提出申请的 A 同学和 B 同学解决眼前的难题，同时欢迎大家在原有的座位编排方法的基础上提出修改意见，我们两周后实施。如果大家觉得按成绩排座的办法可行，我们就按我手里的新座次表坐！大家经过独立思考后，可以开始投票。"说完我挥舞了一下手里的座次表，退出了教室。

虽然"潇洒"离场让学生做出最后选择，我心中还是很紧张，不知道最后结果如何。十分钟后，班长拿着结果走进我的办公室。看着他脸上的笑，我心中已经有了答案。不出所料，班上学生以压倒性的优势通过了维持班级座位的办法。同时先后有两名学生找我提出愿意与 A、B 两位同学换座。课后，不少学生或直接来办公室与我面谈，或写小纸条，都提出了完善座位分配制度的宝贵意见。那个积极活泼的班级，那帮开朗坦诚的学生又回来了。

就这样，一次"换座风波"告一段落。

反思

"公平与权利"似乎是繁忙的高中阶段无法顾及的东西。但是只要细心观察，精心设计，公平和平等的观念可以渗透到集体生活的各个方面。换座是一门科学，更是艺术。很庆幸，尽管我是被动化解了一次班级管理的小小危机，但是在解决问题的过程，却也是给学生，也是给我自己一堂生动的德育课。唯有力求优秀的同时心存理解、宽容、怜悯，才能形成健全人格。唯其如此，我们才能构建一个和平温暖的世界。

一场严肃的"辩论赛"

德育小故事

近日，社会上传得沸沸扬扬的小偷偷电动车致死案引起了很多媒体的关注，在本期的班级的德育课堂上，我想以此为材料，来看看孩子们的想法，他们以后会的言行举止、思想认知，关乎到中国未来的社会发展和法治建设。我们先来看当时的情景再现：武汉的刘先生停放在楼下正在充电的电动车被小偷看上了，小偷在偷电瓶时（电瓶可以卖钱）意外触电身亡。小偷家属向刘先生索赔20万元赔偿金，且一分都不能少，最后经法院调解，车主赔偿5万元的精神损失费。刘先生说，他住的小区是老旧小区，业主电动车乱停的情况比较严重，大家都是这样充电的，之所以发生触电，是因为下大雨，电瓶漏电把小偷电死了。孩子们听完这段新闻后眼睛睁得大大的，似乎有点不相信法院的判断，我笑着说，没关系，冷静几分钟，然后学生们开始表达自己的观点，一场严肃的辩论即将在我们K428的课堂上展开。

一、支持刘先生无罪且不需要赔偿的

学生杨子安：刘先生居住在老旧小区，受客观条件的限制，不能要求他像高档小区的业主一样到专门的地点充电，小偷之死，刘先生既无主观动机，也没有采取任何手段去故意伤害，小偷可以说是死于意外。小偷家属的索赔是无稽之谈，小偷产生恶念，违反法律在先，其死亡是在侵夺他人的财物过程中意外伤亡，如果要追究原因，也可能只是偷盗准备不够充分和天气恶劣。法院的判决属于和稀泥的性质，小偷的家属或许受到了精神的伤害，但赔偿者不应是刘先生。法院如此判决，无疑给清白的刘先生平白带来了一笔经济损失。法律终究是人民意志的体现，为了息事宁人而给无辜的人强加罪过是滥用人民赋予的权力，是对人民意志的无视和对社会的不负责任。当然，小偷的家属索取较低额度的赔偿，赔偿者应该是开发商而非刘先生。

学生孙娅娇：我认为责任在小偷，而刘先生不应该出 5 万元。小偷偷电动车本身是违法的事情，在偷的过程中触电身亡与刘先生并无干系。电瓶漏电纯属意外，小偷在雨天偷电瓶，自身缺乏安全意识，由于自己的大意与不轨行为造成的后果应由自己承担。从严格道理上来说，刘先生没有必要出 5 万元作为精神补偿费。但法官判定如此，是出于小偷家庭情况考虑，小偷偷物的行为，可能也是迫于生计，刘先生被罚的 5 万元只通情理，不合法理。法与情应该分开，我认为严格按法律，刘先生无任何责任。从此案例看出，我们应该增强法律意识，不做违法之事，增强安全意识。

学生张扬：我的观点是刘先生不应罚款。第一，对于小偷的行为，刘先生没有强制小偷去偷电瓶车，小偷本身的行为本来就是出于不正当的目的，如果不是这位小偷违法偷盗，也不会有之后的触电身亡。第二，小区车辆充电乱放现象成为常态，小区物业却不加管理，遗留大量的安全隐患，是小区管理上的问题。第三，事发当天正值阴雨，天气变化具有偶然性，非人力所可控，刘先生并没有主观上任电瓶车漏电故意伤人致死的意图，责任不应该由他来承担。

学生阳浩宇：法院的判决不合理。首先，案件的绝大部分责任应该在于小偷。偷窃的行为本就违反了国家法律，应当受到法律制裁，且其偷窃行为属于自发行为，并没有他人强迫，纯属自讨苦吃。其次，第二责任人应该是小区的物业，小区的电路管理长期得不到有效的治理，必然有朝一日会引起危险事故，就算不是小偷，也可能伤及到其他住户。最后，我认为刘先生无须承担任何责任，原因一是触电事故的源头是公共基础设施的不完善，原因之二是小偷的个人违法行为属自作自受，不应该对刘先生进行道德绑架。

二、支持法院的判决

学生陶冶莉娅：小偷没有成功偷得电动车，并没有构成偷窃。刘先生乱停乱放电动车，并且没有保障其安全，违反了交通规则，并且电死了人，是刘先生的责任。小偷没有造成刘先生的财物损失，判无罪。刘先生的电动车虽然电死了小偷，但并不是刘先生直接造成的对小偷的伤害，因此轻判，赔偿 5 万元。

学生刘睿：我认同本案法官的判决。小偷偷车固然有错，但也罪不至死，应该按照正常的程序对他予以惩罚，且偷车后小偷也许会有悔过之心，而不是像现在这样永远失去生命。老旧小区电动车随意充电情况时有发生，大雨倾盆，电瓶漏电，哪怕不是小偷，任何一个过路的人都可能遭受意外，这是车主的责任，也是老旧小区管理不当的责任。在本案中，车主刘先生并没有遭受财产损失，而小偷的家里却损失了一位劳动力，精神赔偿是必要的。而家属索赔 20 万元，赔偿金额过高，不合情理。所以我认为车主刘先生赔偿小偷家属 5 万元精神损失费是正常且合理。

学生谢晨阳：我认为判罚公正，刘先生有错在先。若按照规章制度停放电动车，则不会出现此类过失使人致死的情况，不应把别人都没有守规则当作自己违规的借口，不应"世浊我亦浊"，要树立法律意识和规则意识，从自己做起，从小事做起，构建和谐社会。要在道德和法律的冲突中站在法律的一面，在理性与情感的冲突中站在理性的一面，更好地提高法治意识。

学生周梓佳：我认为刘先生赔偿 5 万元合乎情理，此外也要处罚小区物业管理部门。事故发生的主责任方当然是小偷，若他守法守纪，不做偷鸡摸狗的事情也不至于触电身亡，他应该为他的意外身亡买单。但刘先生违规充电，造成安全隐患，威胁到他人的生命，应该承担一部分的责任，为死者做出赔偿。此外小区物业管理部门也一并处罚，事故发生的一部分原因就是管理不当。

孩子们畅所欲言，进行着激烈的观点碰撞和交锋，个个摩拳擦掌，主要就是分为了上述的两大阵营。当然也有个别的学生有偏激的想法，认为法官的判决会助长不良的社会风气，会助长小偷的这种行为，不利于法治社会的建设和治理。认为小偷死得好，刚好可以告诫世人不能去做违法违规的事情，要做一个守法的好公民，否则天道轮回，遭受了报应，得到了应有的下场。

看到孩子们的精彩表现，我内心还是非常的激动，一则说明我们班的孩子思维活跃，逻辑清晰，表达观点时有理有据有节，甚至有个孩子还搬出了社会治安管理条例法，我们都为他点赞，事后得知他爸爸是从事法律工作的，从小耳濡目染，深受教育，看来家庭教育也非常重要。二则孩子们关心社会，关心民生，关心国家的文明和法治建设，家事国事天下事，事事关心。我们的孩子，以后就是国家的主人，他们现在的思想和思维能力，会有痕无痕地影响到以后的家国建设。从孩子们的表述中，大家都比较理性、比较客观地分析和判断，值得表扬和肯定。

高度肯定孩子们的精彩辩论后，我话锋一转，同学们想不想听听我们省内的法律专家是怎么看待这个案件的呢，孩子们一听到还有专家的判断，顿时兴奋得个个像个小麻雀。我拿出手机，现场拨通了湖南师范大学法律学专业邹博士，打开免提，孩子们一下子安静了下来，静静聆听邹博士的案件分析：本案属于一般侵权责任纠纷，如果判断车主有侵权责任，那就要符合侵权的构成要素。包括过错行为，损害后果和过错行为与损害后果之间的因果关系，这三个要素缺一不可，否则就不成立。小偷触电死亡，似乎是存在严重后果，但是刘先生只是违反小区的制度，并没有对小偷构成侵权，小偷不去偷车，怎么可能会触电。其他车主也在乱停乱放，他们也需要负责不？如果一定要追究因果关系，那可能下雨才是罪魁祸首。法院让刘先生赔偿 5 万元，似乎更像是对小偷的同情，也是践行了近年来社会流行的谁穷谁有理，谁弱谁受助伦理。催生了死人就有理和一死就赔偿的情况，在法理上误读了所谓的因果关系。

听完专家的解析，孩子们爆发出了热烈的掌声，本节德育课就在孩子们的掌声中结束了，我想留给他们的是更多的思考和感悟。

从班级倒数第三到中国航空飞行员的蜕变

⊙ 叶长绵

自任教以来，我坚定"精诚所至，金石为开"的信念去做好学困生的转化辅导工作。因为我知道要全面提高一个班级全体学生的学习质量，很重要的一条就是要尽力做好学困生的转化工作，而如何让学困生树立信心并坚持落实到位则是做好这一工作的总原则。下面是我在 2014 届高三 K275 班对我班的学困生张陈琪同学的转化教育教学工作案例。

针对张的情况，我首先从学生、家庭、科任老师处做了充分的了解，然后从纪律和学习成绩两个方面入手进行强化，做了全面的转化辅导，达到了从"班级倒数第三"到"中国航空飞行员"的蜕变。

在讲纪律和学习之前，利用张通过了飞行员体检的契机对他进行信心、心理谈话，为加强纪律性和学习提升所采取的措施能为其接受并能更好的落实，进而发挥效益埋伏笔、打基础。

在纪律上要张自己回顾有哪些做得不好或者自己控制不了的情况，我再加以归纳并提出改进的措施并跟踪落实，在实施的过程中不断提高纪律性，为学习提供有力的保障。

一、讲江湖义气，沉迷网络

我与他共同探讨网络的利弊：

利：1. 获取信息、知识、锻炼心智的必要性，如打游戏中体验反应、速度是飞行员有利的训练。你可以从中最快地查找学习资料，可以学会更多课堂外的知识，并灵活地运用课内知识，促进思维的发展，培养自己的创造力。而且互联网上的交互式学习，丰富的三维图形展示、语言解说等多媒体内容，使得学习变得轻松、有趣，这是任何教科书都不可能具备的。

2. 现实性，普及计算机因特网知识，可以培养获取、分析、处理信息的能力。你将飞上蓝天担任未来社会的栋梁。了解和掌握计算机网络知识，就是闯荡未来信息时代的最强有力的武器。网络，给信息带来了强大而有力的传播途径，并且大大缩短了信息发布和接收的时间，避免了许多不必要的资源浪费。但你的人生观、价值观在形成过程中，对是非、美丑、善恶的判断能力较弱，所以要有良好的道德和行为规范。要有一个正确的心态来应用网络这种工具。

弊：1. 网络成瘾，网络成瘾不仅影响人的心理，还影响人的身体健康，尤其是引起植物神经紊乱，体内激素水平失衡，使免疫功能降低，引发心血管疾病、胃肠神经官能病、紧张性头疼、焦虑、忧郁等，甚至可能导致死亡。同时，由于玩游戏时全神贯注，身体始终处于一种姿态，眼睛长时间注视显示屏，会导致视力下降，眼睛疼痛、怕光、暗适应能力降低，脖子酸痛，头晕眼花等。同时，沉迷于网络游戏，容易使你减少人际交流，产生自闭倾向，甚至会患上"电脑自闭症"。

2. 成绩下降，在校生因迷恋网络游戏造成学习成绩下降，甚至旷课、逃学的现象日益普遍。

3. 社会难题，电子游戏一般以"攻击、战斗、竞争"为主要成分。未成年人长期玩飞车、砍杀、爆破、枪战等游戏，会使他们模糊道德认知，淡化虚拟游戏与现实生活的差异，误认为这种通过伤害他人而达到目的的方式是合理的。因为玩电子游戏而引发的道德失范、行为越轨甚至违法犯罪的问题正逐渐增多。你身上的江湖义气与此有密切关系。

所以只能根据学校、老师、家长的要求选择有利于自己成才的网站。上健康、文明、有益有趣的网站，要善于网上学习，不浏览不良信息；要诚实友好交流，不侮辱欺诈他人；要增强保护意识，不随意约见网友；要维护网络安全，不破坏网络秩序；要有益身心健康，不沉溺虚拟空间。努力使自己在高考之前除必要的上网外彻底抵抗住网络诱惑。

二、上课经常开小差，上课讲话做小动作，不按时完成作业；自控能力较差，特别是在家，经常缠着家长不想写作业

原因分析：主要是厌学，基础不太好，学习动力缺失，怕被同学、老师笑话，不敢问，在家父母能力有限，辅导不了。于是，就不把精力花在学习上了。

措施：1. 经常与其父母联系，要求他父母做好他的思想工作，多给一些精神上和物质上的奖励。

2. 对他多点耐心、关心，抓住他的优点，经常鼓励他，引导其他同学也来帮助他。

3. 利用飞行体检过关来树立目标，使自己有努力学习、不断前进的动力。

三、在行为规范上也存在问题，如上课喜欢插嘴，讲话，下课喜欢说脏话，骂同学，追逐打闹等

原因分析：纪律意识淡薄，缺乏团队意识，学习兴趣欠缺。

措施：1. 经常找他谈话，让他认识到骂人、说脏话在班级形成了很坏的影响，而且让他认识到经常骂同学的话，同学也不愿意跟他交往。

2. 施加压力，必须让他认识到就其目前的学习状态考试肯定不会有理想的成绩，无法完成自己的飞行梦，并帮他制定学习目标，经常督促他。

3．利用课余进行补差工作。

4．与其家长联系，家庭教育和学校教育相结合。

说说张的学习情况：

姓名	语文	数学	英语	主综	政治	历史	地理	文综	总分	班名	级名	目标
张陈琪	100	54	52	206	42	44	35	121	327	49	488	飞行员

2 月月考试成绩出来，只有 327 分。这对于在高三"混日子"的人再也正常不过了。月考后找到张交流：为什么书看了就是没效果，为什么题目做过仍然会错，为什么有的知识点知道但不能解题。归纳得出在学习上有 3 个问题：

1．没有目标，不能坚持不懈

每次制定的学习计划照着做两三天就不能坚持下去，等过几天再看，这时候前面的东西也忘得差不多了。

2．做题缺乏针对性，很少总结

平常做题只管做多少，不去选择难度同时也很少对某一考点或题型做针对性的练习。这直接导致对知识点的把握不到位，对自己的薄弱处不清楚。

3．看得多，动得少

有句话叫做"好记性不如烂笔头"，看书的时候很少进一步去理解知识点的内在联系，所以原来不会的现在还不会，原来错的也一直错下去。

就上课如何集中注意力，我和他共同上网来找到适合他的方法，在找准方向得以提升的同时进一步认识网络的利弊。

1．相信自己能够注意听讲。别总以为自己注意力不行，上网不是能够聚精会神吗？那说明是有注意的能力的，只不过，没有把这种注意力用在课堂上而已。假如你愿意，你当然能够在课堂上也聚精会神。因此，从今天起，对自己说，我是有能力注意听讲的。

2．假装自己喜欢听讲。看电视能够集中注意，是因为你对电视节目有兴趣，你喜欢看。能不能也喜欢认真听讲呢？也许你不太喜欢，没关系，先假装喜欢一下，再给自己找找喜欢的理由，看看认真听讲可以给自己带来什么？也许会是老师的赞扬，家长的鼓励，同学的羡慕等，你肯定能想出好多条。想想，认真上课，成绩提高了，那该多神气。

3．提前了解要学的内容。每天晚上花一点时间把明天要上的内容先偷偷看一遍，想一想，猜猜老师可能会说什么，你可以怎样回答。第二天上课，老师一提问，你就举手，别人还在想呢，你都回答出来了，多棒。另外，仔细听听老师讲的内容，看看有没有和你想的不一样的，赶紧用笔做个记号，等会问老师或者同学。

4．清理一下你的桌面。别把课外书籍放在自己的眼前，将它们收起来，最好放到家里去，高考之前坚决不拿出来。

5．使用一些调控注意的技巧。如：尽量看老师的眼睛，并跟随老师移动。只要一会儿，老师就能感觉到你在注意听讲了，也许他还会给你一个特别的眼神作鼓励。这可是只有你们两人才知道的秘密噢。在老师讲话的间隙，在心里把老师讲的内容重复一遍；或者在记录本上把老师讲的重要的话随时记下来，这也能够使你一直保持注意。

6. 为自己定个可行的目标和阶段目标。不是要你明天上课就能够注意听讲，而是要你命令自己，从现在开始上课时比过去就要更多些注意，高标准地要求自己。努力实现自己的阶段目标，因此，只要达到了这个目标，就给自己一些鼓励，使自己信心满满的朝总目标奋斗。

他认识到自己的缺点之后，给他鼓劲，我们开始针对他的不足之处做相应的计划。如将以前考过的各科试卷都看了一遍，发现了每一科目有不同的漏洞。

语文：基础知识和阅读理解不太好。

数学：选择题、填空题命中率低，大题后面的 3 个题不会做。

英语：基本不懂。

找出了问题后，就想着找解决的办法：

资料：找语文老师借一本语文基础知识手册和一本阅读素材；数学买了 30 套仿真试卷；英语买了近五年的高考题。

语文：把基础知识手册当看书，阅读素材着重理解其中心思想。这样他的基础知识和阅读作文水平会有提高。

数学：每两天做 1 套题目，只做选择题和填空题，时间控制在 1 个小时内。第二天都将昨天做错的题目看一遍，3 天、一周后再分别看两遍。这样他的数学解小题的速度和准确率快速提高。

英语：每天做一套题，将不认识的单词记录下来当晨读材料，每天记半小时并不断地强迫自己英语单词每天 30 个过关。

文综：找成绩好的同学借笔记抄写、背记，反复做以前做过的做错了的作业题，并整理解题思路，形成各种问题的答题模式。

到了 4 月开始制定第二个阶段的冲刺方案。

语文：基础知识手册每十天重点掌握，作文素材每天精读 5 篇，并对老师交代必背的课文过关且注意生字、词的读写。

数学：将前面的选择题、填空题加上后面的四道大题一起重做一遍，最后两题不做，第二天复习。

英语：每天一套题，每个题目的语法、句型和短语一定要搞清楚，做错的题记录一遍。

文综：开始将知识系统化、简单化，并开始做综合试卷，在 2 小时内完成并认真进行错题分析，总结解题心得、技巧、规则。

以上措施是我们共同拟定并在我的监督下完成，虽然在施行的过程中无论纪律还是学习都有所反复，但我及时跟进，细心疏导，加上他自我认识的转变，让他一步步看到希望，主动落实，不再怕同学笑话、老师批评，主动学习朝目标前行，经过 100 天左右的刻苦训练，最后高考考出了 506 分，顺利地考上了航空飞行学院。

我和学生那点事儿

⊙ 张静

在疫情期间，网课的学习让孩子们的内心充满了躁动和焦虑，还潜藏着不少戾气，有时候一不小心就会点燃他们的火药桶。让孩子们的心能从不安的情绪中静下来甚至定下来，唤醒他们内在本身的美好是老师的职责之一。以下是我们在网课期间发生的一个小故事。

为了更好地集中学习，我给两个班级 487 和 494 建了一个英语群，名为 Melody 的爱徒群。2020 年 2 月 11 日下午，我在英语群里布置了当日的作业，可能有学生没有弄清楚，在群里再次询问。这时有学生回应说："我觉得 Melody 发的通知够清楚吧。"还有学生附和道："贵班一句话问三遍。"还有学生火上浇油："不用小脑用大脑？"这下另一个班的学生按捺不住了，直接呼叫其中那个火上浇油的学生，"真的笑死我了，亏我还改过你的卷子，脏了我的手。"就这样，两个班的火药桶开始被点燃了。

当时我正在备课，手机也调了静音，当我打开手机的时候，他们已经在群里闹开锅了。于是我在群里发了这样一段话："我刚才爬楼看了一下大家的对话，487 班的某些同学说话的确对 494 的同学不够尊重，我建议当事人可以主动站出来道歉。"可能我当时传递的信息不够有力，当事人出来道歉以后，也是不痛不痒，让人感受不到真正的歉意，学生们又七嘴八舌地说开了，有学生表达了我不公平的意思，还有几个孩子退群了。我看这个情况不对了，于是在群里又发了这样一段话："作为黄兴班的同学，不管是有意还是无意，用不礼貌的言辞去攻击别人，这首先是失了礼。虽然后来道了歉，但诚意不够。494 班的同学用退群表明自己遭受不公平对待的态度，有年轻人的血性和骨气，但过于冲动。现在是非常时期，宅在家里的时间比较多，不能出去放风，可能学生们内心也多多少少也积累了一些戾气。今天我还在群里分享了要说好中国故事，要让中华文化的仁义礼智信成为我们修养中的一部分。今天的这个瓜，来得恰到好处。

正好可以让我们反思一下自己，我们是否做到了谦谦君子的模样。如果有，恭喜你，你有一颗温润如玉的心；如果没有，也可以思考一些，是什么障碍了我成为这样一个君子。同学们都是明德人，都说明德一家亲，不分班级，不分你我，咱们在任何场合要展示的是明德形象。在这件事情的处理过程中，同学们可能都会觉得我不公平。因此，这件事情要说抱歉的是我了，因为我没能及时关注事态的发展，没能及时让一些事情防患于未然。这个瓜同样给我上了生动的一课。这件事情我希望到此为止，同学们不要再无端生出一些是非出来。我相信我们群里的每一个同学都是高素质的孩子，因为我们都是明白、明理、明道的明德人。后续我们还要继续在这个群里战斗一段时间，让我们一笑泯恩仇，好好学习，天天向上。"发了这段话以后，群里似乎安静了下来。可是，事情并没有按照我想象的方向发展。

过了一段时间，有学生给我私信说，有一些学生私下建了群，对某些学生进行了人身攻击，两个班的一部分学生都在商量要约架了。当我看到这些信息后，我的内心也是忐忑不安，如果事态再这样发展下去，那会一发不可收拾，我必须做点什么，来阻止整个事情往不好的方向发展。仔细思考了一下，我跟当事人和两个班的班长沟通了一下，让他们先代表各班在群里说一段话。于是，最开始在群里问问题的学生说了这样一段话："我是刚才那个群里问问题的当事人，我当时只是想确认一下今天的作业。因为今天上午我没有上课，没有想到会惹出这么大的麻烦，也没有想到会被骂，后面双方都道了歉。我作为提出问题的人，如果给大家造成了不便，我单独向 487 的同学诚恳地道歉，也向本班 494 的同学道歉。也希望大家都别吵了，吵来吵去也没意思。给大家造成不便，我向大家道歉！可能大家都过于冲动，也正是因为如此，大家的行为和想法可能都没经过深思熟虑，也希望事情可以就此平息！谢谢大家！"这时候，班长也站出来说话了："作为 494 班班长，我先向 487 班道歉，我们不应该意气做事。另外，这个群是 Melody 用来通知、学习和相互讨论的，望大家也明白 Melody 的良苦用心（其实大家基本都知道）。然后我是想把这个事情化解，这样，我们两个班还是可以和睦相处，共同学习。毕竟同在一所学校，同一个棒棒的英语老师教，大家也应该都不想闹出什么矛盾。我也真诚地希望这件事到此为止。"

在学生们表达了自己的态度和观点后，作为老师，我觉得我很有必要在这个事件的末尾提升一下学生们看待事物的维度，让每一个学生都能在这样一个事情中有所收获。于是，我分享了下面一段话："很多时候，我们以为我们所看到所听到的就是事情的真相，但是，果真如此吗？我所看到的是最开始因为 487 班的同学因为说话不注意伤害了 494 同学的自尊而引发后面的争论，我觉得'物有本末，事有终始'，源头很关键，因此我私下里批评了当事人，当事人也认为当时的言辞不妥。只是没想到后面的事情会越演越烈，变成了一群人对某一个人的群起而攻之。本来是受害者，却变成了加害者。如果我们自己本身没有清醒的意识，我们都觉得自己是正义的那一方，我们都不愿意静下心来去听对方到底想表达什么。那校园霸凌很有可能就此产生。同学们都知道我们学校就有这样的事情发生，结果怎样？有赢家吗？没有。年轻气盛的我们，总觉得我们自己是对的，但是当我们站在彼此的角度想想对方为什么会那样做的时候，也许就会有同理心，也许就会释然了。今天上午我们聊到了 Kobe 的 growing pains，所谓的成长一定是伴随着矛盾、冲突甚至是痛苦的。也许我们都觉得不甘心，也许我们都觉得 Melody 很偏心，如果这样想会让年轻而冲动的心灵有那么一丝丝平静的话，那 Melody 也愿意被你们所埋怨，也愿意做一个 whistleblower，或者说做一个麦田的守望者，不让你们往脱缰的方向奔跑。我们再把格局放大一点点，在当下这个时期，如果我们是疫区的孩子们，我们又会是怎样一番景象呢？我们会拿疫情开玩笑吗？我们真的是拿生命在战斗，我们对彼此只有祈祷和祝福。如果，如果当你们有一天真正明白万物一体，每个人都不是一座孤岛的时候，你们还会像如此当下这般想问题吗？很多时候，当我们的认知小的时候，问题就会变得很大很大；但是当我们的认知提升，我们的格局变大的时候，那些问题就会轻如鸿毛，不值一提。所以，我想请拉了小群的同学把群解散，我们没有那么多的过不去。再请大家看看这个群名，对于你们，我从来没有分别心。很荣幸成为你们的老师，很荣幸能陪伴你们一程，我不知道能否在你们的生命中留下痕迹，但我见证了你们的成长，足矣。明天让我们继续相约 CCtalk，我还等着你们的鲜花呢。”当我发了这段文字以后，很多学生在群里点赞、献花。我知道这段话已经让很多学生内心有感触，为了抓住这个机会帮助学生们更好地控制自己的情绪，我把自己在喜马拉雅录制的一部分音频分享出来，主题包括“当你触犯了别人时”“当你遭遇别人白眼时”“从不断点燃的怒火中摆脱出来”“不能说别人坏话的理由”“愤怒所造成的伤害”等。我让孩子们自己静静去体会这件事带给我们每一个人的启发，我希望通过这件事去唤醒一个个沉睡的灵魂。后来，我又单独问了一些学生大家的反应如何，学生们告诉我，他们没有再约架的冲动了，我也终于可以松一口气了。

　　事情已经过去了，可是留给我很多的反思。作为老师，如果我在事情发生之初就明察秋毫，及时制止，后面一系列的事情就不会发生；作为老师，当事情发生之后，必须透过现象看本质，把话说到孩子们的心里，孩子们才会信服；作为老师，面对不断变化的学生，必须要不断成长，才能有更高的学识和智慧去引导青春期的孩子们。路漫漫其修远兮，吾将上下而求索。

当岁月漫过你的脚印

⊙ 罗艳

一

小尹结婚那天，我坐在嘉宾席上泪眼蒙眬，同桌的几个我的孩子们也流着泪为他祝福。只有陪他走过那段阴暗日子的我们才知道，台上的小尹发言时候忍不住地泪流满面并不是婚礼预设的环节，而是他的真情流露，是他这么多年逐渐愈合却永远留有疤痕的伤口。

晚上我发了一个朋友圈：

> 这是我第一次参加的、一个新郎全程都在抹眼泪的婚礼，我想这泪水中有幸福的味道，也有遗憾、伤感和怀念。
>
> 他从容的举止，得体的发言，感恩的真情流露，让我骄傲，我是他的语文老师，也让我幸福，我曾经是他的班主任。
>
> 我必须见证他的幸福，这个成长得非常不容易的孩子，由幸福的巅峰到悲痛的低谷，又艰难地摇摇晃晃地站起来，一路走下去的男孩和他的一直都不容易的优秀的父亲。祝福他们，希望他们的生活越来越好，温馨、美满、长久地幸福下去。
>
> 善待生活的人必将受到生活的善待。
>
> 加油，每个人，热爱生活，勇敢向前。

二

往事像一张细丝网，经纬交织的每一个网眼穿过去，都是一段尘封的故事。

小尹是我在明德的第二届学生，241 班的。那一年，我们一起走过高三。

快高考了，小尹的母亲却突遇车祸离开了他。原本陪读的母亲的身影每天充溢着他的生活，做饭的是母亲，开车接送的是母亲，每天跟他拌嘴的也是母亲。可是，这个熟悉的身影却突然从小尹的生活甚至生命里消失了，就在高考的前夕。

他感觉自己的世界都崩塌了，寂静的夜晚，他给我发了一条长长的信息，诉说自己的后悔，后悔那天走进校门的时候正跟母亲赌气，摔上车门的时候甚至都没有回头看母亲一眼，可这辈子，再也看不到了！我拨通小尹的电话，说了半个多小时，我在电话这头哭，他在那头哭，所有的语言都显得那么的苍白。

母亲的丧事办完，小尹再也不肯走出家门，之前那个热爱运动，成绩应该在一本线上下的小尹成天把自己关在卧室里，称自己不读书了，也不会参加高考。我到他家去了好几次，最后拉着当时主管德育的陶副校长去给他做工作，劝说他在家复习，参加高考。我和班上的学生一直跟他保持联系。

最后他参加了高考，但是只读了一个专科。时间是最好的疗伤工具，更重要的是，我们一直都在他的身边。他读了专升本，考进了电力系统，工作上进，也收获了爱情。每一个成长的阶段，都会收到他父亲的短信，让我分享他的幸福。

三

桌边的孩子们在一起聊着明德的那些日子，我的思绪也被他们带入了往事。

2007 年的那个夏天，我加入明德这个大家庭，那个时候学校还在古朴的湘春路上。一年后搬到了新省政府这边，虽然，乐诚堂旁边的老榆树换成了绕湖而立的垂柳，楚辞亭也一派新绿，少了些岁月的沧桑，但院士墙上的浮雕仿佛在述说明德的历史，屈子湖中的小鱼也在倾诉着源头活水的喜悦。

我们目睹着新校区周围由一片泥泞到道路宽敞井然、高楼鳞次栉比，我们从简易的安置小区的租房里搬到了自己的新家，我们从开始的去各个初中招生受到人家质疑到听到家长们的交口称赞，我们目睹着百年明德一步一个台阶，跻身长沙的"五朵金花"。岁月染白了我们的青丝，也让明德人的骄傲刻入我们的骨髓。

刚来的时候还在窃喜食堂阿姨把我错认为是新来的实习老师，一晃 16 年过去，退休倒计时板上竟然只剩下个位数。岁月漫过你的脚印，老师和学生都在相互见证。今年的高一已经是我在明德接手的第七届了。2007 年到 2010 年第 1 届，高一的班号 183，高二的班号 178。2010 年到 2013 年第 2 届，高一的班号 235，高二的班号 241。2013 年直接到高三，中途带了 278 班毕业。2014 年到 2017 年，送 354 班毕业。2017 年到 2020 年送 437 班毕业。2020 年到 2022 年中途接手高二，送了 483 班和 485 班毕业。2022 年接手新的班级 574。文科班、理科班、平行班、黄兴班，各种层次的班我都很用心地带着，陪孩子们走过一段青春，目送他们走进美丽的象牙塔。

这 16 年来一步一步走过的脚印，历历在目。刚来的那一年，所有的班主任都挤在一个办公室，在承德楼楼顶上一个小阁楼一样的房间里，我们称他为"光明顶"。

虽然之前当过 8 年的班主任，但是到了不同的地方，不同的城市风格和学生特点让从农村教师身份转变过来的初来乍到的我有点不适。前辈们一点一点地带着我，甚至手把手地教着我，还很小心翼翼地呵护着我。我记得在不明真相咄咄逼人的家长面前，我泪眼婆娑。彪哥（刘彪老师）和帮主（姚邦辉老师），还有航哥（伍航老师）等前辈们一边义正词严地替我解释，一边耐心细致地给家长做工作，事后还暖心地指导我如何艺术地跟家长沟通。

记得准备长沙市教育局教研展示课的时候，蒋雁鸣老师每节试教课都会跟班听课，在三个年级各个层次的班级都上过课，听完之后认真地给我指导，教案反复修改，才让我能够自信从容地站上公开课的讲台，得到大家的认可。

彭代红老师一边带着自己的女儿，一边带着整班的孩子，成天地守在办公室，连饭也是在办公室吃。她平常言语不多，但对孩子们极为有耐心，工作特别细致，她的身教甚于言传，那一届跟她一个年级，她的踏实耐心尤其是那份对孩子的爱，对明德的爱，对教育的执着一直潜移默化地影响着我。让我在以后的路上学会冷静，也学会坚忍，学会不抱怨，也学会不放弃。十六年，孩子们的称呼由"艳姐"变成了"罗妈妈"。岁月改变了容颜，却改变不了对孩子们的爱，对教育的执着。

四

小尹过来敬酒，紧紧地拥抱了我，说了声"谢谢"。我拍拍他的后背，祝他幸福。而幸福的感觉，其实已经汹涌而来，氤氲了我全身。在明德的每一天，我都是幸福的。这种幸福，在教师节那天，来得特别强烈。

对于教师而言，每一个教师节都是一个特殊的日子。这日子不像端午，不像中秋，不像过年。因为那些日子都是全民欢庆的日子，属于传统，属于中国，属于每一个国民。只有教师节，是老师独享的，不，是老师和学生分享的。每一个老师都会在这一天回顾自己的教师生涯，回忆起与孩子们一起走过的很多岁月，甚至回味起当年在校园中的故事，与自己带过的孩子或者带着的孩子们一起咀嚼幸福的味道。

每一个教师节都过得很相似又完全不一样。从一大早起就会听到孩子们异常兴奋的呼喊："老师，教师节快乐！"然后这个声音会一直嘹亮地在教学楼响起，直到整栋楼所有的正课都上完，所有的老师都进过每个班级的课堂。然后会看到几乎每个从教室撤回的老师捧着小小的或者大大的贺卡或者一枝康乃馨一小盆盆栽，带着满意的、惬意的、惊喜的、无法掩饰的，或者淡定的笑容，迈着轻快的步伐走回办公室。别急着坐下，或许身后还有一个小小的跟屁虫悄悄地尾随你，又塞给你一盒巧克力、一杯酸奶、一个布娃娃、一盒心愿星、一串千纸鹤——总之是你想都想不到的带着他特定心意的小玩意。

去年插康乃馨的地方又插了一枝红玫瑰一枝白玫瑰。手机里面的短信刷屏似的叠加，微信和 QQ 不断收到祝福，手机也像我一节课又一节课地忙碌着，老实说，真没有时间一一回复。我只能心里默默地感动，默默地祝福。

朋友圈晒出了各种心意各种花样，表达着孩子们的感恩也表现着孩子们的创意。走上讲台以来一直当班主任，虽然一直想做个好老师，但是一直有做得不好的地方。孩子们却很宽容。学生中有些已经是两个孩子的妈妈了，依然会在这样的日子里送上祝福。那些曾经被严厉批评的孩子毕业后竟然成了满口喊"艳姐"的弟弟妹妹，还多了一些喊"干妈"的干儿子干女儿，多了一些小棉袄，多了一些闺蜜或者健身教练。

最大的喜悦是孩子们中有人当上了老师。当她发给我孩子们集体活动的照片，当她晒出她第一个教师节收到的贺卡，当她满心喜悦地跟我介绍她的小跟班，我似乎看到幸福的笑容在她脸上绽放，听到她按捺不住笑出的声音。我也忍不住给她发一句：哪天我要去看看我的小徒孙。哈哈，抓着手机的我实在忍不住笑出声来。我多想我带出的孩子们感受我当年带他们时候的艰辛，也多想他们享受带孩子的幸福啊！

铁打的营盘流水的兵，年复一年的坚守，年复一年的送别，青春挥洒在三尺讲台，也带向全国各地，只有幸福，默默地驻留在心底，爱的酒酿，历久弥香。

五

小尹拥着她的新娘，收获了他人生的幸福，他说，感谢老师，感谢明德。我说，好好爱，好好拥有。

当岁月漫过你的脚印，你还需要感慨什么？有幸在明德，感受爱，传承爱。好好地拥有，好好地传承。

理直气壮讲偏见

⊙ 刘巧姣

"老师，你总是针对我！"

"老师，他们都讲话，你凭什么只批评我！"

"老师，你就是对我有偏见！"

在对学生进行批评教育时，我常常收获到类似抗议。这些学生往往管不住自己，同时又处处跟老师要求所谓的"公平"。最初，我也尝试着跟他们讲道理，但发现很难讲得通的。比如：你讲话最多，你声音最大。他们会马上反驳：某某讲话更多，声音更大；某某还下座位……

我提高嗓音，说那只是狡辩，我抓的就是你！我只能这样武断地、强势地压制住了学生。

我怎么会对学生有偏见？我怎么能对学生有偏见？

坐在办公室，我沉下心来，把学生一个个在心里过了一遍。我惊奇地发现，他们每一个人在我心里都有其独特的样子：某某上课常打瞌睡、某某爱打闹、某某常讲小话、某某常来校最早却只为抄作业……

在课堂上、在巡课时，这些学生的确是我最关注的对象，只要有一点点嫌疑，他们就会被我认定违纪，并会被及时"批评"。

不得不承认，我的确对他们有偏见。

可我不是一个讲道理、讲公平、讲关爱的好老师吗？我为什么会有偏见？我怎么能有偏见？

我回想起刚开学他们入校时的样子，那时他们一个个都阳光自信，文明礼貌……那时的他们就是一张张白纸，每个人在我眼里都是一样的。后来是他们自己慢慢地在白纸上画下了一幅幅独特的作品，而我的偏见就是他们自己留下的"败笔"。

原来，偏见是他们自己刻画出来的！

意识到这一点后，再有学生跟我抗议我的偏见，我就怼了过去："没错，我就是对你有偏见！可这些都是你自己造成的！是你平常的不良表现，让我对你产生了偏见！"

当然作为教师，仅仅这样的批评教育肯定是不行、起不到教育效果的。紧接着，我会深入我的谈话，会安抚他：我的偏见不是成见。成见才是对一个人固定不变的看法，而偏见是根据你平常一贯的表现做出的对你的一个暂时的判断。你能让我产生偏见，也就能通过努力，让我消除对你的偏见。如果你不改变自己的不良行为，那我就会理直气壮地一直对你有偏见！

抗议的学生刚开始无言以对，但却在心里慢慢悟明白：要想在老师心中留下好的印象，就需要敢于对自己的言行负责，勇于认错、改错。

自此，我开始在班上理直气壮地讲偏见。我告诉学生，偏见不可怕，成见才可怕；偏见是自己平时的表现在别人心理刻画出来的；我们不能埋怨别人对自己的偏见，要努力通过改变自己的行为，消除别人对自己的偏见。

班级的变化也随之慢慢产生：班上怨天尤人、相互扯皮的现象越来越少；积极自省、知错就改的现象越来越多，班风学风日益提升。

英国作家威·赫兹里特说："没有偏见和习惯的帮助，我甚至无法从房间的这边走到那边。"偏见实质上是建立在特定对象的独特表现基础上的习惯性认知。基于学生日常表现而产生的偏见，能帮助教师更快速、有效地了解学生，并有针对性的实施因材施教。

歌德也说："我能确保正直，却不能保证没有偏见。"只要我们有一颗正直的心，不妨理直气壮地说出你对学生的偏见，并明确要求学生用自己的努力去消除老师心中的偏见。因为这种理直气壮的偏见有利于培养学生对自己负责、知错能改的良好品质，更好地达成教育效果。

最不可能出问题的孩子同样需要关注

⊙ 赵东明

　　俗话说：会哭的孩子有奶喝。有特点的孩子更容易被关注，表现不好的孩子总让人印象深刻，成绩好表现佳的孩子最让人放心，成绩平平又遵纪守规的孩子很容易被忽视。然而，多年的班主任经验告诉我，我们认为最不可能出问题的孩子同样需要关注，一旦出现问题，可能更严重。教育不能心存侥幸，应该要密切关注每一个个体。

　　案例：A是2020届我班的学生，该生学习目标明确，态度端正，学习刻苦，成绩一直位居班级前列，待人有礼貌，总是面带微笑，综合素质很高，积极参加班级和学校的各项活动，并经常取得佳绩，年年评为"文明学生""三好学生"，非常有爱心，寒假期间多次参加爱心小红帽活动，受到湖南新闻联播的报道。她是同学们学习的榜样，老师经常表扬的对象，家长也寄予厚望，是有口皆碑的优秀学生。然而，就是这样一位品学兼优的学生，今年四月份的某一天，突然很急切地问我学校心理咨询室在哪，她急需得到帮助。她告诉我，她自行到省脑科医院做了诊断，确诊为重度抑郁，医院开了药，但她还没有服用。在这关键时期，这种情况发生在最不可能出现问题的孩子身上。我非常震惊，立刻采取行动。最终，学校领导高度重视，班主任和心理老师积极干预，家长用心配合，医院专家的精心治疗，孩子状态稳定，症状得到明显改善，高考完后病情痊愈，A同学也在高考中考出了理想成绩，顺利被一所著名大学录取。

　　虽然事情有了圆满的结果，但回首过往，仍有不少值得反思和总结的地方。

一、没有真正让人放心的孩子，老师日常需要细心观察

金无足赤，人无完人，没有人是完美的，存在不足和问题才是生活的常态，孩子处在一个不断发展和完善的过程中，过去表现不错，不代表现在很好，表面上看起来正常，有可能内心暗流涌动。如果只看表象和过去，很容易犯经验主义错误，失去了走进孩子内心了解真实情况的机会，也就有可能失去解决问题的最佳时机。其实细细想来，A同学出现状况也并不是毫无征兆，有段时间，我发现她特别困，有时早自习之前、课间休息时经常趴在课桌上，基于对孩子的了解，我误认为是学习太晚，休息时间不够，只是提醒她要注意休息，没考虑到还有别的因素。

二、发现问题时不能惊慌失措，要冷静应对，找出具体原因

A同学主动和我坦诚现状，并积极寻求学校心理老师的帮助。说明她是很想解决内心的困境，也是非常信任老师的。她积极的态度是有利于问题解决的，经过与孩子的沟通及与心理老师的交流。我们认为病症产生的原因主要包括三个方面：

1. 家长期望值过高，导致孩子压力过大。A同学家长都是社会的成功人士，对孩子的学业非常看重，考试成绩不理想，就非常紧张，时不时地提醒和关切，这无形中给了孩子沉重的压力。

2. 平时自己要求太严，过于用功，长期的超负荷学习导致身体免疫力下降。A同学对自己要求严格，每天都有周密的计划，时间安排紧凑，平时缺乏锻炼，晚上休息太晚，睡眠严重不足，睡眠质量不高，上课精神不振，有时头痛欲裂，繁重的学业影响了她的身心健康。

3. 对自己缺乏自信，对考试期望过高。A同学在我们班成绩确实不错，但是她给自己定下的目标却是北京外国语大学，这个目标当时明显高于她的实力，几次模考的不理想，使她对未来很悲观，认为不管多么努力，目标遥不可及。最终，压力击垮了她。

三、加强家校合作，群策群力积极应对

老师不能大包大揽，过于自信，要合理整合各方资源和力量，进行有效干预。班主任长时间陪伴孩子，比较了解孩子，也是孩子比较信任的人。很多时候，班主任的鼓励、陪伴确实能解决孩子某些问题。但是，教育不是万能的，班主任也不是万能的。我们不可能掌握所有情况，有限的方法也不可能对所有人都有效。所以，我们用心参与之外，还要充分利用好学校、家长、社会各个方面的资源，群策群力，通力合作。针对A同学，我及时和心理老师进行沟通，了解到A同学好几次打开窗户，坐在窗台上准备跳下，又因为小时候被爸爸怒斥过一次，留下了严重的心理阴影，父亲一变脸色，她就很害怕。我们及时约谈了家长，让家长了解情况的严重性，家长非常震惊，对自己错误的教育方式后悔不已，后怕不已。A同学家长意识到问题后，做了深刻的反思，当着孩子的面承认了错误，一家人达成一致，只要A同学努力了，任何结果都是最好的结果。他们承诺要给予孩子更多的理解、

尊重与陪伴，爸爸一下班就回家，谢绝一切不必要的应酬。孩子听后，也一脸轻松。他们又联系了湘雅最有经验的心理医生，对孩子进行全面诊断，最后得出结论，病情是可控的，脑科医院的是误诊，孩子只是轻度抑郁，只要按时吃药，定期到医院进行心理疏导，不会影响正常的学习。在考前的三个月，她们家庭关系和谐、温馨，A 同学明显轻快了不少，生活中学校里发生的事情也愿意同家长分享。

四、密切关注，以平常心面对，不矫枉过正

父母知道孩子的情况后，非常后悔自己的教育方式，对陪伴孩子不够而痛心疾首，妈妈当场就泣不成声，爸爸也沉默不语。然后，他们一再表明：现在对孩子什么要求都没有了，只要她平平安安度过最后一个学期就好，不会在学习上对她有任何的要求。我当场指出这是不科学的，这又是走向另外一个极端，因为孩子对自己是有要求的，她有较高的目标，父母态度的急转弯，会让她以为父母不相信她的能力，她自己也会不甘心的，这对她也不公平。我建议家长可以降低对孩子的期望值，但不要告诉她，该怎么做就怎么做，鼓励孩子继续努力，老师家长都相信她一定能行的，努力一定会有回报。我们基于 A 同学数学比较差，和她进行了商讨，及时确立了新的目标：确保一本冲击 600 分。这个目标就很科学，努力是完全有可能实现的。这样，A 同学对考试的恐惧感缓解不少，不再排斥考试。在高三最后一个阶段的学习中，我密切关注她的动态，发现她的进步和优点，及时表扬和肯定；考试不是很理想时，对她进行疏导，A 同学的状态越来越好，笑容也越来越多。由于 A 同学积极配合治疗，以积极的姿态面对生活，不仅治愈了心理疾病，而且实现了高考的丰收。

所以说，对于教育，我们一定要有细心、耐心、恒心和信心，不能心存侥幸，要预设每一个孩子都有出现问题的可能，对于这些暂时折翼的天使，老师、学校、家长不能惊慌失措，要以平常心面对，不要怨天尤人，我们有很多干预的方式，只要应对及时，方法得当，孩子们是能够展翅高飞的。

默默守候，给学生一个"人间四月天"

⊙ 郭文静

快下第二节晚自习时，我正在办公室备课。一个学生走进来，对我说："我想回家。我坐在教室里一点都不想学习，我要回去！"

我问她："怎么了？"

"没怎么，就是静不下心，题目都不知道做了。"

"是不是因为压力大啊？"

"我没觉得有多大压力啊。"

"那我们一起从各个方面分析一下，看是什么原因，好吗？"

我拉她坐在身边，从身体状况、睡眠状况、和同学的关系状况、和老师的关系状况、和家人的关系状况、情感状况等方面一一分析，最后，得出结论，是因为学习进入"瓶颈期"而对自己产生怀疑，虽然表面上看着没什么，但潜意识里却感觉压力很大。帮她找到原因后，我和她一起研究"瓶颈期"。不知不觉，到了晚自习结束的时间了，学生面露笑容离开后，我又开始在灯光下备课。

我从教 30 年，已经有连续 20 年的班主任经历。为了拉近自己和学生的距离，为了解决各种各样的问题，我每天都会和学生谈话、聊天，平均算下来，每天与学生聊天不少于两个小时。

就是在这种和风细雨、亲切自然的谈话和聊天中，我获得过无数学生的笑脸或泪水，安慰了一个又一个青年学子的心灵，送走了一届又一届学生，也创造了自己教育的风格与气质。

从"母老虎"到"郭妈妈"

我一直认为，班主任要有自己的带班理念，带班理念不同，带出的班风就不一样。

在近 20 年的班主任生涯中，我的带班风格有一个分水岭。前 8 年以"严"著称，铁腕手段，说一不二，闻名全校，因为当时我的带班理念是"严师出高徒"，一是当时学生比较调皮，二是因为我刚当班主任，经验不足，思考不多，加上我的性格是追求完美的性格，所以带班非常严格。那时学生给我取的外号叫"母老虎"。

记得 2003 年当班主任时，班上有几个篮球生不太喜欢读书，其中一位男生，家境好，是个天不怕地不怕的主，他和别人打架，将人打伤；甚至曾公然在朝会上和校长顶嘴。但是这样一个学生在我面前服服帖帖。因为我很凶，很严厉，他挺怕我的。当然，面对这样的学生，光是高压制服那是不能完全制服得了的，除了严格、严厉，要求他遵守规章制度，我也很关心他，经常找他聊天，聊他最喜欢的篮球，聊生活，也聊学习，经常站在他的角度去理解他，去帮他解决问题。因此，该学生认为我很善解人意，慢慢地也愿意和我交流，愿意将他的事情向我倾诉。这位学生有了很大的改变，尽管成绩不一定理想，但他遵守纪律，后来成为校篮球队的主力，顺利进入一所 985 大学。

后来，我的带班理念有了转变，"我觉得要严慈相济，严在当严处，慈在细微中"，我给自己设定的带班目标：建立一个和谐自由的班级氛围、互相尊重的平等的师生关系、互帮互助的友善的同学友谊，进而形成一个积极、团结的阳光班级。

这里特别要强调的三个关键词"自由""平等""阳光"。这里的"自由"是思想上的、精神上的自由，我倡导学生的个性发展，允许学生有不同的言论和想法，因为教育的核心任务是培养个性鲜明、思维独立、敢于质疑、具有创新精神的人。"平等"是指老师和学生之间的平等，至少让学生感受到老师对他的尊重。"阳光"则是教育学生心胸开阔，我经常和学生说："爱笑的人运气都不会差。"

教师面对的学生问题是非常琐碎的。

有一次，我观察到小晨情绪低落，有点忧郁。是因为高三学习压力大，还是其他原因呢？我找她谈话。这位女生闷闷地扒拉着头发给我看，原来头顶上的头发大片大片地掉落了，这个女生遮掩着，不细看还发现不了。我问她是否看了医生，她说父母带她看了医生，但没有找到具体原因，无法对症下药。作为一个爱漂亮的女孩，她内心的恐惧、担忧、脆弱可想而知，学习成绩也因此直线下降。她父母在外地工作，只能周末来陪她。

于是，我经常打电话和这个孩子的父母了解治疗情况，不断找学生谈心，鼓励她、支持她，去感受她的痛苦，希望老师的分担能够让她的痛苦减少一点。同时，我和她的朋友交流，试图更好地了解小晨的心理状态。好朋友也经常和这个女生说说笑笑，不时地开导她。慢慢地，这位女生的情绪好了很多，高考时考上了重点大学。

对于我来说，这样的谈话或者聊天，是一个漫长的"疗愈"的过程，前前后后长达数月，我为此付出了很多时间和心血。

我的性格其实并不是一个无微不至、细心细致的"妈妈"型，但这么多年来学生都叫我"郭妈妈"，可能就是因为我与学生之间精神上的平等，而且建立了日常的、比较深入的交流机制。由"母老虎"到"郭妈妈"，不仅我的带班理念发生改变，连我自己的个性都发生了改变，我变得更柔和了。也许，教育就藏在这种细水长流的柔和之中。

"谈话"的苦与乐

因为要详细地了解班上学生的学习状况、心理状态，因为要建立深入沟通的交流机制，因为学生面对各种各样的问题总会来找我，所以，我每天的谈话时间很长，和学生聊天时，我不想只是简单的交代几句或者回答几句，所以每次谈话时间都很长，一两个小时很快就过去了。晚自习也就只能谈一两个或者两三个学生。我备课，一般都是在晚自习结束之后。这些年，我很多时候都是晚上十一二点才离开学校。

有的时候，自己真的很累了，却还要和学生谈话，真的要耐得烦，要有耐心；有的时候，看到学生不听话，真的很烦闷，却还是要和学生谈话，真的要有包容心。一旦面对学生的问题，一旦谈起话来，又是娓娓不倦，每次谈话都要做到他们哭着来，却高高兴兴地充满自信地回去。这样做很累，心累，但看着学生们重新振作起来，被谈话"疗愈"了，我就会很开心。

为了解决问题，我不仅要和学生谈，常常也要和家长谈。

有一位男生屡教不改，总是带手机来学校玩。有一次在办公室严厉地批评他："手机到底是不是你的？是同学的，那是哪个同学的？"这个男孩姓王，初中成绩还不错，进入高一后，无心学习，经常不交作业，上课走神、打瞌睡，沉迷电子游戏。家长将他的手机没收后，他自己又偷偷买了一个。被我发现后，他撒谎说是借了同学的。

"是我的，就是我的！"男孩突然情绪崩溃，对着我大吼。

"是你的，那你为什么要撒谎说是同学的呢？你原来的手机被你爸爸没收，这个新手机什么时候买的？"

"谁叫他没收呢？我就要买一个！我就要玩手机！"他嚎啕大哭起来。

等他情绪稍微缓和些，我和颜悦色地问他："可以和老师说说你为什么一定要玩手机吗？"

开始，他沉默不语。可能是内心压抑得太多、太久，突然，他断断续续地倾诉起来：他们家存在一定的家庭暴力现象，父母经常打骂他，父母之间也经常吵架，他感受不到丝毫家庭的温暖，所以他从初三起就开始变得叛逆了。初三考上明德中学后，父母买了一部手机给他，整个暑假，他都沉浸在手机游戏中。而父母发现他沉迷游戏后，就开始骂他、打他，他因此变得更叛逆。

显然，这不仅仅是他个人的问题，还与父母的教育方式有关。我不能只批评他，还要和他的父母交流沟通。

"爸妈在教育你时方法不对，但我相信他们是爱你的，他们也是望子成龙，我会和你爸妈好好交流。那么你觉得玩手机对吗？"

我轻言细语地和他分析玩手机的危害，向他提出殷切的期望。他默默地听着，没有表态。

知道这件事急不来，事后，我多次找他父母交流。他父母也很着急，但确实不会表达，说话方式不对，导致最后只能粗暴地对待孩子。于是，我也变成了家长的"老师"，耐心地告诉他们一些交流的方法和说话的技巧，经常打电话和他们交流，也再三告诫他们不能打孩子。而对王同学，我开始给予更多的关心和鼓励。后来该同学主动提出将手机放在我这里，周末、放假都不拿走；还坚定表示要认真学习，争取每次考试都进步。

我曾经在一篇发表的文章中写道："老师的职业是平凡的、琐碎的。它没有轰轰烈烈的壮举，不能像医生一样救死扶伤，将濒危病人的生命挽救回来；不能像技术工人一样通过科技创新为国家创造上亿的财富；不能像科学家一样利用发明创造将人类文明推进一步。但老师的职业又是不平凡的，是伟大的。"这是因为在与学生细水长流的交流中，我感受到了努力培育一个身心健康发展的人的快乐。

分给学生一桶的阳光

对我而言，与学生之间无数的谈话、交流，其实就是让老师来理解、分担学生的烦恼、忧愁、焦虑，就是让老师进入学生的问题和情境之中，帮助学生承担，给予学生安慰和力量。以前说教师要有一桶水，才能分给学生一杯水，这是说知识教育。我想，教师心里要有一池塘的阳光，才能分给学生一桶的阳光，这是教育更加根本的原则。

我当了将近 20 年的班主任，一直以来，我的带班理念都是：阳光，不抱怨；专注，不浮夸；让班级的每一个学生成长为身心健康、积极进取的人。而老师要成为班级、学生的精神引领者，于无声处发挥自己的人格力量，传递源源不断的正能量，潜移默化地让学生在精神上受到陶冶与洗礼，所以，教师只能不断锻炼和提升自己的内心。

我是数学老师，我的数学思想、数学思维也渗透在育人理念中。很多学生对数学有畏惧心理，对做数学题有畏难情绪。我经常和学生说："同学们，我爱数学，数学必爱我，你要坚信你一定可以学好数学！""数学是美的，简洁美、对称美、周期美、和谐美，发掘数学的美，发掘学习的美，发掘生活的美好，用欣赏的眼光看待自己身边的人和事，可以使自己的心胸更开阔，更阳光。要记住，越努力越幸运，越阳光越幸运！"

但是，这种提升的力量来自哪里？

记得自己 2011 年带了高一的班，这个班当时市外的学生较多，而且有 40 多个男生，绝大部分寄宿，只有少数同学成绩好，其他都不太好。孩子很淳朴，但行为习惯、学习习惯较差，所以我的重点就是培养他们的行为习惯和学习习惯。我印象最深刻的就是查寝，当时学生认为是宿管老师常常无中生有、小题大做，故意挑刺，因此矛盾很深，我几乎每天都查寝，每次查寝时间少则 10 来分钟，多则半个小时以上，干什么？和他们谈心，有很多事情在全班这个大范围讲不一定有效果，但在寝室这个小范围内却效果明显，我秉持"和谐、自由、尊重、平等"的理念，学生犯了错，都不再体罚，只是反复谈心。

付出总有回报，这个班虽然成绩并不理想，班级凝聚力却很高，他们对我也有很深的感情。高二分班后，同学们分到了各个班级。高二在我生日的时候，制作了精美的相册祝我生日快乐，高三时，来了 30 多个学生在我办公室，买了两个大大的蛋糕祝我生日快乐，令我想不到的是，他们读大学了，回不来，却制作了一个视频祝我生日快乐。令我很感动！如果问老师的力量来源于哪里，我想，就来源于这里！

作为正高级教师、湖南省郭文静高中数学名师网络工作室首席名师、明德中学数学学科中心主任，我获过无数的奖励和表彰，我所带班级的成绩也一直非常优异。学生成绩好，我当然高兴，当然骄傲，不过，回过头来看，最高兴的还是学生长大了，懂事了，成为一个乐观、开朗、积极进取的人。

时光飞逝，岁月有情。有一年，我的学生写了一首诗——《致郭妈妈》：

（一）
人间的季候不断转变
而您在杏坛仍默默守候
是谁给予您筑梦的双手？
是那灵魂殷切的企盼。
（二）
函数的百般转化，
几何的难定捉摸，
浮云的，变幻游离，
谁又大胆地爱着这次变换？
（三）
可曾后悔？可曾迷茫？
在这三尺讲台默默守候，
不愿后悔，不愿迷茫，
忠诚守候那一季季花开。
（四）
云的留痕，浪的深波
在每一个春天
留下多情的痕迹
（五）
这是没有单调性的函数
这是没有对称性的椭圆
在所有可能与不可能的背后
只有那个创造奇迹的写手
（六）
透彻的寂寞，忍听冷风独语
而我，却说你是人间的四月天
愿用这支赞曲，
献上诚恳的敬意

点一盏灯，照亮学生前行路

⊙ 何静

我成为明德人已经 27 年，一直以来，我发扬明德人"磨血育人"的传统，始终以高度的责任感对待工作，坚持点一盏灯，照亮学生前行路。

扎进山村，给山里娃点一盏心灯

1996 年 7 月，我从湖南师范大学资环系毕业，踏入明德中学，开始了二十余载的教育时光。

当时，城市和山区教育资源差距较大。为了使山区的孩子也能享受到与城里一样的优质教育资源，明德中学与浏阳最偏远的一所山区中学——小河中学结成"一对一帮扶"学校。为了无愧于"教师"这个神圣的职业，也想为山区教育做点实实在在的事情。得知学校需要招募前往小河中学的帮扶老师后，才刚熟悉工作环境的我很快就自告奋勇报了名。

带上一年来的教学笔记和工作札记，简单收拾好生活行李，我扎进了罗霄山脉的小河乡的重重山岭里。在盘山公路上颠簸了好几个小时，我到了这所被 500 ～ 700 米的高山团团围住的学校。

一年的支教过程中，尽管生活条件艰苦。但我在教学上依然花尽心思，让山区的孩子插上"地理"的翅膀，走出大山去看看。

在此期间，我努力当盏孩子的"明灯"，引领他们能早日走出去。周末时还爬山涉水上门家访，把辍学孩子请回学校，给经济条件差的学生施以援手。相隔多年，贫困地区教育也有了变化，不再是孩子上不起学了，而是教育资源少了。我也从一名教学新人到了教学骨干，可以为这些孩子做点什么了。于是我被聘为包头市、邯郸市 2019 年高考复习研讨会专家，临沧市 2020 年高考复习研讨会专家指导老师们备考。特别是在疫情期间，通过线上直播给云南临沧市教师进行高考复习讲座，通过线上给河南郸城县第一高级中学老师做关于教育教法和备考指导讲座。虽然做这些工作让自己本身的工作更加忙碌了，但能为我国贫困地区教育献上微薄之力，我是辛苦并快乐着的。

潜心教学，在办公室留盏夜灯

在我的手机里，存着许多"小温暖"，那是我的学生及家长们发来的消息。

"我不仅像是您的学生，更像是您的子女。"

"感谢您的陪伴，在我犯错的时候提醒我，在我迷茫的时候指点我，不知如何用言语诉说这份感激。"

"孩子回来很兴奋，说'我帮我找到人生目标了'。感激不尽。"

......

这些消息里，有困惑解除后的欣喜，有师恩难忘的想念。它们是我视若珍宝的记忆，也见证着我从教二十余载的点滴辛苦与教学成就。

长沙市明德中学由中国近代著名教育家胡元倓先生创办。胡元倓"磨血办教育"的精神，也一直深深影响着我。

夜晚的办公室里，我总是给学生留一盏十点半的夜灯，等待着有答疑需要的学生晚自习课后来寻求解答。答疑到夜深时，疲惫的我有迷路的时候，需要导航回家。

右脚扭伤骨折后，为了不耽误学生们的学习进度，我打了石膏，第二天一跳一跳拄拐前进，照常给学生们上课。

有次在班上课堂提问，因一个成绩很好的女生没回答上来，我回去一晚没睡着，整晚研究思考着要怎么提升学生的地理素养。

二十多年的教学生涯里，我依然满怀豪情地奔走在教育快车道上。二十多年的奔波与忙碌，我取得较好的教育、教学、教研成绩，把学生们送进了清华大学、北京大学、香港中文大学等高等学府；多次荣获校"十佳教学能手""格致杯""优秀教师""师德标兵"等荣誉称号；被评为"九芝"优秀班主任、"全国优秀科技辅导员""长沙市首届十佳青年地理教师""长沙市卓越（优秀骨干）教师"。

大江流日夜，慷慨歌未央
——怒江支教的记忆
⊙ 马臻

　　大江流日夜，慷慨歌未央。我支教的学校是云南怒江傈僳族自治州泸水一中，就是在怒江大峡谷里。学校对面庞然的山峰上，镶嵌着五个大字"怒江大峡谷"。怒江婉转纵横，从山脚下滔滔逝去，就像我们支教的宝贵时光。

　　在时光的河岸上，让我们从记忆中打捞几颗闪闪发光的鹅卵石吧。

"转益多师是汝师"：关于听课评课

　　"别裁伪体亲风雅，转益多师是汝师"，这是杜甫的句子，告诉我们要善于向优秀者学习，学习真正高雅而有内涵的"风雅"之内容。用这一句来总结我支教以来的听课工作，我觉得很恰当。

　　说实话，来支教之前，我很少这么密集地听过其他老师的课。因为此前自己是一线教师，又身兼行政工作，比较忙，不可能过于频繁地听课。但来到怒江就不一样的，用教育部的话来说，我们是过来"带团队"的，而非顶岗上课的。于是听课评课成了家常便饭。

　　于我而言，听课有三大转变：一是身心更为从容，得以比较耐心地进入他者的课堂，感受课堂上师生的状态，体贴并且回想自己的一些经验。二是首先带来的是自我反省，通过听课，通过观察学情，通过设身处地思考自己的课堂教学、得失成败，不断发现自己的问题。三是因为要对他者有所评价，所以必然要更客观地去思考课堂教学，把肚子读过的一些关于课堂评价的书再回味一遍，想一些问题。

　　这对我而言，首先当然意味着学习。在欧学军老师的课堂，我感受到了一份亲切洒脱；在姚瑞萍老师的课堂，我感受到了一份负责、细腻和体贴；在其他很多老师的课堂，我也能感受到各种各样的闪光点，这些闪光点首先让我思考一个教师立足于课堂的姿态，以及这种姿态背后的心境、思考和素养。

这里的老师大多朴素，并不常用PPT；也大多辛苦，课时较多；也比较负责，因为生源的限制，以讲解基础知识为主。学生们大多朴素、安静，乍一看是不活跃，仔细一看眼神，又让人觉得，这种"不活跃"反而也是他们很自然的一种状态。

也许因为生源和学情的限制吧，这里的课堂少了一点开阔、活跃和深度，但也有着一份朴素、自然和踏实。在和老师的交流中，在参与各个备课组的交流中，我都曾提到，课堂教学自然要重基础，但还可以想办法多一点开阔和活跃；教师自然要严谨和扎实，但也可以多一点个性和挥洒；教材是我们的根本，但教师个人的热爱，也可以在一些自主编发的资料和阅读活动中，更多地激活师生的思想情感。

"绝知此事要躬行"：关于课堂示范

对于一个一线教师而言，光听课显然是不过瘾的；对于一名名师工作室的成员以及支教团队成员而言，光听课更是无法产生示范引领作用。"纸上得来终觉浅，绝知此事要躬行"，上课才是最踏实、最开心的事情。

高一用的是部编本新教材，有不少此前我们都没教过的课文，不少老师正感觉头疼，于是，我申请要了欧学军老师一个班，上一篇新选入的长篇古文《齐桓晋文之事》，上了八节课，延续了一个多星期。同时，在高三也上了两堂作文课，是关于素材的使用的，承蒙高三老师们看重，把高三年级四个好班一齐给我上，同堂听课，好不热闹。

因为对他们提过意见，因此，我上课还是针对相关问题做了些调整。如《齐桓晋文之事》一文，八节课，除了一句一句落实文言文知识的讲解之外，每一节我都设计了问题环节，用新颖的问题来带动课堂的节奏；同时针对日常课堂上知识视野不开阔的问题，有意识地引进与《孟子》相关的学术资源，适度扩大课堂容量和深度；针对课堂谨守文言文的状态，适当将历史时事和当下热点引入，对比碰撞。学生虽然还说不上活跃，但也见有学生主动举手回答问题，学生们分组讨论也比较认真。我自己也觉得自然亲切。

写作向来是难事，何况是应试写作呢。高三的写作课上，我要学生们根据我精选的名言名句素材来立意、选材。用这两年的各省高考真题做练习，且讲且练，师生之间交流融洽，我进一步感受到了泸水一中学生们的可爱。

我的课当然并非十全十美，但我仍然希望通过教学呈现的方式，给泸水一中的同仁们一些启发，或者说，这是一种相互的学习。他们大多朴素，评课时也没有太多夸饰，大家较为自然坦诚地交流，也很愉悦。

当然，我更希望通过课堂教学，拉近与这里的学生的距离。据我观察，这里学生还真跟我此前的学生不一样，这种不一样，不仅仅是皮肤黑一些（这里紫外线强），也不仅仅是表情淳朴稚拙一些（不少乡下孩子），而是因为他们的沉默。课堂上的沉默，交流时的沉默。这固然是因为我们彼此的距离和不同，更是因为羞涩？我很喜欢接触后的疏离，或者稍稍言谈后的广袤的沉默。沉默是可信的、可爱的。

课当然要一直上下去，回想起来，支教日子里，上课才是最实在，也最开心愉悦的。

"万紫千红总是春"：关于教研指导

独木不成林，单丝不成线，单篇课文示范总是有限度的。我希望和泸水一中的老师们合作，开发一些新的课程，打造新的课堂模式，并由此延伸开来，和他们一起，做好一个课题研究。这里大部分老师都从没做过正经的课题研究。

新版部编本教材中，新增了《红楼梦》整本书阅读的内容。教师须带领学生读完120回的《红楼梦》，并完成相关的主题教学任务。此前泸水一中老师们并没有过这方面的实践，因此颇感为难。在整本书阅读教学上，我有一些教学教研的经验，因此打算以此为切入点，来共同设计课程，做好课题研究。

我们尝试设计好《红楼梦》整本书阅读的阅读序列、课程序列，在州教体局支教老师聂新萍的帮助下，我带领泸水一中的老师，申报了怒江州的教育科研课题"基于语文核心素养下的《红楼梦》整本书阅读方法与策略研究"。我们根据泸水一中的具体学情，设计《红楼梦》的导读课、情节结构赏析课、人物鉴赏课、主题分析课、主题综述课等，初步形成泸水一中《红楼梦》的教学课程体系。

在此基础上，我们制定了详细的实施方案。通过集体研讨、任务分工、课堂教学、分层教学、撰写论文、收集材料、发现并解决问题等方式，锻炼老师们的科研能力，提升科研水平，将教育科研和课堂教学融为一体。

"等闲识得东风面，万紫千红总是春"，在实践的过程中，大家一起研究探讨，才能共同进步，一切才会美好、从容而又愉悦。

"书卷多情似故人"：关于教师读书会

"君子务本，本立而道生"，作为教师，我想，学会阅读、喜爱阅读、善于阅读，应该是教师的"根本"。唯有真正的阅读，才能提升教师的个人品质和专业素养，才能激发出教师心底对真、善、美的思考和向往。

"凿井者，起于三寸之坎，以就万仞之深"，要想让教师们养成读书的习惯，先要搭建适宜的平台。于是,我多方筹划，组织了学校里的教师读书会。第一期读帕尔默《教学勇气》，第二期读陈映真小说集《赵南栋》,第三期读苏霍姆林斯基《育人三部曲》，第四期读王阳明《传习录》。阅读分享由教育部"名师导航"工程陈立军名师工作室鼎力支持，每位读书会成员都获赠一本主题阅读书籍。

读书不觉已春深，一寸光阴一寸金。3月15日下午3点，云南省怒江傈僳族自治州泸水一中教师读书会第一次阅读分享会隆重举行。泸水一中校长何息文、副校长杨李彪以及近30名教师参加了此次读书分享会。第一次阅读分享由我主讲，大家一起讨论。此后，每次读书会都由三名老师来做主题分享，我做总结性分享，同时，大家一起参与讨论。

我最期待也最喜欢的应该是第二次的交流——大家共读台湾著名作家陈映真的小说集《赵南栋》，这是我们庆祝建党百年做的主题阅读。左翼作家、台湾统一联盟创盟主席陈映真先生，是台湾文坛著名的爱党爱国人士。他笔下的《山路》《赵南栋》等小说，以精彩的艺术表达，呈现了台湾共产党人苦难辉煌的心路历程，对我们认识台湾历史的曲折、批判态度错误言论，也有很多启发。

一花独放不是春，百花齐放春满园。真正的阅读既是和前贤交流，也是和身边的同仁、朋友一起交流，共同成长，收获喜悦。读书会以书会友，正是此意。"道虽迩，不行不至；事虽小，不为不成。"在不断的阅读、思考和实践中，读书会点点滴滴，脚踏实地，携手向前，让老师们享受更多阅读的乐趣。

"闭门觅句非诗法，只是征行自有诗"，在远离家乡、来到怒江支教的日子里，我们一边思考、一边实践，一边交朋友，一边搞学习。怒江大峡谷群峰连绵、江流浩荡，岁月在这峰回路转之间，呈现出深深的诗意，弥漫在每一个阴晴变幻的日子里。

那些诗意，是因为我们在这雄伟的山川之间，默默地行动着。群山无言，而岁月永恒。

教数学，也教人生
—— 一位数学教师的教育思考

⊙ 陈亚凡

会写诗、会讲相声，爱读《红楼梦》、爱打篮球……这是这些年我留在学生们心中的形象。

毕业季，学生们给我留言："陈老师是数学老师中相声讲得最好的，是篮球队数学教得最好的""陈老师的数学课就是一味灵丹妙药，可以根治万年数学狗的顽疾"……

打造愉悦的数学课堂，与孩子们做朋友，用不同的方式去引导不同层次的学生，持续向他们传递一种对数学、对学习、对生活的从容洒脱的态度，这是我的教育思考。

数学课成了班会课

2011 年我接手一个新的高三班级——K237 班。这是一个很特殊的班级，是从明德中学老校区（达材中学）转过来的。在老校区，这个班很优秀，成绩遥遥领先。到了新校区以后，孩子们对本部的生活和管理不太适应。

怎样让孩子们信任我？采取什么样的方式去引导整个班级融入明德中学这个新环境？这成了我第一个要解决的问题。

开学第一周，班上发生了很多事情：教室卫生没有人打扫，课前黑板没有擦干净，座位不整齐，上课睡觉、看小说、玩手机，上课迟到、早退，课后不交作业……明明是一个优秀班集体，为何会出现这样的问题？我陷入了沉思，但他没有急于批评学生，而是更加细致地去观察他们的一举一动。

第二周周末，班级迎来了进入高三后的第一次月考，全班成绩很不理想，是所有理科班级中倒数第二名。成绩出来后的第一次数学课，我发现课堂气氛与往日完全不同，孩子们情绪都非常低落，静静地坐在座位上，连平时最喜欢打闹的学生都安安静静地趴在桌子上。

数学课刚上了几分钟后，我故意发问："今天是怎么啦？"整个教室没有一个人出声，集体沉默。

"是不是今天班上发生什么事啦？"过了一会儿，班长慢慢地站起来了："陈老师，你是真不知道我们的成绩还是不在乎我们的成绩呀？这样下去读完高三我们能考上大学吗？"

没等班长坐下，学习委员也站起来了："老师，在老校区整个年级的老师都对我们很好，都表扬我们，但来了新校区以后，学校好像一点都不重视我们，这是为什么？难道就因为我们是从老校区转过来的吗？"

原来，初来新校区的陌生感让孩子们一直把自己独立在新环境之外。这不就是问题的症结所在吗？我索性不上数学课了。反问道："大家今天情绪不好是因为学校和年级没有重视你们还是你们对自己的表现不满意呢？你们说的重视又指的是什么呢？"

话音刚落，刚刚还在激烈讨论的孩子们都安静了下来。我看着他们，他们也看着我。"仔细想想，你们是怎么得到重视的？"我意识到，这是一个教育的最好时机。于是马上宣布："今天我们的数学课改为班会课，给大家一个机会，说说自己的心里话！"

"我学习习惯不好，给自己定位不准确……""我没有树立更高更远的目标，纪律观念薄弱，集体荣誉感不强……"等学生们发完言，我语重心长地说："既然同学们能意识到自己的不足，就说明同学们很想做好，很想让自己和自己所在的集体优秀起来。其实每个生命来到这个世界都是独一无二的，每个生命都蕴藏着无限的潜能。我们要思考的是如何努力地发掘这些潜能，在它得到成长与发展的过程中逐渐完善它！"

一节课过去，每个人的脸上一扫阴霾，露出了笑容。大家一起制定了班规，并约定"每一位同学都要尽最大努力为班级争光，如有损害班级集体荣誉的同学必须向班级其他同学检讨，并做一件对班级有意义的事情作为补偿"。

这次班会课之后，整个班级精神面貌焕然一新。"像换了一批学生。"年级组长吴胜军老师说。2011 年，这个班获得了学校班级德育量化管理全校第一名，并获得了"市级优秀班级"称号。

让枯燥的数学变得有趣

在很多人眼中，数学是枯燥无味的。但我教过的学生，即便是成绩垫底的学生，都没有失去对数学的兴趣。

"陈老师的数学课就是一味灵丹妙药，可以根治万年数学狗的顽疾。"学生聂铮铮说，"我数学在高一时就一直在中等偏下挣扎，高二时数学更是直接垫底，甚至整个学期都稳居全班倒数第一。每次我拿着八九十分的卷子去找陈老师，他都会想办法让我燃起希望，让我感受到力量，他的耐心与鼓励一直支撑着我，让我从被踩到泥里的数学中活过来。"

高考时，聂铮铮的数学考了满分。他在送给我的明信片上写了一句话："数学让我生不如死，数学课让我起死回生。"

分发从老家带来的豆干和炒米，邀请搭档给大家讲一段相声，拉上窗帘聊《红楼梦》……这些都是我在数学课上给学生们准备的"小惊喜"。

"最吸引我的是每次进步以后可以获得跟他单挑篮球的机会，虽然每次都是我输，但现在想来，这些'小伎俩'真就是引领我数学前进的大动力，助力我数学一路前行。"说起与我相处的点滴，学生魏桢感叹，做陈老师的学生真幸福！

我的课堂很传统，很少用PPT，课堂上也喜欢边讲边写，一节课下来洋洋洒洒几黑板。

"板书真的超级好看，超级工整，一点都不符合他粗犷的外形。"学生谭智洋当了我三年的学生，他说，有时候，陈老师也讲得很少，基本上都是让学生上黑板讲——那时的课堂真的很神奇，一节课在一道题上可以集思广益六七种方法，让你在一次又一次惊叹中度过数学课。

冯双婷也曾经是一个数学成绩不好的学生，她在一次考试失利后，写下一篇《哀数学》："苹果几何，以手数之，指数不够，脚趾凑之……"我知道，这个学生既努力又勤奋，为了提高冯双婷的数学成绩，我总是根据她的情况，把一道很复杂的难题分成几个简单的小问题，让冯双婷恰好能理解、能听懂。高考前，我专门找到冯双婷，对她说："其实做一个平凡人也挺好的。如果你实在不能凸显自己，安安心心做好自己的手头事，做个平凡人，这就很好。"放下了思想包袱，冯双婷也在高考中考出了数学满分的好成绩。

"陈老师既教数学，也教人生。"学生李文染说，陈老师每天都轻松、面带微笑地走进课堂，这种对生活的态度也影响着我们，激励着我们。

"我只要一想起数学，就会想起陈老师曾经在送我的一张明信片上写道：'居高声自远，非是藉秋风。'这句诗，就是告诉我人要活得洒脱一点，不必计较最终得失，直到今天我也依然受用。这大概是在课堂之外，陈老师教给我的最宝贵的一课。"

在2018年的高考中，我所教的文科班级的数学成绩有5个满分，班级平均分超过144分。对我来说，比成绩更重要的是学生的成长。我一直做的，是关注每个学生的生命成长，启发和引导学生的"生命自觉"，真正为孩子的终身发展与幸福奠基。

栉风沐雨终见彩虹
——我与生物竞赛生吴子龙同学的故事
⊙ 徐果成

  吴子龙同学是 2018 年以裸分 694 分考上北京大学的优秀明德学子，也是我带的生物竞赛队队员兼生物课代表，代表我校参加了 2017 年的生物联赛，获得国家一等奖，湖南省第 29 名。可能大家都认为他是学霸，学习的道路是一帆风顺，但其实在生物竞赛学习和后面的文化学习都有着坎坷曲折的一些故事。

一、挣扎与抉择

  吴子龙同学高一时文化成绩并不是顶尖，他选择生物竞赛一方面是对生物感兴趣，另一方面是高一的生物竞赛对理科思维的要求没那么高，学起来相对轻松。他当时学习竞赛是玩的性质，但是临近高二开始前的暑假时，生物竞赛的人数大幅缩减人，且暑假需要参加一个竞赛培训班，学费加路费不少。那一阵我发现他说话很纠结，每天都是没有精神的样子，他告诉我他失眠了。他说他在想：一方面对能获奖拿到自主招生资格充满期待，而另一方面对于高二高三学业压力越来越大，还要分散很多的精力搞竞赛，怕跟不上，而且对于竞赛拿到国家一等奖也没有很大的信心，毕竟我们学校生物竞赛历史上没出过顶好成绩。我看出了他的犹豫不决，但我也清楚地了解他的学习能力，我坚信这一届生物竞赛一定会出成绩，而吴子龙就是那个要创造成绩纪录的人。所以我找到了他，我说了我的一些观点：竞赛能提高一个人的自学能力、团队合作能力，能锻炼人的抗压精神。我也拍着胸脯说："你肯定能拿一等奖，竞赛出了成绩就会促进文化学习。你文化成绩会比不搞竞赛时更好，这个在生物里叫正反馈，经济学里叫马太效应！"总之，谈了多次，但是他还是没有下定决心，我又打电话和他爸妈沟通。终于打破这个僵局的是吴子龙的母亲，她和子龙说只要他做出不会后悔的选择，全家一定会支持他。最终，吴子龙坚定了信念，决定静下心来搞生物奥赛。从明德毕业后，吴子龙同学曾回学校看我，说："果哥，搞生物竞赛不后悔！过了更精彩的人生，增长了见识，认识了很多优秀的朋友，不搞竞赛考不上北京大学！"

二、目标与信心

漫长的竞赛学习中，我发现吴子龙等同学还有一些问题：学习目标不明确，学习信心不足。所以我冥思苦想设计了两次活动来解决。首先是在暑假杭州学习期间，我联系浙江大学的袁立同学，请求他利用自己实验室主任助理的身份帮吴子龙等同学安排一些活动。我们到紫金港校区的时候，袁立率一批硕士、博士同学早已等候多时，寒暄几句，我们就直扑实验室而去。袁立在前面滔滔不绝地介绍："这个实验室是国家重点实验室，XXX 院士都曾经在此工作过，一年拨款很多……"硕士和博士则指着仪器轻声细语介绍各种仪器的名字及作用。"哇，这就是 PCR 仪呀！""这个就是教材中的跑电泳的仪器呀！"一句句惊呼从他们口中鱼贯而出，当看到了传说中的各种显微镜时，大家又是两眼冒光，特别是冷冻电子显微镜，那简直就是迈不了步。见此情况，我又请求袁立安排子龙等同学第二天在实验室和那些研究生哥哥姐姐一起做实验。第二天晚上，子龙就找到我，说："果哥，我要考浙江大学的生物系，高考要多少分呀？"我暗自窃喜，当晚和他聊了很久很久，聊现在，聊未来，聊国内国外……毕业后，每次看到吴子龙，我都笑他，你不是要考浙江大学嘛？怎么跑北京大学去了！

他们有时在竞赛学习中信心不足，总觉得四大名校不可战胜，我私下联系了雅礼中学的教练好几次想和他们一起交流学习；另一边我激励他们：雅礼的学生想和我们一起交流学习，现在我没答应，怕成绩太差伤你们面子，时机到了，我就答应下来。皇天不负有心人，雅礼那边终于同意一起切磋一下了。某个晴朗的星期天，我们朝着雅礼中学出发了，同学们一脸的紧张，上午 8～10 点一起考试，10～12 点对答案，子龙的成绩可以战胜雅礼的一位高手，其他同学的成绩差距比想象中的小！中午我请雅礼学生和我们一起聚餐时我就发现子龙明显放松了，下午 2～4 点继续交流学习，4～5 点羽毛球赛明德对雅礼。回学校的路上，迎着夕阳，车里充满着自信、快乐的笑声！

三、收获与绽放

在我的一路陪伴和鼓励下，生物联赛终于考完了，收获 3 个国家一等奖，虽有遗憾，但终归创造了学校最好的成绩。新的问题来了，为了竞赛，耽误了好几个月的文化课程，有的说要他们在外面上一对一，有些建议学校给他们开小灶，我坚持说都是经过竞赛的磨炼，相信他们的能力，给时间自学，他们会震惊所有人！我找到子龙他们，说："你们哪都不去，就在竞赛教室自学，有信心回到原来的名次没？"他们异口同声说："有！"接下来发生的事可以说是顺风顺水了，子龙不仅是回到原来的名次，在接下来三次模拟考试中都是第一名，高考也取得了好成绩。

作为竞赛教练，我又何尝不是收获了一段与众不同而又精彩纷呈的光荣岁月呢！感谢这段岁月中所有的人，是你们点缀了我生命中的缤纷色彩！

一个教师的自我修养

⊙ 陈纯

记得我在公众号"28物理家园"里的第一篇文章"开篇"中这样写道：

"我亦常常这样问自己：人生苦短，一个人的价值究竟在哪里？"

这是2017年的文字，我2008年参加工作，那时即将工作满十个年头。光阴似箭，现在我在高中物理教学一线已经十五年，我亦常常会想到这个问题。

也许是潜移默化的作用，童年的我爱看牛顿、爱因斯坦、泡利、费米和杨振宁等科学家的故事，及至长大后，我选择了喜欢的物理学专业，然后大学毕业顺理成章地成为一名物理老师。我足够喜欢这个专业，时至今日或以后，我都很感激自己选择了物理，我欣赏物理学科研究问题的追根溯源，好奇大自然的美妙和广邃，喜欢儿时陪伴我的那些"老朋友"。

如果一个靠打猎为生的猎人，我想他一定经常把自己的枪擦得锃亮；如果一个以伐木为生的木客，我想他一定经常让自己的斧头刃如秋霜。是的，当我决定这一生要以教物理为生的时候，我明白了这个道理，而且我觉得自己是幸运的，因为人们常常说：能把兴趣和爱好作为谋生手段是一件幸福的事。

虽然平时我不好与人侃侃而谈，但是我并不惧怕上讲台。在这三尺之地，大学时期，我获得了全校赛课的校十佳；工作后的赛课一路从校级、市级到省级都获得过一等奖。这些都要得益于我初中时期班主任周金林老师对我的栽培，她常常鼓励我上台发言，勇敢锻炼自己。每每想到这，我对她总心怀感激，我的公众号名称中的"28"就是我初中的班级号；每每想到这，我也会意识到一个好的老师对一个学生一生的成长该有多么大的影响！我的老师曾教会了我这些，我又应该怎样去教会我的学生呢？

记得刚毕业参加工作那会儿，我方方面面准备了很多，一堂课下来，恨不得把教案上的知识一下子全部塞进学生的脑袋，可是我发现这样的教学效果并不太好。我逐渐意识到，牵着学生满堂灌，只是表面上完成了一堂课的教学任务，课堂教学应该注重方法，特别是要站在学生的角度去看问题；讲清一个问题比讲了一堆问题要更重要，教授知识需要循序渐进。

最初开始教学，我让学生跟着我走；掌握规律后，我让自己跟着学生走！做一个跟着学生走的教师，应该具有扎实的基本功和开阔的学科视野，应该广泛地阅读，不断地积累。你应该成为他们学习教材时的百宝箱，应该充当他们解答难题时的智囊团。他们想要去的每一个知识领地，你对此应该早已轻车熟路，随时能与他们一起重回故地；他们想眺望的每一处前沿风景，你对此应该历历在目如数家珍，对他们的渴望有求必应。

我多年在高三教学，习惯跟着学生一起做题，我相信教学相长，理科学习应该通过解题把知识融会贯通，形成一个系统的网络。高中生的学习时间和精力都很宝贵，老师不能够不加选择的让学生刷题，肆无忌惮地占用学生的时间。我认为题海战并不可取，相信只有老师主动跳入题海，才能让学生跳出题海。平日里，老师跟着学生一起做题，互相讨论，激发灵感，共同成长，偶有所得，便欣然忘食，陶渊明所说的快乐其实很简单。我曾参加长沙市物理教师"解题"比赛获得个人一等奖，我们物理组获得全市一等奖的不少，我们物理组的教研氛围很浓厚，集体备课时大家常常一起共同研讨问题，我们教研组也曾获得市级解题比赛团体一等奖。

舒幼生老师曾经在他的《奥赛物理题选》前言中写道："青出于蓝，而胜于蓝；蓝在青中，更被青染。"得益于解题时的思考与积累，对于平时课堂实践中的一点心得体会，我偶尔会将其付诸笔墨，形成文字。我曾获得长沙市和湖南省论文一等奖，长沙市优秀教研工作者。论文在《物理教师》《中学物理教学参考》《物理通报》上发表。可以说，如果没有学生和同事们对我的"相互作用"，就不会使我获得这种向上的"加速度"，并到达一个更高的"位置"。

我从小爱好小制作，童年总梦想发明一部海陆空的"飞船"。现在还记得小时候做过有意思的事情便是把外公的机械手表拆了，然后用家里的缝纫机油清洗取下来的每一个齿轮，最后再把它们一个个小心翼翼地重装起来，放在耳边那滴答滴答的声音让我着迷。培养学生的动手能力，提高实验操作技能是物理教学中的重要一环。苏霍姆林斯基说得好："手和脑之间有着千丝万缕的联系，手使脑得到发展，使它更加明智，脑使手得到发展，使它变成思维的工具和镜子。"因此，即使是高三习题教学，我也尽量去设计和自制教具，想办法重现习题中的物理情景，以给学生留下更为深刻的印象。我曾制作过不少小玩意儿，如用不锈钢焊接的可折叠的晾衣架受力分析模型，带有钕铁硼强磁铁的旋转圆与伸缩圆模型演示教具，地磁场检测装置等。记得2017年下半年我以单摆实验获得长沙市实验比赛特等奖，同年代表长沙市市直学校参加湖南省实验创新大赛，在最后一轮的自制实验仪器的现场演示中，未曾料到带过去的传感器在参赛的电脑上无法正常打开，最终获得二等奖，当时非常失落。对于这个自制教具，我曾反复思考，精心设计，实验结果和理论符合得很好，因为我一直坚信它的价值，2020年5月《一种便携式功与速度变化关系实验仪器》通过申请，获得了国家知识产权局的实用新型专利。

我一直坚信：热爱生活，增进课堂之外的生活体验，对于物理的学习同样有着十分重要的意义。学物理的人不应该做一个书呆子，闭门造车；教物理的人也不应该当一个教书匠，纸上谈兵。我们师生都应该更多地去感悟生活中的物理，更多地去思考物理中的生活。"世事洞明皆学问"，物理中的很多模型都是生活的真实情景为了简化问题的研究而抽象出来的，反过来，对真实情景的生活体验和思考可以帮助我们更好地理解物理模型。我印象很深的一个例子是在课堂上讲解 2014 年安徽的一道高考题，一个倾斜的转盘边缘放有一个物块随着转盘一起转动，为了不使物块甩出去，求它们共同转动的最大角速度。这个问题关键的一点是要明确：当小物块转到最低点时，最容易发生相对滑动。这一点对于小时候玩过转盘游戏的学生来说能很快答出来，可是我发现也有部分学生没有这方面的生活体验，或者平时没有留心过这方面的问题。

多年以后，我猜我的学生肯定会忘了课堂上我教过的绝大部分知识，他们肯定忘了什么是"第一宇宙速度"，不会记得"静电力常量"是多少，也写不出"理想气体状态方程"。那么，老师究竟教给了学生什么？老师的作用究竟是怎么样的呢？"如果人们已经忘记了他们在学校里所学的一切，那么所留下的就是教育"，爱因斯坦在《论教育》中说道："如果一个人掌握了他的学科的基本原理，并学会了如何独立地思考和工作，他肯定会找到属于他的道路。"

我曾用物理写过这样一首诗：

《若》
你若是光
我愿做透镜
将你聚焦于心

你若是电
我愿当尖端
点燃耀眼的火花

你若是力
我愿为重心
将你我交汇于一点

你若是热
我愿化作熵
这份温暖只增不减！

一个老师给予学生的关爱、肯定和鼓励，随着光阴的流转，一定会愈加鲜明。教育者要有面向未来的长远的目光，好的老师应该帮助学生获得一种向上的内驱力，转化为一种正能量，去积极地面对人生，面向世界，"离开学校时应该是一个有和谐个性的人"。

教师生涯，十年如一，时光不语，静待花开。每到寒暑假，明德校园总能看到一些已经毕业了的孩子的身影。是的，他们怀念这里的一草一木，他们怀念这里的屈子湖畔、院士长廊，他们怀念这里度过的拼搏华年。每年6月，就在这里，我送走一届又一届的毕业生，岁月在我身上添了痕迹，而乐诚堂永远年轻，她微笑着，拥抱一届又一届青年人的梦想，激励一届又一届学子的抱负，也抚慰一年又一年桃李开落的惆怅。明德，也许某一天，有一位白发苍苍的老人，颤颤巍巍来到你的身旁，眼中饱含泪水，却什么也没说地离去，那一刻，我相信，曾经所有执着地找寻终会有答案，所有逝去的岁月都会重新开花结果！

我的教育初心

⊙ 王普

理想篇——明德树人

从小时候起我就想当老师，那时候觉得老师特别神气，全班的孩子都听她的。为了实现这一梦想，我组织楼道里的大小孩子带着小板凳坐在我家客厅里听我教大家认字。高中毕业那年填志愿，我所有的高考志愿只有两个选择：医生和老师。在我的心中，医者，拯救的是身体；师者，拯救的是灵魂。命运的小舟将我渡向了湖南师范大学，我认为这是冥冥之中的天意，从此我坚定了我毕生的职业选择。于是，在 2007 年硕士研究生毕业时，我毅然放弃了有编制的长沙市质量技术监督局的工作，选择了当时还不能给我编制的长沙市明德中学当一名普通的人民教师，知道我的选择的人都笑我傻，因为那个时候硕士毕业生进中学并不多见，可我心里知道我对这个职业的热爱，我对命定道路的向往，这也许就是我最初的教育情怀。

在明德中学执教的十几年间，我对专业知识追求精益求精。当时的我认为让学生将本专业知识学好、学透彻，考上理想的大学，是一名老师最重要的任务。当时的我对自己的教育生涯还是颇为满意的，觉得这就是一个教师最重要的使命。后来陆续有毕业的学生回来看我，在他们的言谈中，我逐渐发现他们对我讲过的专业知识并不怎么谈及。他们反复回忆，记忆犹新的是他们难过时我对他们的安慰、他们失败时我对他们的鼓励，是我对于他们学习方法和学习能力的指点，是我对知识的严谨态度，是我对他们人生观和价值观的引导，是我对国家和民族命运的思考，是我对他们未来的期许……这些可以让他们走得更对、走得更远。

这些感悟不得不让我深思：我的教育初心是什么？教育者的使命到底是什么？跨越学科鸿沟而让所有教育者都应该追求的是什么？是育人，是塑造学生的灵魂，是立德树人。

在疫情期间大家无助时，肯定很多人包括我们自己都希望有更多驾着七彩祥云来拯救我们的英雄，这些英雄们既有能力，又有勇气，还有饱含着对我们国家、民族、同胞们的爱。这些英雄们出生于哪里？我们的教育。由此可见教师们责任之重大。这些亲身经历的盼望坚定了我永不褪色的教育初心。

积累篇——孜孜求索

2007 年研究生毕业以后，由于对三尺讲台的热爱，我毅然选择中学教育，进入了明德中学。但是，当时作为初出茅庐的我，一切都是陌生的。记得刚刚走上讲台的那几年，我每个学期要听 60 多节课，不同的老师，各个教学风格，我觉得勤能补拙，慢慢的，我这匹"驽马"，也有了自己的教学心得。我还积极参加各类教学竞技，勇于接受学校的各种任务，如开放日、省市级督导课等，锻炼自己的胆量，试一试自己的教学理念是否和当前教育专家们的理念相符。

每次上讲台，望着这么多双眼睛，我总是忐忑不安，不知道我的知识够不够、对不对得起这么多双渴望的眼睛，这种情绪在我工作了 16 年之后仍然存在。我每一次上讲台都是紧张的，都是敬畏的。所以，每一堂课的教案我都是手写，而且反复修改，如果有一个问题没有弄清楚，我都是寝食难安，要么查资料、要么和同事讨论、要么请教专家，一定要弄清楚才心安，经常被同事们善意地开玩笑。但是教师的使命感，支持了我不断地积累教学技能、革新我的教学理念，他是悬在我头上的达摩克里斯之剑，鞭策着我三省吾身，而我无怨无悔。

奥赛篇——磨血育人

离接受奥赛教练任务的那一天已经过去几年了，但是那一幕仍然让我印象深刻。2014年刚开学不久，校领导召集了数理化生 4 门高考科目的老师开会，宣布了组建奥赛教练团队的事情。这件事情对我来说非常的意外，因为之前没有任何准备，开会当天才知晓。当时我也很茫然，因为明德中学的奥赛可以说是一穷二白，没有底子、没有人带，刚开始连从哪里开始、怎么选人都不知道，急得我心里直想哭。放弃吗？还是硬着头皮上？要上，我们学校没有奥赛的经验、学生的综合素质也不如很多奥赛进行得如火如荼的学校、可以调动的奥赛资源也不如那些学校，搞得赢吗，搞得下去吗？但是我清楚地知道，明德中学要强学生、强学科，选择奥赛这条路是一个必然选择。我想，路总是人走出来的，我如果能进一步，也许后面其他老师的路就好走了。接受了任务，首要的就是选人，我不知道用什么样的题目选，但兴趣就是最好的老师，只要孩子们热爱，我就陪他们一起探索。我就通过兴趣选人，告诉孩子们，你们就是明德中学化学奥赛的星星之火，我们共同进步。在不断的激励下，孩子们各显神通，参与感满满，特别能吃苦耐劳，而且不断在我们这种艰难的教学条件下创新。而我自己，就买了很多的大学教材，每天逼着自己反复读、自己考自己，不会就查资料，就到各个学校去学习、取经，有时候还去大学听课。一个题目想 4.5 个小时是常有的事。也没有什么周末、没有什么寒暑假，平常要完成几个常规班的正常教学任务，所以奥赛训练、自我学习只能在晚上、周末、寒暑假。经过了一年，最后只留下了 3 个孩子跟我一起在坚持，但是我想，哪怕只有一个孩子也是有希望的。可在这时候，我怀孕了，而且情况不好，先兆流产。这时候又面临了选择，放弃我舍不得，我也愧对一直相信我的 3 个孩子，这意味着我和孩子们一年的努力都白费了，我们的时间和汗水都付诸东流。坚持下去，孩子受到伤害怎么办？这个抉择是艰难的，是痛苦的。最后，教育的责任感让我决定坚持下去。最后演变成白天上课，晚上去医院住院，我在上产床的最后一刻还在电话答疑。虽然孩子生下来了，但是做了两次手术，最后留下了终身的病根，至今仍饱受折磨。但是幸运的是，这 3 个孩子在联赛中，2 个获得一等奖，1 个获得二等奖，这在明德高考学科奥赛上是第一次，实现了零的突破。这些孩子后来发展很好，现在有两个是中国科学院的硕士，一个是跨专业考了北京大学计算机系的硕士。后来的几届竞赛无论从成绩和人数上都有了进步。还有我们整个竞赛团队教研组长彭云武老师、盛凯老师相互帮助、不断钻研，在学科知识的精进上都有了很大的收获，潜心钻研业务知识也使我们的心获得了很大的满足感，我们也体会了"磨血育人"精神的真正含义。

热爱是什么？是一见钟情？还是由于坚持、由于付出产生的依恋感、形成的习惯？我觉得是后者。在这十几年中，我也有过几次改变职业的机会，我都放弃了，因为我舍不得明德，舍不得我的讲台和学生。我已经在这儿站习惯了，我也会终身站在这儿，这是我最深沉的爱。

第二章 学生记忆：春风传大雅，文采蔚清奇

解忧的心

⊙ 曹祺祺

最初我来到"心力量"成为解忧成员的想法很简单：

我……我想看看我是否也有能帮到大家的地方。

一直觉得学校里的"解忧杂货店"是个非常神秘的活动：来信者以匿名写下烦恼放入信封，将信投给信的那边未知的回信人；而回信人同样以笔名为来信者排忧解难，而所有的过程均在保密状态下进行。

既然是匿名的话，那么，我也许就可以试着悄悄地……悄悄地实现一点自我价值吧？

而且，笔名什么的，好像也挺有意思的？

在加入社团前，我总是那个喜欢蜷缩在教室角落一言不发的家伙。社交恐惧，不自信，喜欢低着头，害怕一切类型的集体活动，做个简单的自我介绍都能哆嗦半天。

这一次，我能借此打破这种僵局吗？

那是我们的第一次解忧培训，谢老师详细说明了解忧的"运营"流程，以及最重要的，解忧"店员"们需要遵守的工作原则：保密，尊重，理解。

"可能在你眼中那种'哇，这不很正常嘛'的事，在来信者看来早已困扰了许久；相反，有时你心中非常烦恼的东西，在他人眼里倒只是稀松平常的小菜一碟。"谢老师的目光扫过全场，然后正好对上我的眼睛，"所以学会倾听理解、尊重来信者，并用一颗真诚的善心帮助他们，就是我们'店员'该做的事情喽。"老师灿烂地一笑。

"当然，有句话说'助人者自助'，相信大家也会在'运营'我们解忧杂货店的同时获得成长！"

助人者自助。获得成长。

会吗？

会吧。

我收到的第一封来信，来自一位学姐。随着学业压力的增大和友谊方面上的一些事情，她最近非常心累。刚接信的那会儿我其实是非常忐忑的：我经历的事不多，也没怎么安慰过人，每一句话我一定要仔细推敲一番才敢动笔。我会思考：如果是我面临着巨大的压力，如果是我面临着友谊的裂痕，我会有什么感受，我又将如何面对？以及我该如何用一种来信者能够接受的方式，表达我的想法和对他们的鼓励？

于是我开始回信。

我开始回复更多的信件。

有些关于学习，有些关于人际关系，有些关于如何面对一些事情……

我会告诉 ta，感到压力可以去听听歌，跑跑步，找人谈谈心，放轻松，压力释放后必将事半功倍；我会鼓励 ta，不用害怕，鼓起勇气，把想说的大方地表达出来，让大家更好地了解你而已，不用怕尴尬，突破自己就好；我会和 ta 讲，主动面对并承担错误，才能彻底摆脱罪恶感，彻底安心；我会说，你本来就是独一无二的自己，你应该爱自己，你应该抬起头，你应该好好地生活在这个阳光灿烂的世界里。

渐渐地，我觉得我所面对的来信者们并不是一个个素未谋面的陌生人，而是我自己。每一次回信都像是心与心之间的对话，然后我会从一张张信纸中，看见自己的影子。接着便是一些"神奇"的事情：当我因为备战大考心烦意乱时，我会告诉我自己可以去适当地放松一下自己；当我社恐"发作"时，我会告诉我自己不用害怕鼓起勇气大方地表达出来；当我做了对不起别人的事而内疚半天时，我会提醒我自己应该主动面对并承担错误；但我又想低下头缩进角落里时，我会和我自己讲，我应该抬起头，我应该好好地活在阳光下，我应该自信起来。

然后，我发现自己之前那么害怕的东西，好像也没有那么可怕了。

我开始试着抬起头走路，我开始主动和人打招呼聊天，我开始试着坐在比较靠中间的位置，我开始拥有面对自己终将面对的事情的勇气，我开始变得自信，我开始学会欣赏自己的优点，我开始变得乐观，我感受到了集体的温暖，我开始……

助人者自助。获得成长。

会吗？

会的。

会的。

我们加入"解忧杂货店"，我们的日常不仅仅是在课余生活里回复一封封陌生人投来的信件，更是一个新鲜的、充满仪式感的同时帮助自己的过程。确实有时一封信并不能起什么物质性的帮助，但如果能鼓励对方让对方向更好的方向前进的话，便也是达到了我们最好的期望。同时我们也会在助人的过程中体会到助人的快乐、实现自我价值，从而达成一个来信者和回信者都收获了正面情感与成长、完善自己的人格的过程。让我们学会换位思考，让我们学会理解与尊重他人，让我们学会换一种角度看世界，让我们学到了太多太多在课本上学不到的知识。

是的，我帮助了大家。

我也帮助了我自己，让我自己试着去改变。

感谢明德中学的心力量心理学社，感谢指导我们的谢老师，感谢解忧杂货店，我真的学到了也收获到了太多太多珍贵的东西。

我尝试了许多之前连想都不敢想的事情，并收获到了意想不到的效果；我开始主动融入集体，并尝试竞选上了社里一位管理人员，算是挑战了自我，锻炼了自己的能力；我已经能够自在地和别人聊天交往，不再总是担心这担心那的了；而现在的解忧杂货店里，仍然有几位之前素不相识的来信者，继续和我保持着"联系"……

心中有光，耀之彼方。

我擦掉了心上蒙着的尘埃，让它透出的光亮，照亮四周的方向。

（K558 班学生）

忆海拾珍，波涛汹涌

⊙ 沙宇鑫

　　时光荏苒，离开明德转眼过去了三年，回想过去的三年高中生活，学业是毫无疑问的主基调，当年苦苦"斗争"的一个个知识点，可能早已在脑海里淡去，但在那些一帧帧播放的黑白电影般的回忆里，却有一段画面充满着色彩，那样清晰，值得被反复观看、回忆和品味，那就是贯穿于我高中三年的社团生活。

　　不得不说，缘分是个很奇妙的东西，第一次接触社团，是在通往食堂的小路边，各式各样的社团在两侧招新，场面热闹，让人眼花缭乱，目不暇接，军政社的学长们穿上了一身装备，好不帅气，给我留下了深刻的印象。但是本着"一人尽量只加入一个社团"的原则，我根据自己的特长，加入了书法协会。但在不久后，军政社第一次举行社团活动时，身边的几位好友纷纷拉着我前去参加，回想起当时学长们帅气的样子，本就对军事历史十分爱好的我便陪着好友们参加了活动并最后报名加入了军政社。后来我们一起参加了很多次活动，像真人 CS 对抗、实弹打靶、历史讲座等，留下了太多太多的回忆，也结识了不少志同道合的朋友，其中就包括我最好的兄弟，也就是后来的副社长——杨鸿昊。在我意料之外的是，随着时间的慢慢流逝，当初邀请我加入的朋友们因为学业忙碌，慢慢地淡出了社团活动，而被拉来的我却因为一直活跃参与活动成了社团的主心骨。一年后，学长们进入高三冲刺期，各个社团也如期进行了换届，在成为书法协会副会长的同时，军政社老社长决定通过一场军史辩论赛的形式，在我和杨鸿昊之间决出下一届社长的人选，很幸运的是，这刚好选到了我擅长的方向，于是我赢下了辩论，成了军政社的社长。回想起当初入社的机缘巧合，我不禁感慨于缘分的奇妙。

　　在成为社长后，我和其他几名社管共同合作，各司所长，组织了许多丰富多彩的活动，还邀请了多位已经毕业的学长们回校讲座，并且一起合资拍摄了我们自行制作并导演的微电影宣传片，在校园的每一个角落都留下过我们的身影。通过这些努力，我们一度将军政社建设成为学校中名气最盛的几个社团之一。而令我最为难忘的还是在听闻我们也能单独排演一个节目在学校的元旦跨年晚会上表演时的激动心情，全体社员经过两个月的磨合与排练，牺牲了自己的午休时间，终于在元旦那天站上了晚会的舞台，表演了属于我们自己的节目。当站上舞台的那一刻，我们心中都充满着骄傲和自豪。可能在一年前坐在台下观看精彩节目时，我们之中谁也不承想过有朝一日自己能站在舞台上熠熠生辉，正是社团给了我们这样一个展示自己的机会。

在社团建设发展的过程中，合作与欢乐固然是主基调，但也不乏争吵与对立，但好在最后都能有惊无险地化解。争论后的和解往往能使兄弟间的感情更加深厚，社团一路磕磕绊绊的发展见证了我们共同的进步与友谊的深化，我也收获了一生中最重要的好兄弟。同时，担任社管所做的一切，使我的综合素质得到了极大的提升，其中，组织、管理和演讲等能力都是即将成为军队指挥员的我所必备的，对于现阶段的我来说，这些方面能力的提升，比当时课堂所学的应试理论都要重要得多。从第一次讲座时的紧张生涩，到后来的侃侃而谈，台下掌声雷动，我十分庆幸和感激社团能给我这样一个锻炼和提升自我的机会。同样，在军政社的氛围影响下，本就对军事颇感兴趣的我，更是被激起了满腔热血，坚定了参军报国的理想，最后在高考结束后报考并顺利地进入了军校就读。三年转瞬即逝，当年那个体测时跑一公里都累得够呛的我现在以更快的速度跑完十公里也不在话下。现在的我行将毕业，即将成为一名光荣的共和国军官，回想起当年在社团里发生的种种，仍是我青春岁月里最美好、最值得被纪念的一段时光。

忆海拾珍，回忆波涛汹涌，一经提笔，感觉想写下来的实在太多太多，在最后，衷心地祝愿明德的社团能发展得越来越好，培养出更多综合性人才。也用一句我最喜爱的话与各位学弟学妹们共勉："愿你们在合上笔盖的那一刻，有着战士收刀入鞘时的骄傲。"

（赤翼军政社原社长，现就读于中国人民武装警察部队特种警察学院）

论剑
—关于一次考试的反思

⊙ 向蔚

林暗草惊风。

不远处，悉悉索索的异动混着草木的低语，由远及近。多年被追杀磨炼的危机感层层放大，我转身拔剑，夜幕掀开，跳出一白衣公子，双手长剑直取我天灵。

挥剑格开，我剑眉倒竖，区区一时辰接连三人刺杀，他们是执意要取我项上人头。

两天，我连斩八人。

人影闪动，数息之间，逼仄之地，已接连过招二十回合，他身负八创，衣衫破开，狼狈至极，却仍有一战之力。我亦有难言之隐，车轮战已耗去我大体精神，且腹部破开，体力亦是不支。

怕是要命丧此地。我顾虑。

三十回合，他似有心力不足，额头上冒出大粒汗水，刀光剑影中一个疏忽，他胸前空门大开，我随即踏步向前。

一念，一剑。我冷冷看着来者倒下，绝望与惊愕，像死亡般永恒地烙在他脸上，我抽回剑，带出的血溅到脸颊，慢慢变冷。摸索着，我摘下他的腰牌，红心桃木上暗金篆文二字——"生物"。

简单地包扎伤口，从怀里倒出八块相同的腰牌。我思索着，欲从中探求出个中联系。

何人？为何？

打头阵，为"语文"。剑锋绵延，与其争斗一个半时辰方得以击杀。此人风雅入骨，有名门大家之风，在打斗中吟诗作文，令我判断失误，受去四下。末尾几招，奇幻如庄周梦蝶。我的应对，如果以行文作比的话，立意有失——以撒盐对柳絮，有些偏差。好在出招行云流水，并无大碍。一言以蔽之，古诗文之伤，可避。

"数学"，使一重斧，其有神力，不可强攻，但其招式单一，需灵活变通，破解进攻。奇妙在于，同一招式，有万千解法，可造成重创。前六回合，计算不慎，中其一斧，创已至骨，险些断臂。后谨慎小心，却又在他最后五回杀招中失误，误以为拆解，被其随后而至的暗器击中两次。来日需谨慎小心，防其后招，不至于落入坑中。

西疆来客，"英语"，招式生僻，令人费解，其软剑如附骨之疽，虽不如中原剑术之直白潇洒，仍有其高明之处。对决至三十五回合时，他大喝，音如"configuration"，如秋风扫落叶，霎时击出二十道残影，我一时招架不及，连中八道剑气，近乎残废，而后我心气已泄，幸而随身携有大力丸与西疆可可豆磨制而成的药剂，强作精气才堪堪击杀他，其间"grammar""composition"等杀招给我添下四道极长的伤疤。来日，遭遇强敌，不可灰心丧气，丢失斗志。旷世一战，方知雌雄。

"政治""历史"似为一母同胞，眉眼极似，手中剑气应出同人之手，状类干将莫邪，透亮似琉璃，在夜色中无迹可寻，二人夹攻下，加之我不知其剑向何方，只得龟缩防守，全身创伤，无一处完好。得幸出师前，我知晓他们之剑术，加之我的理解与记性，知晓他们的攻势，便在缠斗中伺机击杀了"政治"，付出硬抗他两剑的代价。"历史"失其同胞，外强中干，中我一剑后，佯装假死龟息，乃我之疏忽，未加检查，臂膀、腹部皆中一剑。此为大忌，此后，应多加小心，详细检查。

"物理""化学"绝尘而来，挺枪而战，招式虽不甚凌厉，二人联手，竟与我斗上四十多回。起初，计算不得当，被一枪贯中胸口，虽不致命，然全身血液涌向伤口，头脑麻痹，接连被捅中七枪，多源于心中浮躁，计算不当。现而回想，心极痛矣，招式普通，皆可避免，此后受伤不应急躁，方得避免补刀。

"地理"似初出茅庐，经验不足，面对我翻花剑刺，不出二十回合便被击杀，此次得胜轻易，无名小辈，不足挂齿，此后切勿自满，乃得不为猪吃老虎矣。

"生物"来势汹汹，双剑花招层出不穷，自始至终我皆未幸免受伤，其有数新奇之招，招致理解不清，连中四剑，极为凶险，缠斗至酣烈之时头脑空泛，又中两剑。来日应多搜集此类招数，加以练习理解，方能知己知彼，百战不殆。

我思之数次，仍摸不清门道。思不清，理还乱，罢了，兵来将挡，水来土掩，剑傍身，斩黎晨便是。

正将起身离去，林中又跳出一黑衣蒙面者，我欲拔剑，他抢先道："阁下之每月试炼通过，分数捌佰肆拾陆，排名玖拾，次日试炼与己亥十月初九举行，万望阁下周全准备。"

言毕，他便遁土而去。

长路漫漫，为剑作伴。

我又将出发。无论那人真或假，总需自我磨炼，才能渡此不时之劫，备生死于水火中。

有朝一日，我终会"一舞剑器动四方，天地为之久低昂"。

再会。

一位毕业生视角下的青年观察社

⊙ 蒋中雯

　　重温高中在明德的三年时光，许多美好片段都来源于社团生活。我在 2017 年高一时加入了青年观察社，在众多社团中这是一个年轻又有些特别的组织，大家没有特别一致的爱好，是因为对研究或者说"观察"的热忱而相聚。

　　在高二，我接过社长的位置，同时也进入了竞争性更强的陌生班级。面对更繁重的学业，我对社团的管理基本集中为定期的 WeChat 活动。离任后一直遗憾于高二没能更好地平衡自己的精力，但看到现在的青年观察社在继续组织和发展 WeChat，也很庆幸至少找对了一个方向。

　　当时的 WeChat 是简单的沙龙性质活动，大家聚在一起分享对某个议题的观点。我曾提过关于网络中的女权主题，2018 年的女权讨论还不像今天随处可见，但同样有很多分裂。WeChat 上我们讨论了女权应当是什么，女权旗号下出现了哪些观点，还有大扫除里重活只派给男生是否合理这样的问题。从那次 WeChat 到现在，女权都是我持续关注的议题之一。网络将我们卷入种种热烈讨论，保持审慎与独立性并不那么容易，但 WeChat 这样的线下社群讨论能帮助我回到现实的复杂语境中，回到理解与思考本身。

　　比起各种社团活动本身，和社团里大家相处的经历是我更深刻的回忆。高二分班的第一次考试后我对成绩无比焦虑，又恰好在社团进行招新。社团的指导老师希姐问了我的状态，对我说，感受痛苦的时候是在成长。相信我，高中毕业后可以用到这句话的时刻还有很多很多。也记得临近高考时，我被起起落落的成绩和轮流掉链子的科目折磨得形容枯槁，返校的学长和我在楼道聊了半节晚自习。加入社团之后，从来没有缺少过各种前辈的鼓励，同届社员以及学弟学妹们也都十分可靠且有创造力。这些情感链接仍将社团与我连接着，尽管毕业已经快有四年，仍在默默关注着社团的动态。

　　青年观察社对我的影响一直延续到大学，我想还会继续下去。在社团里想做的研究只草草开了头，不过指引我进入了感兴趣的专业领域。大学里我进入了新闻传播大类，在青年观察社学会的找资料、期刊的能力对付起各类课程作业得心应手，从大一到大四承担起为朋友传授知网使用技巧、研究方法入门以及如何撰写文献综述的责任。

还有些影响是更潜在的，比如社团里重视观察和思辨的风气，交流的氛围等。因为身在新闻专业，保持对社会的观察是件很重要也很有趣的事。我浑水摸鱼的大学生活至少满足了很多好奇心和关切：课程作业里讨论实体服装店铺所受的冲击、视障群体的生活；还有校园街访、校园媒体里去拜访古装店，去采访罕见病家属，去拍摄足球队和商业化的历史建筑等，这些都像是 WeChat 的选题延续到了新闻选题。

在最开始接触到青年观察和研究性学习课程时，希姐问过为什么要加入，我当时回答的大意是在这里我学到的不是特定的学科，而是如何去学习和研究自己感兴趣的东西。一直以来我都是有些三分钟热度的人，但在到处探索的路径上也慢慢摸索出了自己想走的方向，在青年观察社团的经历就是这段路程中很重要的一站。很感谢在这里得到的帮助，也希望未来青年观察社继续蓬勃生长，为更多学弟学妹们提供平台。

（K404 班学生）

我和心力量心理协会

⊙ 解乐怡

> 回首，是一段青春无悔的岁月；前望，有一个繁花似锦的前程。感恩明德，感谢陪伴。

> ——题记

学弟学妹们，大家好！我是488班解乐怡，目前就读于中南财经政法大学。今夏的惊喜是晚自习时的晚霞、一百天倒计时的成人礼和那期盼已久的录取通知书。请一定要相信这三年每一次的提笔都不是浪费，低头是题海，抬头是前程，你也会收到想要的幸运呢。

离开母校后，时常会怀念，怀念的是老师们耐心细致地讲解着题目，理解后的那份喜悦；怀念的是同学们在一起嘻嘻哈哈热热闹闹，向着目标全力以赴的充实；怀念的是在心力量里习得专业知识，帮助同学后收获的满满成就感……

还记得，高一时比较贪玩，加了五个社团。当时对心理学也十分感兴趣，听说会有对社员的专业培训，还能自己举办心理讲座，于是便报名了，往后的无数岁月里，我都无比感谢当年做的这个明智决定——加入心力量大家庭。

可以自信地说，我们心力量是全校活跃度最高、知名度最广的社团了，这不仅是每届社员的共同努力，还得益于指导老师谢颖的培养与付出。在我这届，创新性地开了一个项目"解忧杂货店·暖心回信"，社员们在谢老师系统性专业性的集中培训后，遵守绝对保密等工作原则，为有疑惑有困难的同学们回信。信箱设置在高二年级楼梯口，有需要的同学可以匿名投信，一周内便能获得答复。从策划项目到安排人员，从讨论细节到实际操作，整个流程我都积极参与，不仅锻炼了语言沟通表达能力，也提高了创新力、思想力，这为我现在的大学生活奠定了重要基础。

同时，每学期的心理周都会有精彩纷呈的活动，比如"高考加油暖心明信片""慰问空巢老人行动""祝你生日快乐""漂流树洞书信交流""心理讲座系列"等。作为组织者、参与者，在活动开展之中，我能结识更多优秀的同学，让我的青春不只有学习与排名，让我的高中生活变得鲜活与精彩。每次心理周时国旗下的演讲都是我上，精心准备稿件，用幽默风趣的话语讲出来，大大提高了我的胆量，培养了自信。

不仅活动多多，一位位社员更是让我难以忘记。上任社长还给我寄来鼓励加油的话语；上任副社长送我中传的纪念品、临高考前还送我一杯奶茶让我放平心态；甚至我高三邀约合租的室友就是心力量的小伙伴；暑假时下一届社长、副社长邀我们回母校小小地聚餐；谢老师也每年在除夕夜发大额红包，让我们这些曾有过联系的学生在一起唠唠……

满满的回忆涌上心间，感动与感恩难以用言语承载。这三年的成长，感谢心力量，感谢老师，感恩明德。在 120 周年庆典之际，学生恭祝母校蒸蒸日上、人才辈出代代强！

（K488 班学生）

我与明德

⊙ 陈佳闽

真正说起来，明德其实陪伴我走过了整整 8 年光阴。从小学五年级到高三，现如今还能回想起来的，学生时代的大部分灿烂瞬间，都与明德有关。

关于明德风物，我印象最深的一定是操场。长久以来，操场对我这个"体育特差生"来说都意味着痛苦和折磨。但从高一开始，几乎每次晚一下课后，教室里都会关灯来鼓励大家去操场锻炼身体。于是，我得以从书卷中短暂地抬起头，拥有一段与清风明月、美景友人相伴的时光。不论是散步也好，跑步也好；不论是跟朋友分享那时尚不成熟的各种观点也好，还是气喘吁吁大笑着争先恐后也好，都是太美好也太珍贵的回忆。

关于明德的人和事，要说的实在太多。首先一定要感谢的是我高中三年遇到的所有老师。我至今还留存着高一的班主任谢卫平老师在 2018 年写下的"给孩子们的送别信"。分班对于当时的我来说真的是一个非常残忍又不得不接受的过程，而谢老师他写道——"我会怀念与你们一起学习的每一天、与你们相伴的每一个瞬间，记住从 436 走出的每一张面孔"。他笔下列举的点点滴滴，席卷着早已模糊的时光和情感汹涌而来。我还记得在搬去新班级的那一天，谢老师隔着窗户笑着朝我们几个挥手的场景，就像是幼儿园门口驻足目送的大家长，好像在说，只能送到这里了，但你们要相信，此去经年，更是良辰好景。虽然只是很小的一个瞬间，但不知为何，每每想起总还是能勾起我一点想要落泪的冲动。

在 428 班，许胜强老师、蒋雁鸣老师等一众教学经验非常丰富的老师都给了我们在学习上莫大的帮助与支持。全班共读《红楼梦》的场景仍然历历在目，也正因如此，语文在当时的我们眼中不再仅仅是刻板生硬的试题与答案，而真正成了可以阅读、可以鉴赏、可以沉浸其中的美的享受。我至今也记得为《红楼梦》写续作片段时，自己是如何绞尽脑汁，字斟句酌地去体悟人物语气神态、思想情感，又该如何尽量贴近作者的文笔，还要使剧情耐人寻味又不显突兀。地理课上，许老师通过视频、图像等多种形式让我们了解到世界地理的各种小知识，为我们开阔眼界和实际运用书本提供了非常大的帮助。

当然，同学与学长学姐在我的明德生活中也占据了极为突出的地位。北京大学的罗亦宗学长、陈寅理学姐都为当时迷茫的我树起了明亮的指向灯，让我不禁也在心底偷偷升起一份渴望，渴望能够更靠近优秀的他们，成为像他们那样的人。而同学们呢，可以说，我们是互相成就着走到今天的。在高中毕业以后，很难想象再有这样一群朝夕相处，一起学习、一起进步、一起吐槽、一起分享、相互竞争又无比团结的可爱的人了。特别感激彼时你与我的相遇，也衷心祝愿所有人能够拥有自己想要的未来。

"如果你瞄准太阳，即使跌落，也在群星之间。"教学楼红墙上的这句话曾长久地激励过我。明德也已经走过了 120 年的峥嵘岁月，无数学子在此流下了青春与奋斗的汗水。每个人心中都有他的太阳，而明德就是我们全力拼搏、为梦想一战的底气。桃李不言满庭芳，弦歌百年今又始，期盼母校的下一个百年更加辉煌！

（2020 届毕业生，现就读于北京大学历史学系）

我与明德的故事

⊙ 龙骏驰

2014 年的夏天，我与 111 周年的明德相遇，关于中学的美好回忆都发生在这里，老师温柔又耐心地安慰与鼓励、朋友与同学的支持与倾听、书桌角落里小心写下的目标、每个早晨按时响起的起床铃……这些都是我与明德的故事。

在这些回忆的剪影中，最让我印象深刻的是高三教学楼的走廊。在这条走廊上，我迎接每个清晨的晨光，邂逅了近三百场日落，见证了楼前的银杏由枝繁叶茂到一树金黄再到重现生机；我在走廊边与老师和朋友交流我的困惑，在交流中重拾信心、积蓄能量、继续向前。

走廊是文科班早读和晚读的圣地，每到早读和晚读的时间，走廊上都"热闹非凡"，大家沉浸在手头的资料当中，迎着晨光读着背过一轮又一轮的古文、英语、政治和历史，在与知识相知的过程中收获满心的踏实感。我每天最喜欢的事就是站在走廊上读书和背书，在不时吹起的风中卸去困倦，享受这一段难得的能够不被作业和课堂所占满的属于自己的时间。看着远处的天空慢慢亮起，听着安静的校园逐渐热闹起来，我好像在这里收获了观察这座校园的一个独特视角；站在空旷的走廊上，一边在脑海里梳理知识框架，一边将所想内容大声读出来，将原本混乱无序的知识点逐步理顺，让自己沉浸在这"织网"的过程中，收获豁然开朗的舒畅感。在走廊上读书的时间，是我能够暂时抛开考试的压力，按部就班扎实基础的时间。在当下越来越快、越来越琐碎的生活节奏之下，这种专注的体验总让我十分怀念。

走廊上发生的许多故事也是我的力量来源。很多谈话与交流都发生在这条走廊。刚入高三的第一个学期，我经历了一个漫长的低谷期，各方面都处于一个停滞不前的状态。记得入高三第一个月，我的数学成绩仍然在低分段徘徊，既着急又不知从何下手，一次晚自习课间，陈老师在看过我的错题整理之后认真地对我说"相信你坚持做下去一定会有所改变"，这句话像一针强心剂，让我逐渐建立起克服数学难题的自信，并在最后取得了量变到质变的突破。记得几场考试连连失误的十二月，一个周末的晚自习课间，我和朋友在走廊上聊天，我将心里积压已久的迷茫和焦虑一股脑全部倒了出来，朋友耐心的倾听、表达的理解和共情给了我支持和力量，让我感受到并肩作战的温暖。记得每次在走廊上迎面遇到阿杜、蒋老师和许老师的时候，他们都会给我一个大大的微笑，这充满力量的笑容深深感染着我，让我打起精神继续向前……

在明德的六年时光中，我快速而自由地成长，也积累了许多宝贵的人生财富。关于明德的回忆还有很多，六点起床的清晨、食堂面包房里蒸腾的热气、下课铃和上课铃串起的忙碌而又充实的每一天、躲在走廊柱子的阴影里读书的中午、一边绕着操场慢跑一边数着还有多少天高考的晚一课间、下雪天热闹的操场、运动会长跑赛场上陪跑的长队……是每每想起都会嘴角上扬的美好碎片。

回首那段难忘的时光，当时的焦虑和不安都已随时间走远，但那段沉下心来努力发芽的明德岁月里修炼的韧性，让我在每一次陷入低谷之时都能潜心积攒能量，等待下一个破土而出的春天。

（2020 届毕业生，现就读于中国人民大学）

我与明德·十二时辰

⊙ 易嘉妮

卯时

踏春季早晨的微光，天气仍有些微寒。早早出了宿舍，避过了食堂的人流，倒也换来一份寂静。正是早晨六点。

食堂里的灯还未亮，昏昏暗暗一大片笼着。唯一的亮灯还是在包点区和饼区的空间内，远远望去，几个身着橙色围裙的人影还在雪白冰冷的灯光下站立等待着，被食物的雾气给笼罩起来。他们是明德早晨的第一抹生机。

提了早餐，出来食堂的门，天边已镀了一层淡金色的光了。太阳快升起了。

辰时

教室人渐满。警钟在七点十五分准时响起，唤醒慵懒的灵魂。按动笔的脆响声混入躁动的空气，层层叠叠，此起彼伏。

正是早读时。

Jessie 来来回回巡视着，我们一见她近前来，便使劲扯了嗓子放声读，唯恐她听不见，若是偷瞟见她的一个满意的微笑，好似得了些益处似的，倒换来个心安理得。结束铃一响，便全然开始躁动起来；小部分人则是读得劳累，趴下睡了。

八点的早课铃响。蔡老师拖着蹒跚缓慢的步伐进来了——他很年迈了。恰逢刚弄完测试，蔡老师拿卷子凑到眼前左看右看——这时我们中有些人已经快憋不住笑了。

为何？

听——

"这次卷子好像是很简单呐。"

果真又是这句话！蔡老师话一出，教室刹那间就不安分，有嗤之以鼻，还有无奈叹息的，更多人则是狂笑。这笑仿佛是带点讽刺的。这是蔡老师一贯的话术，不论难易，统统都是这一句"简单"，我们早已习惯和了解了。

数学课一过，便是下个时辰了。

巳时

上课时间，一切归于有序和平静。

午时

最后一节的下课铃，被近似认为是午餐铃。二十秒的铃响结束，一低头一抬眼，教室中几乎走光了人，几乎个个都是飞奔出去的。

这是我一天中最爱的时刻，是独自享受的安静时光。午餐前我常逛新华书店，有时竟午餐也来不及吃，只得胡乱买来一点回去吃。

小卖部的门口常驻两三值日生，左臂戴着红色的袖章，凝视着来来往往的人。宿管阿姨们总会站在宿舍门口的树影下，时而聊天，目光却又异常犀利，总能看出谁的神情紧张不安，那必是带了泡面和煲仔饭回来吃的，总能被她们抓个正着。

未时

这是阳光最热烈的时候。

篮球场上几乎每个位置都被占满，跑道上体育班的学生还在苦苦训练着。体育课早早的结束。通常，我对景的迷恋会在这时涌现。

屈子湖旁的柳树发了新芽。我站在树下听风哗哗地奏着，只听到风和湖水的声音，像耳边的呢喃低语，令人舒适。看日光一点一点穿透叶的缝隙形成斑驳柳影，点在平静的湖面上，又被那些贪食的金鱼儿当作星星点点的鱼食吞食溶解。趴在石质的围挡上观赏着这些鱼儿，它们总一动不动，也许不想打破这沉静的氛围吧。这时风有了颜色，像刚晾干的床单的浅蓝色，确切地说，更像天的碧青融进春季澄澈的雨水，一并落在叶上的翠色，清爽明快。

时间很快，吹一会风便马上过去，只好返回教室。

申时

这是极平常的上课时候。

当疫情过后，时隔三年，我们得以再看见外教。他是黑色皮肤，很高，有趣。通常上课铃打响时，便是未见其人先闻其声的一句"hello"，接着他走进门来，我们便躁动起来。五局"games time"，空气中充斥了愉快和放松的气味，这是一周中最快乐的时候。

酉时

该是散步消食的时候。缓缓行步在沥青的路面上，凭风拂着。

正门挤满了人，保安室的叔叔阿姨还站在门口疏通着人流。宿舍楼旁收拾垃圾的爷爷吃力地拖着垃圾车蹒跚走动着，要将垃圾拖到垃圾站去倒掉。他看起来很老了，也有些孤独。我不好观望，只得匆匆走过，用余光看几眼。小卖部新来了一个阿姨，我很喜欢。她对每个人都说"谢谢"，也不会觉得累。当我面无表情从她面前买完东西离开，忽地有种愧疚与自责感。我为什么不回一句"谢谢"呢？哪怕回她一个微笑我也便心安理得。可惜我再没遇见过她。

戌时

晚自习的时候了，很安静。我想，夏天的这个时候开了窗户吹晚风，课桌上总会蹦来一些小虫，窗外的空气充斥了蝉鸣。

作业写完便拿出一本必刷题，刷上那么几页，背上十几二十个单词，今天的任务便也完了。疲劳、充实的一天，即将过去了。

亥时

身心俱疲。回了寝，班主任常来探视检查，这时我们便异常安静。熄了灯，谁也没有再出声，都裹了被子，进入梦乡了。很快，便只剩下黑夜的寂静了。

子时

校园变成黑夜的孩子，被大地的摇篮笼罩，跟着睡熟了。

丑时

一切正在悄悄酝酿。

寅时

新一天的钟声即将敲响，我们新的希望、期盼、努力都顺着黑夜的方向在寻找光明。

现在是春天的明德。是一百二十年后金光璀璨的明德。

太阳快升起了。

（K574 班学生）

我与社团的故事

⊙ 袁韫羽

　　我和主协的故事，严格来说，是始于高中以前。当时初三的我，有幸参观明德校园，并观看了一场盛大的元旦晚会。当灯光亮起时，一个个专业又动听的嗓音唤起我心底一个声音：以后我也要进明德的主持队！

　　高一我如愿通过了主协的面试，成为其中的一员。但因为声音条件特殊，我并未能如愿登上大舞台。作为社团的指导老师，刘锦老师说他会记得我，会给我一次机会。但那时候我感觉挺挫败的，以为老师也只是说说而已。

　　后来我积极参加主协每一次培训，跟着学长学姐一起练习口播操，但也只是想在主协当个普普通通的"小透明"，只希望能够学习更多专业技巧。却没想到高二时，刘锦老师还记得当初简单的一句话，给了我独自主持团代会的机会。我不会忘记学姐牺牲休息时间耐心指导我，不会忘记一个人在空旷的操场上找个有光的地方练习，夜晚寒风刺骨，但心是暖的，或许那就是离梦想很近的感觉。

　　我的学姐聂骊颖，她是主协的小骄傲。但我记得更多的是她带给我的一次次鼓励和感动，她告诉我："热爱可抵岁月漫长。"后来她推荐我成为主协的副会长，我和两位同伴，看着更多优秀的学弟学妹登上闪耀的舞台，也一起为后来的明德学子讲解校园……

　　主协带给我什么？亲切有趣的学长学姐、可爱的同伴和学弟学妹们，以及找到了属于自己追求热爱的道路。

　　如今就读于新闻专业大二的我，或许与"主持人"这个身份无缘了，但我选择这个专业，就是希望，未来依旧可以做社会的"传声筒"，只是我的"话筒"换成了文字和镜头。做一个兢兢业业的"新闻民工"，换种方式奔走在热爱里。生活不是"全糖"，但心怀玫瑰，谈何恐惧？

　　希望每一个"主协人"都能长成自己理想的模样，希望主协越来越好，母校越来越好！

（K472 班学生，曾任主持人协会副会长）

无悔三年，无恨匆匆

⊙ 方依琳

2015 的初秋，我走进明德的校园。还只是高一的少女，懵懵懂懂，未曾想过未来三年会有多少艰难险阻在前方等着自己，只管以一颗跳动的炽热的心，向前冲着跑着，三年后竟这样闯进了北京大学的校门。

而今年初秋，我坐在窗前，写下这些文字，分享我的心得，希望给高一新生带来一点启发。

对阅读，要越陷越深地喜欢

赫尔曼·黑塞曾经说过："世界上任何书籍都不能带给你好运，但是它们能让你悄悄成为你自己。"我认为阅读这件事，并不一定要从功利的角度出发，只是在一个人或邀三五好友一起，坐在图书馆里感受文字时，全世界都会安静下来。翰墨飘香，我走进大观园，慨叹宝黛的深情；我走进老树下，与何塞·阿尔卡蒂奥对话；我走到额尔古纳河右岸，听鄂温克酋长的妻子讲述自己的故事；我走到法国的田园，感受爱玛对爱情的憧憬……无论是文史哲，还是社会学经济学法律学，书卷多情似故人，晨昏忧乐每相亲。高一的同学们更应该培养阅读的兴趣，精读与泛读相结合，在忙碌的高中生活中，回顾内心深处的那份清澈。

当然从功利角度来看，高考改革后语文的重要性已经十分突出，作文与阅读理解是重中之重，与其在高三突击语文，倒不如从高一开始，多读好书，多写美文，语文素养和能力自然在潜移默化中提高了。

对生活，要细致入微地观察

高中三年，沉入题海固然重要，埋头赶路之时，也别忘停一停，抬头四处望望，细致观察，其实身边还有许多小美好。清晨校门口阿姨的肠粉摊位上炊烟袅袅，午间广播站总会播放一些熟悉却叫不出名字的音乐，体育课自由活动时见着栀子花又开了一轮，晚自习后回家路上的夜空中月有阴晴圆缺。那次做一道地理题，问为什么